占術奥義

安倍晴明『簠《ほ》簋《き》内《ない》伝《でん》』現代語訳総解説

藤巻一保

戎光祥出版

安倍晴明と平安京

●安倍晴明画像　大阪市・安倍晴明神社（阿倍王子神社の末社）で祭神として祀られている晴明の肖像画。床几に座り、手は衣の中で印を結んでいる。足元には、松明を持った式神が控えている　大阪市阿倍野区・阿倍王子神社蔵

▶旧・一条戻橋　一条通りの堀川にある一条戻橋は平成７年（1995）に架け直されており、写真は、それ以前に使用されていた欄干を用い、晴明神社境内で縮小復元したもの
京都市上京区・晴明神社

▲外道を調伏する安倍晴明　「不動利益縁起」の泰山府君祭の場面を復元したもの。祭文を読んでいるのが晴明で、脇に紅白の鬼（式神）が控える　国立歴史民俗博物館蔵

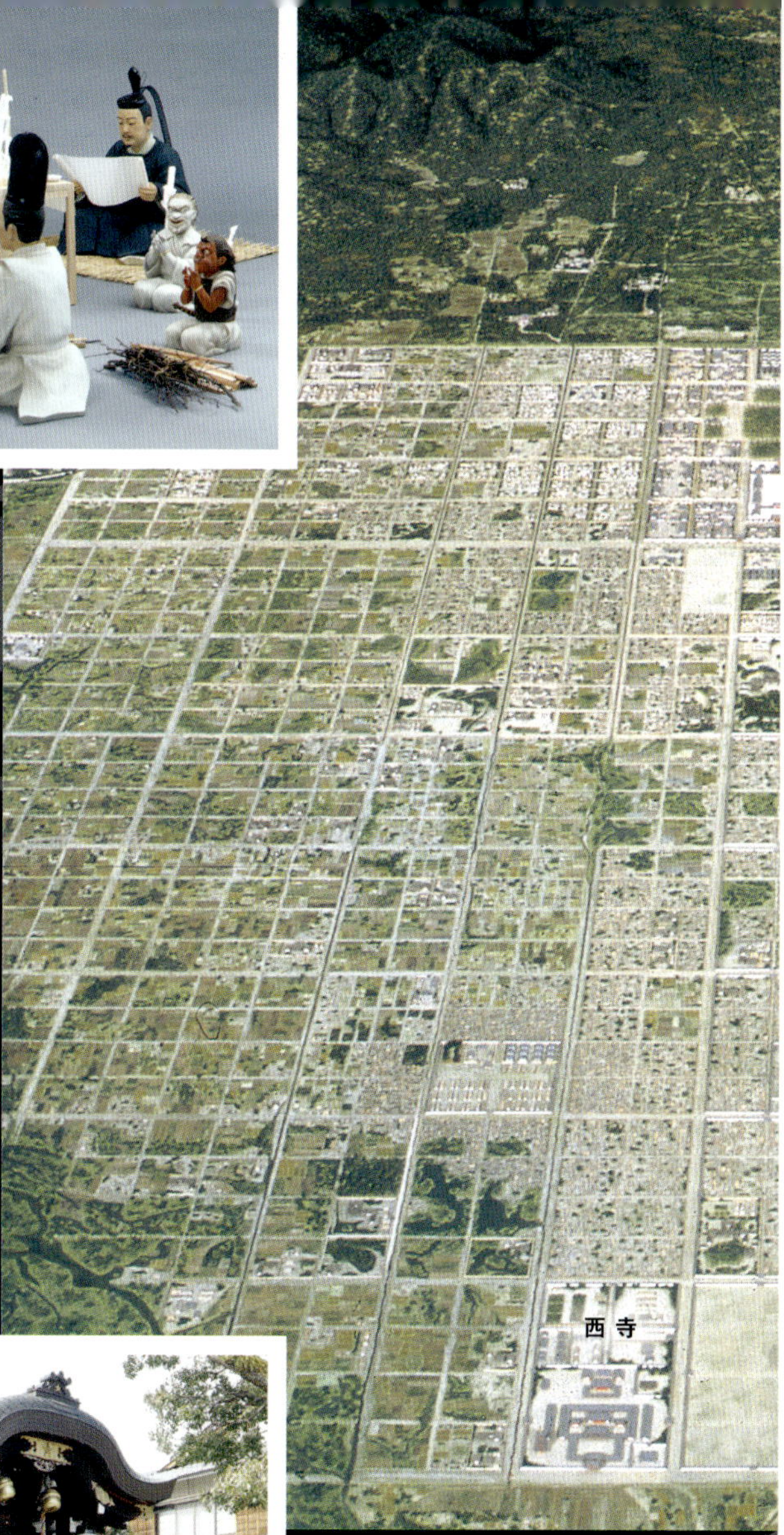

▶平安京復元模型　平成6年に平安建都1200年記念事業の一環として制作されたもの。縮尺1/1000で大内裏や社寺、貴族の邸宅などを精巧に復元した、国内最大級の歴史都市復元模型である　京都市歴史資料館蔵　京都市平安京創生館展示

◀晴明神社　寛弘4年（1007）、晴明の偉業を讃えた一条天皇により創建された。度重なる戦火で荒廃したが、幕末以降に復興・整備が進められた。写真の本殿は明治38年（1905）に建てられたもの　京都市上京区

◀安倍晴明木像　安倍文殊院の金閣浮御堂内に安置されている。当院は大化の改新の際に安倍一族の氏寺として創建され、日本三文殊の第一霊場として名高い。晴明がこの地で修行をしたとも伝わる　奈良県桜井市・安倍文殊院蔵

▲『簠簋内伝』の刊本　晴明に仮託された陰陽道の秘伝書。数々の晴明伝説にまつわる因縁物語は、この書の成立後に生み出された。現在、数多くの写本・刊本が伝存する　大阪市阿倍野区・阿倍王子神社蔵

新版の刊行にあたって

十年ひと昔というが、本書の初版が二〇〇〇年だから、じきふた昔になる。晴明伝説《せいめいでんせつ》にかかわる縁起《えんぎ》が含まれているとはいうものの、『簠簋内伝《ほきないでん》』の中身はほぼ専門にわたる雑占書《ざっせんしょ》だから、一般の読者に読んでいただけるだろうかと心配したが、意外の好評をいただき、再刊を望むという声もちらほら頂戴していた。そんな折り、戎光祥出版から再刊の話をいただいたので、ありがたくお受けすることとした。

今回、新版を出すにあたっては、旧版では割愛していた宿曜道《すくようどう》（密教占星術《みっきょうせんせいじゅつ》）の巻も訳出して全訳版に改めるとともに、訂正補筆を行った。

序の解説でも書いたが、『簠簋内伝』は複数の著述をひとまとめにして一本としたもので、一巻から四巻までは陰陽道《おんみょうどう》と密接なかかわりがあるが、五巻の宿曜道はやや毛色がちがっている。陰陽師《おんみょうじ》も行っていたとはいうものの、ほんらい密教系の占星術だ。そのため前著では原本五巻を省いていたのだが、宿曜法は陰陽師も用いており、陰陽道と密教には密接な交流もあれば解釈をめぐる論争もあり、平安時代を通じて極めて濃密な関係を保っていた。両者は互いの知識・技法を取りこんでそれぞれの呪法《じゅほう》占術に活用してきたというのが実態なので、この新版では、宿曜の巻も訳出することとしたのである。
陰陽寮《おんみょうりょう》は、かつては国家に属する役所のひとつで、暦造《れきづく》り・天文占《てんもんせん》・卜筮《ぼくぜい》・祭祀《さいし》などを行っていた。中国からもたらされた暦《こよみ》は干支《かんし》や星などの記号によって時間と空間を表したが、それらの記号には記号独自の意味と働きが与えられていたから、時間と空間（方位）は必然的にさまざまな吉凶《きっきょう》判断と連動することとなり、膨大な禁忌《きんき》が派生した。

この干支や星の時々の配置の裏側にある意味を読みとり、災いを未然に防ぐプロとしての陰陽師は、一般人には知りえない天地宇宙の運行の秘密を握る者と見なされ、その代表と位置づけられた安倍晴明《あべのせいめい》が神格化されて、数々の伝説を身にまとうこととなった。その晴明に仮託《かたく》された『簠簋内伝』が、今日に至るまで息長く関心を持たれつづけてきた最大の理由は、ここにあるだろう。

今回、新版を出すにあたっては、戎光祥出版株式会社代表取締役社長の伊藤光祥氏、編集の石田出氏に多大のお世話になった。また、装幀がブックス・エソテリカで長年ご一緒し、旧著の装幀も手がけていただいた堀立明氏となったことも、ありがたいことであった。関係者の皆様に心よりお礼申しあげる。

藤巻一保

二〇一七年十月寒露の候に

はじめに（旧版）

安倍晴明《あべのせいめい》は、今や修験道《しゅげんどう》の役小角《えんのおづぬ》や真言密教の空海と肩を並べるほどの呪法の怪物、呪術のカリスマになった。江戸時代も、晴明はかなりのブームになったらしく、さまざまな伝説が語られたが、今はそれにつぐブームといっていい。

呪術のスケールということでいえば、晴明は小角や空海にはとても太刀打ちできない。彼らについては、空を飛んだり、鬼神を駆使して一夜で山と山の間に橋を架けたり、龍神を使役して自在に雨を降らせたり泉を湧出させるなど、派手な伝説が山ほど残されている。それと比べると、晴明の呪術はかなり小ぶりだ。折りにふれて、おまじないや未来予知などの力をチラチラと発揮して見せるといった程度で、活動の場も、もっぱら内裏《だいり》周辺。天地自然を相手にした小角や空海と比べると、いかにも〝箱庭〟的だ。

にもかかわらず、晴明は、中世以後、今日に至るまで、息の長い人気を誇ってきた。その最大の秘密は「暦《こよみ》」にある。晴明の呪術の背景にあるのは、まさにこの暦なのだ。

われわれは、理性では、時間を無個性で均一なものと見なしている。けれども、古代人の多くは、そうは考えなかった。ある時間は鬼神が支配し、ある時間は善神が支配するというように、年月日時のそれぞれに、その時々の個性や属性を認めた。また、時間と方位は、同じ記号（干支《かんし》）で書き表される。そこで、東西南北などの方位にも個性や属性が認められ、ある時点で、神々や鬼神がどこをどのように動いているか、どんな仕事をし、どのように人間世界に干渉しているかが考察された。

時間や方位に吉凶《きっきょう》善悪などの属性があるという古代的な考え方は、現代人ももっている。仏滅日の結婚式や友引の葬式を嫌い、誕生日をもとにした占星術に一喜一憂し、鬼門《きもん》を気にするなどはその例だが、こうした時と方位（つまり時空間）の個性や属性を詳細に書き記したもの――それが暦というもので、陰陽寮《おんみょうりょう》が作成し、平安貴族らが、毎年、天皇から下賜《かし》されていた具注暦《ぐちゅうれき》も、まさにそうした暦なのである。

晴明は、この暦の秘密に通暁《つうぎょう》した人物と見なされた。ここにこそ、小角や空海と晴明の違いがある。同じ呪術の怪物でも、小角や空海は、修行によって獲得した自らの験力《げんりき》――今日でいう超能力――と、神仏との冥契《みょうけい》によって、呪術の力を発揮する。しかし晴明は、（そうした要素も付け加えられてはいるが）、一般人には読めない時空間の個性を読むことで、呪術の力を発揮したと見なされた。暦の秘密を握る者――これが伝説上の陰陽道の怪物・安倍晴明の本質だ。だからこそ、中世以降の晴明伝説は、そのどれもが晴明の秘伝書といわれる『簠簋内伝《ほきないでん》』を中核に展開されてきた。晴明伝説の主人公は、実はこの『簠簋内伝』なのだ。

けれども、今日の晴明ブームの中では、暦のもつ重要性が、すっぽり脱落している。そのため、陰《おん》陽師《みょうじ》と銘打ってはいても、描かれているのは修験者や密教僧となんら違いのないただの呪術者ばかりで、どこが陰陽師なのか、理解に苦しむことが多かった。

暦の秘密を握る者としての晴明。その晴明の秘密の核と見なされてきた『簠簋内伝』を紹介したい――これが本書出版の動機である。現代人にはなじみのない暦注《れきちゅう》の世界なので、意味のとりにくい部分もあるだろうが、暦の世界とはどんなものか、どんな神仏や鬼神が時間や空間内を動き回っているると考えられてきたかが、本書によって明らかになるはずだ。晴明伝説のもうひとつの主人公、『簠簋内伝』の世界をお楽しみいただきたい。

目次

第一部　簠簋内伝金烏玉兎集

（現代語訳・解説）

【序　晴明朝臣入唐伝】

伯道膝下での修行

安元《あんげん》年中（一一七五～一一七七）の季《き》春《しゅん》三月、清明節《せいめいせつ》のころ、私（安倍晴明）は自ら帝勅《ていちょく》を被《こうむ》って殿上で陰陽の占いを行い、雲中の怪異の災いを消失せしめた。その後、「これほど占験《せんげん》の確かな博士はまたとないと近衛院《このえいん》が仰《おお》せられ、院のとりはからいで」私は高級官僚の位に登り、正四位殿に住せられ、縫殿頭《ぬいどののかみ》に任命された。また、同時に、陰陽博士《おんみょうはくじ》と主計権《かずえのごん》頭《のかみ》にも兼ねて任じられた。

さて、「天地陰陽の道理を相伝してまいれとの御綸言《ごりんげん》をいただいた私は、入唐《にっとう》を命じられて」、その年の仲秋《ちゅうしゅう》八月の白露節《はくろのせつ》、帝王の印符《いんぷ》と天子の書である奎章《けいしょう》を賜《たまわ》って、鎮西薩摩《ちんぜいさつま》の浜に下向し、巨大な船筏《せんばつ》を建造した。

そうして、星巡りのよい吉日良辰《りょうしん》を占い撰び、船の纜《ともづな》を解き、帆柱を調整して船出して、大唐国の「明州《めいしゅう》の港に着き、ある者に、「天地陰陽の道のことわりを鍛練体得している方は、どこにおらっしゃいますか」とたずねた。すると、その者は、「その人なら雍州《ようしゅう》城の荊山《けいざん》の麓《ふもと》にいる。伯道《はくどう》という方だ。彼をたずねるといい」と答えたので、私は明州から」雍州の城に至った。そこから荊山の伯道上人《しょうにん》のもとに進み、ついに上人に師事することを得たのであった。

「上人は、私に「おまえは師事する際に必要な三つの要《かなめ》のもの（三機《さんき》）はあるか」とたずねられた。「三つの要のものとは何でございましょう」と問うと、上人は、「一は志《こころざし》、二は手足の奉公、三は報謝《ほうしゃ》である」とお答えになった。そこで私は、「志がなければ、どうして万里の波濤《はとう》を越えることができましょう。手足の奉公なら、どのようなことでもお命じくださいま。ただ、報謝については、万里の波濤を越え、遠い海の彼方からやってきた者でございますから、存分にというわけにはまいりません」と答えた。すると伯道は、「ならば今日から、毎日、三度ずつ、萱《かや》を刈りなさい」とおっしゃった。そこで私は」日に三度ずつ萱を刈っては運び、また、太い柱の用材を運んだ。

そうして修行に明け暮れているうちに月が積もり、年が重なって一千日が経ち、萱や柱を用いた一宇《いちう》の堂閣《どうかく》が完成した。伯道は手に赤栴檀《しゃくせんだん》の木をとって文殊菩薩《もんじゅぼさつ》の尊像《そんぞう》を彫り、堂閣に納めて、ここを聖霊山《しょうりょうせん》と名付けた。

それから上人は、こんな話をしてくれたのであった。

伯道上人と文殊菩薩の因縁

「わしはかつて小舟に乗って川に漕ぎ出し、独り安然《あんねん》として崇嶺《すうりょう》のなぎさに寄り着いたことがある。そのとき、修学して悟りを得たように見える幼童《ようどう》が、一本の浮木《ふぼく》に乗ってやってきて、こう問うた。

『あなたはどこから来て、どこに行くのですか』

『私は天地の内に孕《はら》まれて震旦《しんたん》国に生まれました。いまだ天道の至理《しいり》を詳《つまび》らかにしません。それで、独り寥々《りょうりょう》として江湖《こうこ》の魚をとり、自然のことを諳《そらん》じているのです』

伯道の言を聞いて、幼童は舟をたたいて嘲っていった。

『鰲魚《ごうぎょ》の腸《はらわた》を食らい、鱗をすすって天道のことわりを知ることができるというのなら、あなたはすぐにも乗っている小舟を捨てて、もといた江湖のあたりに帰りなさい。いつも釣り舟に乗って魚をとっている漁師というものがいるが、あなたのいうとおりなら、漁師はまさに天道のことわりを知っている者ということになる』

そこでわしは、童子にたずねた。

『では、何をもって天道のことわりを知るべきなのでしょうか』

するると幼童は、自分が乗っていた浮木からわしの小舟に乗り移り、棹《さお》を操って江河を過ぎた。そうして二人は、天竺の聖霊山に至ったのだった。

この童子は、実は大聖《だいしょう》文殊であらせられた。その周囲には諸々の菩薩が取り囲み、天の音楽を奏でていた。また、人民の王たちがガンジス川に満ちあふれて、文殊菩薩に妙香と華を供養していた。文殊の宮殿は七宝《しっぽう》で荘厳《しょうごん》され、内部はふんだんに五綾《ごりょう》で飾られており、柱は金銀巻、庭の砂は雪のように白い宝玉で、どこもかしこも極楽の安養界《あんようかい》のようであった。

この宮殿で、文殊はわしに一羽の共命鳥《ぐみょうちょう》をお授けくださった。わしはその共命鳥に乗り、須弥山《しゅみせん》世界を飛び巡って、芥子粒《けしつぶ》のような国々を視た。このとき、仏法の奥蔵《おうぞう》を深く了解し、天道の深理を悟るに至った。その後、わしはわが荊山にもどり、自然と四果《しか》の聖者となり、苦集滅諦《くじゅうめったい》の四つの真理の法縁《ほうえん》を観じた。また、とりわけ四季が移り変わるその様子の背後にあるものから、無常と無我のことわりを覚知《かくち》するようになったのである」

晴明の帰国と妻の裏切り

こう語ってから、伯道はかの堂閣で、「この軌範を伝える」といって、私に一巻の書を授与してくれた。私はこれを受け取り、題を『文殊裏書陰陽内伝集《もんじゅのうらがきいんようのないでんしゅう》』と名づけた。

以後、私はもっぱらこの書を読み、これを習った。そうして修行を終え、明州の浦につないでいたわが船の纜を解き、大唐国を出帆して、日本の難波の港に帰り着いた。

日域《にちいき》に帰ると、私はかの書を石の箱に納め、神祭の祭器に用いる簠簋《ほき》に納めた天神への供《く》物《もつ》同様、この書も堅く石箱に秘して開くことはせず、久しく時が過ぎた。

ところが、わが妻の梨花《りか》が、私の弟子の道満《どうまん》と心を合わせ、ひそかに情を交わしあっていた。当時、私は、そのことを知らなかった。

「あるとき、私は用事があって外出した。すると道満が、「この坊主の道満は、師匠のもとで十年も修行してきたが、その成果のしるしはあるのだろうか」と、利花にたずねた。利花が、「一つの石箱がありますが、中身は知りません」と漏らしたので、道満は、開いて見せてくれと利花に迫った。「開けようとしても開けることはできません」と利花がいうので、道満が頼みこんで箱を見せてもらうと、蓋《ふた》に縦に一文字が書かれており、「拍《う》つ」という訓《よみ》が付されている。そこで道満が手を拍ってみると、蓋が開いた。そこで」利花が、かの書を弟子の道満にそっと書き写させ、書写の後、もとあったように石の箱に戻していたのであった。

あるとき、道満が私にこういいだしてきた。

「お師匠様、私は夢で天竺の聖霊山に行きました。そこでたまたま文殊大聖尊《だいしょうそん》にお会いしたところ、文殊は私に一巻の書をお授けくださいました。その書の名は『金烏玉兎集《きんうぎょくとしゅう》』といいます。天地陰陽のことわりを知ることのできる書でございます」

私は、道満に言った。

「はるか昔、わが師の伯道和尚は、終日、真理を渇仰《かつごう》して頭《こうべ》を垂れ、どうか真理の智叡《ちえい》の船筏《せんばつ》を得させてくださいと、昼夜、帰依《きえ》の思いもいっぱいに修学に励んだ。ついに悟りの岸に至り、文殊大聖尊のおかげをこうむって、三界の芥国《かいこく》をくまなく往き巡ったのだ。そうして陰陽の奥理《おうり》を明らかにし、それを伝えたところの明鏡《めいきょう》のことを、『金烏玉兎集』と名づけられ、その書を、私は今、改めて『簠簋袖裏伝《しょうり》』と名づけた。どうして私以外の者が、この書について知ることがあろうか。夢は妄想転倒《もうそうてんどう》のつくりごとである。夢に金の玉を手にしたとしても、覚めたその手に金玉が握られているはずもない」

こうして私と道満は、しばらく言い争っていたが、「ついに「それなら首を掛けよう」という話になった。もとより、道満の『金烏玉兎集』は、私の元本を書写したものだから、手中にあって当然だ。そこで道満は、書を懐中から取り出して、私に示した。私が自分の書と照らし合わすと、一言半句も違いがない。そこで道満は」勝ち誇ったようになり、誤っていたのは師のあなただからといって、ついに私の首を撥《は》ねたのであった。

晴明の復活

私が首を撥ねられたちょうどそのとき、荊山が一時に焼亡した。師の伯道和尚は不思議に思われて、天竺の穀成山《こくじょうせん》に行き、そこで泰山府君《たいざんふくん》の秘法を勤修《ごんしゅ》した。すると、晴明の死がありありと眼前に浮かんだ。

和尚は深く悲しみ、はるか東域に飛んできた。そうして、悲しみに沈んだ様子で、人にたずねながら、私が埋められている塚までやってきた。

塚に着くと、和尚はそこを掘り返し、墓中の小石などをはねのけて、わが屍《かばね》を見た。皮肉は爛《ただれ》れ朽ち、屍は骨を残すばかりになっていた。和尚は十二本の大骨と、三百六十本の小骨をかき集め、生活続命《しょうかつぞくみょう》の法を修した。この修法《しゅほう》により、私は甦ったのであった。

和尚はいかにもうれしそうな様子で、微笑んでこう言った。

「わしはおまえとは、かねて師弟の契りを結んでいる。この契りは綿々として尽きることはない。ゆえに、おまえの敵は、このわしが撃つ」

それから、伯道は道満の家に行き、わざとこうたずねた。

「もし、晴明は在宅か」

道満が答えて言った。

「あなたがいうその人は、昔はここに住んでいました。でも、人と争って首を撥ねられ、今はもうこの世におりません」

これを聞いて、和尚は顔をしかめてこう言った。

「今少し前、その晴明が、わしの目の前で指を一本立てて、わが庵室《あんしつ》はあの竹林の中にありますと指さし、どうかわが庵をおたずねくださいといったのだ。だからこそ、わしはこうしてたずねて来たのだよ」

道満が答えた。

「もし、晴明が生き残っていて、ここに来ることがあるのなら、この私の頭を断ち割ってもかまいません」

和尚は歓喜して、こう言った。

「そんなことを言うと、必ず言い争いになりますぞ」

けれども道満は、黙然としてほほ笑んで言い返した。

「いったい何の根拠があって、和尚はこの私に論を吹きかけるのですか。晴明がすでに死んだということは、誰でも知っていることですよ」

しかし、和尚の言ったことに間違いはなかった。そのとき、晴明が悠然とした様子でやって来たからである。

かくして道満の首が撥ねられた。

以後、晴明は栄達して、長く人の世に昌《さか》えた。

「七の子は産むとも女人には心を許すな。千日の萱刈りの修行も一日で滅す」とは、この巻の教誡《きょうかい》ともなることわざだろう。

「道満が写した『金烏玉兎集』は焼き捨て、利花も殺害した。……この書は、蘇生後、再び整え直した書なので、処々《しょしょ》に口伝《くでん》等がある。よくよく道に通じた師に跪居《ききょ》して習い、深く文意を探り、わからないところは師にたずねて解き明かすべきものである。」

序（晴明朝臣入唐伝）について

本書は「天文《てんもん》司郎《しろう》安倍《あべの》博士《はくじ》（吉備《きび》后胤《こういん》）晴明《せいめい》朝臣《あそん》」の撰述書《せんじゅつしょ》として伝承されてきた『三国相伝陰《さんごくそうでんいん》陽輨轄《ようかんかつ》簠簋《ほき》内伝《ないでん》金烏《きんう》玉兎《ぎょくと》集《しゅう》』の序、および一～五巻までの全訳で、右の訳出部分は、そのうちの総序にあたる。

『簠簋内伝』は写本だけで十三種あり、ほかに慶長《けいちょう》、寛永《かんえい》などの多数の刊本が今に残っている。そのなかには、右の序（晴明朝臣入唐伝《にっとう》）を含むものと欠くものがあるが、序はもともとは『簠簋内伝』にはなかったもので、本書が晴明直伝の秘蔵書として伝承されていく過程で付け加えられたものと考えられる。ただし、序だけでは意味が通じにくい部分が多々あるので、訳にあたっては、適宜《てきぎ》言葉を補った（これは以下の本文についても同じ）。また、訳文中、［　］でくくられた部分は、序の後に成立し、晴明伝の骨格となった『簠簋抄《ほきしょう》』の晴明伝、いわゆる「由来《ゆらい》」からの引用で、元本の序にはない部分だということをお断りしておく。

晴明伝説は、『簠簋内伝』の序がまず中世に成立した。ついで、それをさらにふくらませる形で種々の伝説が組み合わされて、近世の『簠簋抄』の形になったものらしい。「由来」には、ほかに吉備真備《きびのまきび》の入唐、晴明の母である信太森《しのだのもり》の白狐《びゃっこ》、晴明の龍宮入り、妖狐《ようこ》・玉藻前《たまものまえ》の調《ちょう》伏《ぶく》など、今日おなじみのエピソードが含まれており、より物語色が濃くなっているが、それらについては、

安倍晴明像　大阪市阿倍野区・安倍晴明神社

拙著『安倍晴明』に詳述したので再説しない。

ともあれ、本書は、星辰界にまつわる秘密の知識を握っていると信じられた文殊菩薩から伯道に渡され、そこから晴明に伝わった陰陽道の奥義書と見なされて、中世以来、大いに重用されてきた。そのことは、他の陰陽道書とは比較にならないほど多数の写本がつくられていることからも、推し量ることができる。

『簠簋内伝』の書名について

本書が天地宇宙の秘密を網羅した陰陽道の奥義書だということは、『三国相伝陰陽輨轄簠簋内伝金烏玉兎集』という書名にも端的にあらわれている。

まず「三国相伝」は、仏教の経典などと同じく、本書がインド（天竺）・中国（震旦）・日本の三国に伝承されたということを表している。次に「陰陽輨轄」とは、陰陽道の原理である陰陽の両気説を漏れなく管轄するということ。序にも登場する「簠簋《ほき》」は古代中国の神祭りの祭器で、簠は外側が大地を意味する四角で内側が天を意味する円形の祭器、簋はそれとは逆の、外側が円形で内側が四角の祭器をいう。陰陽の両気のうち、軽く澄んだものは上にのぼって天となり、重く濁ったものは下に沈んで地となる。この両気が交流したり循環したり、さまざまに組み合わされて万物になるのだが、その組み合わせのシンボルが簠簋であり、陰陽師が用いた占い盤（式盤《ちょくばん》）も、この簠簋のバージョンのひとつにほかならない。

次に「内伝」とは、これが内々の秘伝だということ。「金烏玉兎」は、「金烏」が太陽に住むとも太陽の化身とも考えられた三本足の霊烏《れいう》、「玉兎」は月に住むとも、月の化身とも考えられた神兎《しんと》のことで、要するに太陽と月、日月の象徴である。

つまりこの書名は、陰陽道が奉じる陰陽という絶対原理の働きを敷延《ふえん》したものだが、原理を説明する理論書ではなく、実際に活用するための実用書の一種なので、天地の操作を暗示する簠簋を加え、陰陽師の働きかけや祭祀の対象である陰陽化身の神々を金烏・玉兎によって代表させたものである。

この大仰《おおぎょう》な書名は、陰陽師が陰陽の秘密を握っており、それを簠と簋に象徴される占術盤によって判断したり操作したりすることができ、そうした仕事を通じて金烏や玉兎といった神霊を善用することができるというイメージと重ねられている。こうした仕事を、史上最もたくみになしとげたと信じられたのが安倍晴明であり、であればこそ、本書は「晴明朝臣撰」とされたのだろう。江戸時代までは、本書は晴明の占術書のいわば決定版と見なされ、くりかえし版行されて、多数の概説書や関連書も出版された。

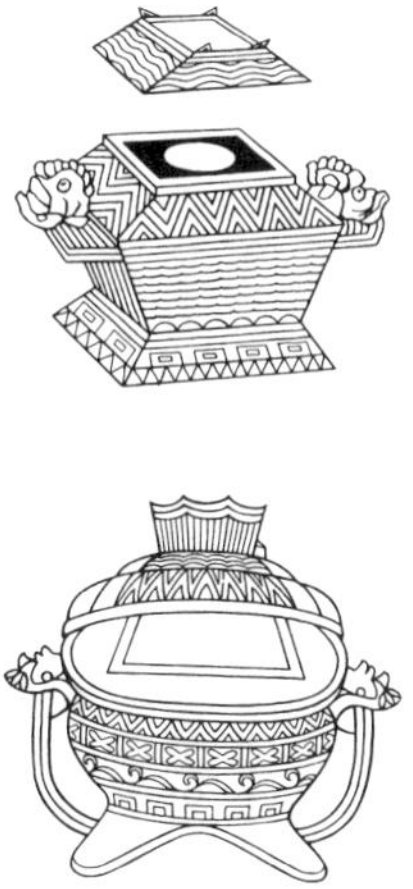

神祭の祭器、簠（上）と簋（下）
（村山修一『日本陰陽道史話』より）

『簠簋内伝』の構成

本書の全体の構成は、次のようになっている。

《序》冒頭に訳出した部分で、本書がどのように日本に伝わったかの縁起《えんぎ》になっている。先に解説したとおり、すべての写本にあるわけではなく、後に付加された部分と考えられる。これをもとに、後の晴明伝説が形成された。

《一巻》牛頭天王《ごずてんのう》の縁起と、もろもろの方位神および方位の吉凶を説く。

《二巻》盤牛王《ばんごおう》縁起、およびその子（五行神《ごぎょうしん》・十干神《じっかんしん》・十二支神《じゅうにししん》その他の暦神）の解説、暦の吉凶を述べる。

以上の二巻で、方位と暦という陰陽道占術の二大テーマが総括される。本来の『簠簋内伝《ほきないでん》』はこの二巻のみだっただろうが、そこから漏れた種々の暦神や風水・建築に関する陰陽道説が別人の手でまとめられ、前記二巻と組み合わせられた。

《三巻》一・二巻に漏れた方位や日取りの吉凶《きっきょう》説、納音《なっちん》・空亡《くうぼう》などの陰陽道占術の諸理論を述べる。陰陽師もしくは陰陽道の知識をもつ者が書いたことはまちがいない。

《四巻》風水・建築に関する吉凶説で、「造屋編《ぞうおく》」とも呼ばれる。造屋にまつわる陰陽道説を集めた別個の著作だった可能性が高い。

《五巻》密教占星術である宿曜《すくよう》占術を述べた巻で、この本はほぼ確実に『簠簋内伝』とは関係がない。中村璋八《しょうはち》氏は、高野山の真言僧が『宿曜経』に依拠して作成したものが、後に『簠簋内伝』に収められたのではないかと推測している。

以上が『簠簋内伝』全体の構成だが、〝原『簠簋内伝』〟ともいうべき書は、おそらく一〜三巻のみだっただろう。一〜三巻は、唐の暦法である『宣明暦《せんみょうれき》』を移入してつくられた日本の『具注暦《ぐちゅうれき》』（季節や日の吉凶などを示す暦注が詳しく書かれた官製暦）の解説書の性格が濃厚で、ひとつのまとまりを形成しているからである。この原『簠簋内伝』に、それぞれ個別に成立した四巻と五巻が加えられ、さらに序も加えられて、近世の『簠簋内伝』の形になったものと思われる。

『簠簋内伝』の著者

『簠簋内伝《ほきないでん》』の著者は、序のとおりなら原著者が文殊菩薩、第一編述者が伯道、第二編述者が安倍晴明ということになるが、もちろんこれは伝説の類いで、事実ではない。ただし、晴明が本書の成立にまったく無関係かというと、そうともいいきれない。

村山修一氏は西田長男氏の説を受けて、『簠簋内伝』の著者を、晴明の子孫にあたる祇園社《ぎおんしゃ》の祠官《しかん》と見なしている（『日本陰陽道史総説』）。

安倍家は、晴明の子の吉平《よしひら》のあと、時親《ときちか》・円弥《えんや》・泰親《やすちか》の三流に分かれた。このうちの円弥の系譜のものがスサノオ神＝牛頭天王《ごずてんのう》を祀る祇園社に入っていたらしく、幕末の松浦道輔《まつうらみちすけ》の『感神院牛頭天王考』によると、文永八年《ぶんえい》（一二七二）に七十歳で亡くなった祇園社務の晴算は陰陽道を学び、子孫はみな晴明にちなんで「晴」の字を名のった。この晴算のひ孫に晴朝という人物がおり、元亨《げんこう》二年（一三二二）、父の晴喜に義絶されて祇園社から追放されたというが、この晴朝が『簠簋内伝』の著者だろうというのである。

けれども、現存する簠簋写本や刊本など、関係書のすべてを調べられた中村璋八氏は、村山氏らの晴朝説について、「この論も確実な資料に拠るものではなく、必ずしも納得できるものではない」（『日本陰陽道書の研究』）として、著者については保留している。

ちなみに、江戸中期の谷重造の『泰山集《たいざんしゅう》』に、「簠簋は真言僧が作ったもので、安倍家に伝わったものではない。晴明が伝授したのは吉備真備が入唐して持ち帰った天文だ」という安倍泰福《やすとみ》（一六五五～一七一七／当時の安倍陰陽道宗家の当主）の言葉が記載されているという（中村前掲書）。してみると、『簠簋内伝』は安倍本家から出たものではないらしい。いまのところ、著者は不明としておくのが、最も妥当のようだ。

いずれにせよ、『簠簋内伝』は鎌倉末期から室町初期にかけて、陰陽道と深いかかわりをもつ何者かの手によって記された。あるいは晴明からのなんらかの伝えがあったのかもしれないが、そのあたりについてはすべて不明というしかない。

●訳について

※本訳書では、序および一巻から五巻までを全訳した。また、訳にあたっては『神道大系』の校訂本文を用いたが、序については中村璋八氏の『日本陰陽道書の研究』所収の続羣書類従本《しょくぐんしょるいじゅうぼん》、および楊憲本《ようけんぼん》（天理図書館吉田文庫蔵）をもとに訳出し、渡辺守邦氏の「『簠簋抄』以前・補注」（『説話論集』第四集）を参照した。また、『神道大系』の校訂本文以外の鈔本については適宜参照し、解説部分で「別本」として紹介しているが、そちらは紙数等の関係ですべてを網羅しているわけではない。諸本の間には、内容のみではなく、項目についても大きな異同がある。

※原文のうち、表にしたほうが理解しやすい部分は、すべて表に変えた。原著に表があるわけではない。

※各巻のタイトルは訳者が便宜上つけたもので、原本にはない。

※原本ではそれぞれ独立項目になっているもののうち、ひとくくりにしたほうがわかりやすいものについては、まとめて訳文を示し、解説を付した。たとえば一巻に出てくる金神《こんじん》は、原本では「五、金神七殺方《しちせつのかた》」「六、金神七殺之異説」「七、金神毎月遊行《ゆぎょう》」「八、金神四季遊行」「九、金神四季間日事《まびのこと》」と五項目に分かれているが、本訳書では金神として一括して訳し、解説している。厳密に本文にあたりたい方は、原典を参照していただきたい。

※訳出にあたって参照した文献の主なものは、以下のとおり。

『五行大義』蕭吉・明治書院、『和漢三才図会』寺島良安・平凡社東洋文庫、『漢書五行志』班固・平凡社東洋文庫、『日本陰陽道史総説』村山修一・塙書房、『日本陰陽道書の研究』中村璋八・汲古書院、『近世陰陽道史の研究』遠藤克己・未来工房、『陰陽道叢書』村山修一／下出積與／中村璋八／木場明志／小坂眞二／脊古信哉／山下克明編・名著出版、「『簠簋抄』以前・補注」（『世界の名著』12巻）藪内清編・中央公論社、『道教事典』野口鉄郎／坂出祥伸／福井文雅／山田利明編・平河出版社

※原文は、陰陽道占術についての基礎知識をもつ者を対象に書かれており、そのまま読んでも意味が通じない部分がきわめて多い。そのため、必然的に解説が長くなったことをお断りしておく。

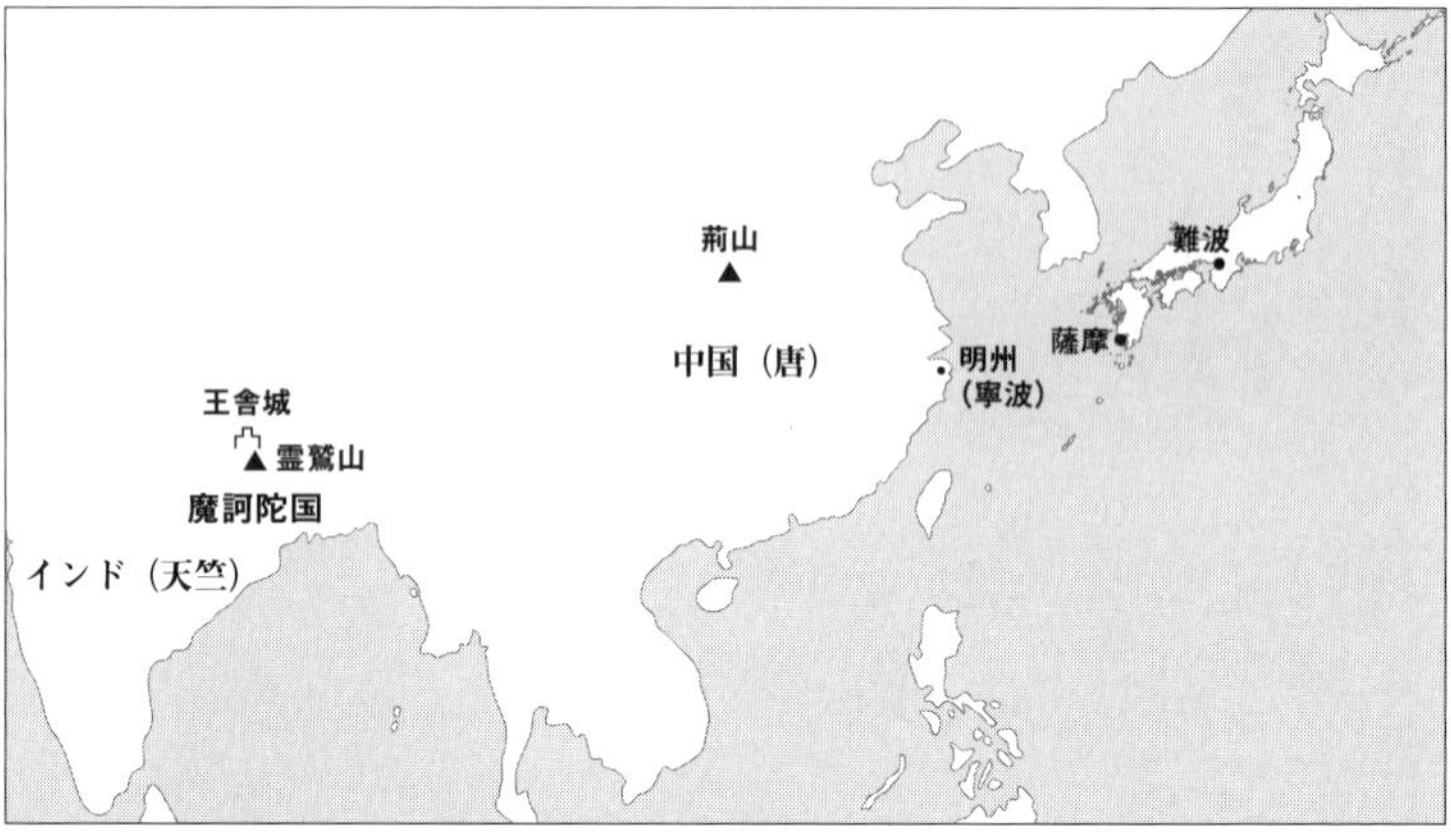

東アジア関係要図　本書に登場するもののみ抜粋

京都近郊の寺社位置図　本書に登場するもののみ抜粋

第一卷　方位編

○三鏡十三

一七　坤巽辛乾

二八壬　坤丙庚　乾巽艮

五霸壬甲　坤丙　艮庚

三九庚　壬

天雪坤乙辛

應二

右ハ

部理智事ノ大日弥陀釋迦藥師ノ三尊ノ呪

聖天辨財天ノ三天也春大ノ圓鏡智故以三

于佛部蓮華部金剛ノ部

生三光天人地ノ三才ノ法

この巻では、陰陽道《おんみょうどう》の方位に関する吉凶《きっきょう》説が述べられる。方位は「方《かた》」といい、方角や場所を意味する。陰陽道の諸神は、歳月と連動して四方を動き回り、諸方を巡《めぐ》る。その年月日時に吉《きっ》神《しん》がいるとされる方位は吉方《きっぽう》といわれ、神によって何によい方位なのかが決まる。また、凶神《きょうじん》のいる方位は忌方《いみかた》・凶方《きょうほう》などといわれ、凶神によって種々の凶作用がもたらされる。そこで、凶神のいる方位に行かなければならないようなときは、方違《かたたが》いといって、一度、問題のない方位に進み、そこから目的の方位に行くようなことが平安時代からさかんに行われてきたのである。

陰陽道における方位神の代表は、牛頭天王《ごずてんのう》や頗梨采女《はりさいじょ》、蘇民将来《そみんしょうらい》、八将神《はっしょうじん》などだが、それらの神々が、第一巻巻頭の牛頭天王縁起《えんぎ》ですべて登場してくる。中身は『備後国風土記《びんごのくにふどき》』逸文《いつぶん》の焼き直しでオリジナリティはないが、『簠簋内伝《ほきないでん》』が記した伝《でん》安倍晴明のこの縁起は、以後、牛頭天王の由来を明らかにしたものとして、民間に浸透《しんとう》していった。

序文に続いて種々の方位説が挙げられているが、そこに出てくる一月から十二月までの月はすべて旧暦《きゅうれき》で、現行の月とは一カ月ほどのずれがある。現行暦に直して活用する場合は、市販の新暦・旧暦対象暦を参照していただきたい。

【序　牛頭天王縁起】

牛頭天王の前世の因縁、および妃捜しのこと

つらつら考えてみるに、北天竺《てんじく》の摩訶陀《まかだ》国の霊鷲山《りょうじゅせん》の東北、波戸那《ハシナ》城の西に当たる吉祥《きっしょう》なる天の下に、王舎城《おうしゃ》という都城があり、その大王を商貴《しょうき》帝といった。

商貴帝は、かつては天竺の神々の王である帝釈天《たいしゃくてん》に仕え、色欲や食欲から離れた者の住む善現天《ぜんげんてん》と呼ばれる天界に住んでいた。当時、商貴帝はもろもろの星の世界の監督目付《めつけ》をつかさどる天界の司法官職（探題《たんだい》）を帝釈天から授かり、欲界《よくかい》・色界《しきかい》・無色界《むしきかい》の三界《さんがい》を自在に飛び回っていた。そのときの名を天刑星《てんぎょうしょう》という。この天刑星が地に下って人間界に転生し、仏縁《ぶつえん》と深い縁《えにし》で結ばれた王舎城の大王となったのは、その神仏を敬《うやま》い信じる志《こころざし》が抜きん出ていたためである。

地に下った天刑星は、名を牛頭天王《ごずてんのう》と改めた。鋭く尖《とが》った二本の角を頭から突き出し、黄牛《こうぎゅう》の面貌《めんぼう》をした牛頭天王の姿は、まるで人を傷つけたり食らうことをなりわいとする夜叉《やしゃ》さながらであり、その威勢は周囲数十里におよんだ。その顔が、他の者とはまるで異なる

異相《いそう》であったため、牛頭天王にはお后《きさき》というものがなかった。姿かたちが夜叉と似ているからといって、祭政《さいせい》まで暴虐《ぼうぎゃく》だというのではない。天王は、実にすぐれた為政者《いせいしゃ》であった。それゆえ、すべての国民は、こういって王を称《たた》え、かつ嘆いた。

「天王はかつて一度も祭政を怠ったことがない。おかげで国は豊かに栄えている。風雨の害もなく、五穀《ごこく》は種も蒔《ま》かないのに実り、くさぐさの宝物《ほうもつ》も、求めないでもやってくる。かくもすばらしい治世《ちせい》なのに、天王にはお后様がない。これでは、天王の治世が子孫に受け継がれて、後々まで安楽の世を楽しむことが期待できないではないか」

人民がこう悲嘆にくれていたとき、虚空界《こくうかい》から一羽の青い鳥が飛来した。瑠璃鳥《るりちょう》という名のその鳥は、翡翠《ひすい》のような形で、声は鳩に似ていた。その瑠璃鳥が、牛頭天王の目の前まで飛んできて、こうさえずった。

「わたしは帝釈天の使者で、かつてはあなたの同胞《どうほう》として天界でともに働いていたものです。そのころのあなたは、天刑星と名のり、わたしは毘首羅天子《びしゅらてんし》と名のって、あの頭が二つ、体は一つの人面禽身《じんめんきんしん》の共命鳥《ぐみょうちょう》のように親密な間がらでした。二つの頭のゆえに、語ることに違いはあっても、おおもとの思いは同じ。さながら鳥の両翼《りょうよく》、車の両輪のように、天帝にお仕えしていたのです。あなたの信敬《しんけい》の志がひときわ深かったがゆえに、その後、あなた一人が人間界に生まれ変わり、今は地上世界の王たる転輪聖王《てんりんじょうおう》の位に就《つ》いておられます。ところがあなたには、后や側室《そくしつ》がない。そこで天帝は、后となるべき女性のありかをあなたに教えるべく、かつての仲間であるわたしを使者に遣《つか》わしたのです」

こう過去の因縁を語ってから、瑠璃鳥は牛頭天王の未来の后の住むところを、このように告げ教えた。

「摩訶陀国から南に向かった海の向こうに、沙竭羅《しゃっから》と呼ばれる龍宮《りゅうぐう》があり、三人の美しい妃《ひめ》がいます。第一の明妃《みょうひ》は金毘羅女《こんぴらじょ》といい、第二の明妃は帰命女《きみょうじょ》といいますが、この二人は請《こ》われて北海龍宮の難陀《なんだ》龍王と跋難陀《ばつなんだ》龍王の兄弟の龍王に嫁《とつ》ぎ、今はそちらにお住まいです。残る一人の明妃を、頗梨采女《はりさいじょ》といいます。紫磨黄金《しまおうごん》の輝くばかりの肌、仏菩薩《ぶつぼさつ》の身に現れるという八十種の高貴で華麗な相を備え、閻浮檀《えんぶだ》金（赤黄《せきおう》色で紫色の焔気《えんき》を帯びた金）のようにうるわしい姿かたちは、月の桂に備わるという三十二の仏菩薩の相を引き写したかのようです。この頗梨采女こそ、あなたのお后となるべき女性です。彼女を娶《めと》るべく、

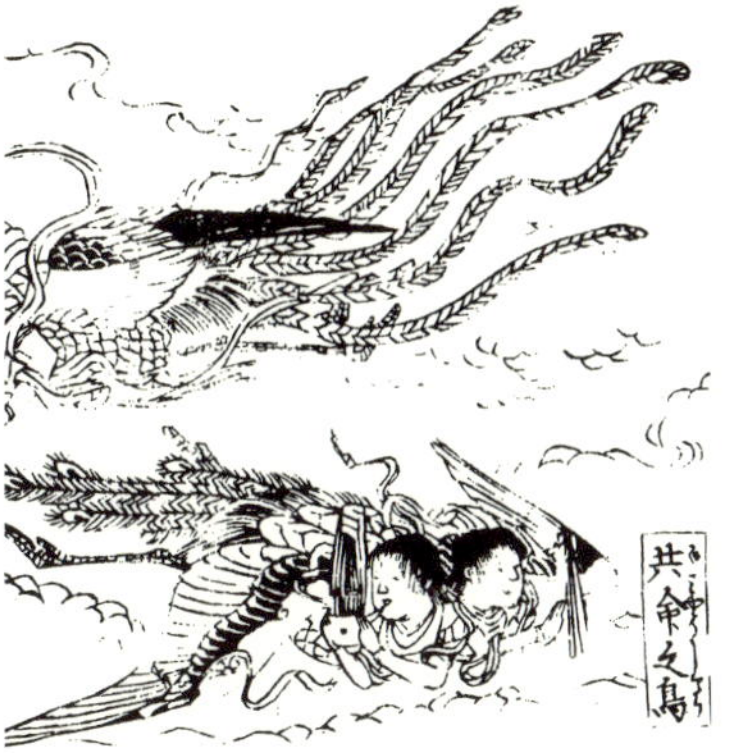

供命鳥　『阿弥陀経和訓図会』

沙竭羅龍宮に向かいなさい」

こう告げて、瑠璃鳥に変化《へんげ》した毘首羅天子は、虚空界へと戻っていった。

蘇民将来との出会いのこと

瑠璃鳥のお告げに喜んだ牛頭天王は、三日間物忌《ものいみ》して、心身を清めた。それから、はやる心で馬車を用意させ、眷属《けんぞく》を率《ひき》いて意気揚々《ようよう》と南海に向かった。

求める龍宮は八万里の彼方にあったが、まだ三万里にも達しない南天竺の夜叉国のあたりで、早くも人馬は疲労困憊《ひろうこんぱい》した。夜叉国の王は巨旦《こたん》大王という鬼王《きおう》、国民はすべて魑魅《ちみ》魍《もう》魎《りょう》の類いであったが、それでも一夜の宿くらいは得られるだろうと一安心し、天王は城門を見やった。ところが巨旦大王は、天王を激しく罵倒《ばとう》して城門を閉じ、王の一行の通過を拒《こば》んだ。やむなく天王は、空《むな》しく舌打ちして、その地を去った。

これといった宿も見つからないまま、一行はさらに千里ばかり進んだ。やがて松の生い茂る園に行きあたったので、そのまま林の中を進んでいくと、手に機織《はたお》りの道具と笊《ざる》を持ち、竿《さお》をかつぎながら松葉を拾っている、貧しそうな女と出会った。

「おまえに家はあるか。あれば、少しの間、休ませてはもらえぬか」

天王がたずねると、女が答えた。

「わたくしは巨旦大王の奴隷《どれい》の身の者でございます。ほんのささやかな寝場所があるばかりで、それも王城内の従者長屋《じゅうしゃながや》の一角でございますから、とても貴方様のようなお方にご休息いただけるような場所ではございません。それより、ここから東方一里ばかりの庵《いおり》をおたずねなさったらよろしゅうございましょう。浅茅《あさじ》の生い茂った原っぱにある、黴《かび》の生えたような粗末な庵ですが、蘇民将来《そみんしょうらい》という男が住んでおります。貧乏で、ろくな蓄えも収入の道もないような男ですが、慈悲の志が厚く、困っているものなら救わずにはいられないような敬神《けいしん》の者でございますから、その者に宿を求めるのがよろしかろうと存じます」

これを聞いた天王は大いに喜び、教えられた道を急いだ。

やがて、柴《しば》を門とし、藁《わら》で屋根を葺《ふ》いた蘇民将来の庵に行き着いた。歳とった翁《おきな》が柴の箒《ほうき》を手にして、庵の塵《ちり》を掃《は》き出し、藁靴《わらぐつ》を履《は》いて庭の雑草を刈り取っている姿が見える。天王はただちに荒れ野の獣道《けものみち》に人馬を進め、くだんの老翁《ろうおう》、蘇民将来に一夜の宿をたのんだ。

老翁は、にっこりとほほ笑みながら答えた。

「主《あるじ》と申しましても、ごらんのとおりのその日暮らし。家も宮殿にははるかにおよばぬあばら家でございます。お殿様のご家来衆までは、とても入りきれるものではございません」

「いやいや、私一人が泊めてもらえれば、それでよいのだ」

天王がこう答えたので、老翁はさっそく梁粟《りょうぞく》の茎《くき》を敷いて場所を整え、天王のために上《かみ》座《ざ》をつくった。天王は歓喜して席に着いた。次に老翁は、群臣《ぐんしん》のための席をつくり、また下っぱの家臣のためにも、下座《しもざ》の席を用意した。狭いあばら家だったにもかかわらず、不思議なことに、一人として家からはみ出る者はなかった。

「長の旅で人馬とも疲れている。何か食べるものはないだろうか」

天王の求めに対して、蘇民将来が答えた。

「ごらんのとおりの赤貧《せきひん》でございますから、米の一升《しょう》すらございません。でも、瓢《ひさご》の中にわずかばかりの粟《あわ》がございます」

粟は、すべてをかき集めても、器《うつわ》に半分ほどの量しかなかった。ところが、これを煮て食器がわりの椥《なぎ》の葉に盛って供《きょう》すると、不思議なことに、天王をはじめ、すべての眷属に漏《も》れなく行きわたった。感嘆して、天王が言った。

「あなたの志は、まことに人並みはずれて優《すぐ》れたものだ。禄《ろく》は年老いたやもめ男にも劣るほどだが、心は富貴《ふうき》で、高徳の君子《くんし》にも勝《まさ》っている。その志に深く感謝する」

こういって、天王は亭主に千金を与え、彼の志を称えた。やがて朝がきた。鳳凰《ほうおう》の声を聞いた天王は、急ぎ馬車を整え、南海に向かう準備を始めた。それを見た蘇民将来が天王に旅の目的をたずねてきたので、天王が答えた。

「私は天竺の王で、いまだ后がないので、南海の明妃を嫁に迎えに行くところなのだよ。ここから沙竭羅城までは、あとどれほどの道程《みちのり》かね」

「北天から南海までは、八万里ほどの道程でございます。お殿様は、まだ三万里も進んではおられません。しかも馬車で行けるのは、ごくわずか。南海の海の底までどうやって進み、どうやって龍女《りゅうじょ》にお会いなさるおつもりですか」

これを聞いた天王は打ちひしがれ、北天竺に戻ろうとした。すると、老翁が言った。

「私は隼鷁《しゅんよう》という名の宝船《ほうせん》を一艘《いっそう》もっております。龍頭《りゅうとう》や鷁首《げきしゅ》のように両端の高く張り出した船で、船脚《ふなあし》がとても早く、瞬時のうちに数万里を進みます」

天王は手を打ち足を踏み鳴らして喜び勇み、すぐさま車馬を捨てて船に乗り込んだ。と、たちまちにして龍宮城に至ったのであった。

牛頭天王と巨旦大王の戦いの事

龍宮についた天王は、ただちに用向きを龍王に告げた。来意を知って龍王は大いに喜び、急ぎ不老門《ふろうもん》を開いて天王を招き入れ、長生殿《ちょうせいでん》に導いた。そこで天王は、ようやく目指す頗梨采女と出会い、千万年の幸福な契《ちぎ》りの縁が結ばれたことを祝いあった。龍王は山海の珍味を尽くして天王をもてなし、天王は長く龍宮に逗留《とうりゅう》した。頗梨采女との仲はますます睦《むつ》まじく、昼といわず夜といわず、互いにぴったりと寄り添って、一時も離れることなく夫婦の情を育み確かめあった。

かくして二十一年の歳月が流れた。その間、二人には八人の王子が生まれた。長男の総《そう》光《こう》天王を筆頭に、魔王《まおう》天王、倶摩羅《くまら》天王、得達神《とくだつしん》天王、良侍《りょうじ》天王、侍神相《じしんそう》天王、宅神《たくしん》天王、蛇毒気神《じゃどっけ》である。こうして八王子を得ると、牛頭天王に望郷の念が生じた。そこで天王は、八王子を呼んでこう告げた。

「息子たちよ、私は北天竺の王たる者である。かつて后を求めて南海を訪れたとき、途中で広遠国《こうえん》という国を通ったことがあった。その国の王は巨旦大王という鬼王で、国民はすべて魑魅魍魎の類いであった。私が一宿《いっしゅく》を求めようと門前に進むと、巨旦は怒りで目を吊《つ》りあげながら私を罵倒《ばとう》し、弾き出したが、そのときの私は、物忌をして心身の穢《けが》れを祓《はら》った身であった。それゆえ、巨旦と事をかまえて穢れがふりかかることを恐れ、その場は黙って立ち去った。けれども、后を得るという大願を成就《じょうじゅ》した今、私はあの鬼王の国と城を破壊し尽くしたいと思う」

　この言葉を聞いた八王子たちは、ただちに軍団を組織した。怒りの鎧《よろい》を身にまとい、魔を下す降伏《ごうぶく》の剣、神通《じんつう》の弓など、数限りない武器で身を固めた軍団が蜂起《ほうき》してかの鬼王国に迫ったとき、突然、巨旦の顔に鬼の相が現れた。

「これはいかなる不吉の前ぶれか。おのが精気は正しからず、心臓は激しく脈打って動悸《どうき》がおさまらない。いかなるものの祟《たた》りか、深く探るべし」

　突然、鬼の相に襲われた巨旦は奇異の念に打たれ、博士に命じて占わせた。博士が答えた。

「天地陰陽《いんよう》の巡りの数を計算し、亀卜《きぼく》によって神意をうかがうに、これは国の滅亡の前兆《ぜんちょう》でございます。昔、北天竺の牛頭天王という王が妻を求めて南

歳徳神（頗梨采女）と八将神　京都市上京区・大将軍八神社蔵

海に赴《おもむ》く際、巨旦様は門を閉じてかの王を罵倒いたしました。そのとき牛頭天王は、物忌中ゆえ、あえて戦うことなく通り過ぎたのでございます。それから二十一年、牛頭天王は南海に至って頗梨采女を娶り、八人の王子をもうけました。今、その八王子が四衆八龍《ししゅはちりゅう》など数百数千の眷属を引き連れて、わが君の城都を滅ぼそうとしております。この禍《わざわい》から逃れるすべはございません」

「何かこれを解除《はら》うための祭祀《さいし》はないのか」

鬼王の問に博士が答えた。

「千人の僧侶を供養するなら、この禍《わざわい》を祓うことができましょう。それで僧侶たちに、泰山府君《たいざんふくん》の法を行《ぎょう》じさせるのでございます。さすれば、解除《はらい》の霊験《れいげん》は必ずやあらたかなものとなるはずでございます」

この言葉を聞いて鬼王は歓喜し、ただちに手を打った。まず天には鉄の網を張り、地には盤石《ばんじゃく》を敷きつめ、城の四方には鉄の築地《ついじ》を巡らせた。さらに太い堀を掘って、敵の襲撃にそなえた。また、城の内部には、僧侶のために宝石でできた殿社を造り、清らかで美しい床を張って荘厳《しょうごん》した。その宝殿の八方には、喜んで歌い舞う大衆と、男女の仏教修行者が配された。さらに、法を行じる高僧のために羅綾《らりょう》を打ち敷き、華麗な花笠や飾り布、旗などで飾り立てた高座《こうざ》を設けた。その高座で、高僧たちはもろもろの霊験あらたかな呪文《じゅもん》を唱えたのであった。

そのとき牛頭天王は、巨旦の居城を眺《なが》めていた。鉄で覆《おお》われた城はいかにも威風堂々《いふうどうどう》として頑健そうであり、いかなる神力《しんりき》や法術をもってしても、攻めがたいように思われた。そこで天王は、阿儞羅《あにら》と摩儞羅《まにら》の両鬼を使って偵察させたところ、鬼は戻ってきてこう報告した。

「修行僧の中に、行を怠って居眠りしながら呪文をそらんじている者がおります。そのため、呪文がいいかげんなものとなり、頑丈に防御したつもりが、窓に大穴が生じております」

それを聞いた牛頭天王は、神力の翼を得て鬼王の城に攻め入り、もろもろの眷属とともに、巨旦の一族を滅ぼした。そのおり、天王は、かつて松林で出会った巨旦の女奴隷のことを思い出した。

「あの女は巨旦の婢《はしため》だが、私にとっては恩人だ。あの女だけは助けてやろう」

そう考えた天王は、邪気を避ける桃の木を削って札をつくり、そこに「急 急 如 律 令《きゅうきゅうにょりつりょう》」の文を書き記した。ついで指で札を弾き飛ばすと、木札は彼女のたもとに入り、その功徳《くどく》で彼女だけが災禍《さいか》から免《まぬか》れることができたのである。

祇園社の巨旦調伏の祭儀のこと

その後、天王は巨旦の死骸《しがい》を五つに分断して五節句に配当し、おごそかに巨旦調伏の祭儀をとり行った。ついで北天竺への帰途、蘇民将来の家に立ち寄ったところ、蘇民将来は以前とはうってかわった長者ぶりで、五つの宮と八つの宮殿を造営して、天王と八王子の帰国を待ち受けていた。そこで天王は、三日の間、車を止め、蘇民将来の歓待《かんたい》を受けた。くさぐさの珍菓《ちんか》で饗応《きょうおう》する将来のもてなしぶりを喜んだ天王は、彼に夜叉国を与えた。さらに、こう誓って、蘇民将来の子孫の守護を約束したのであった。

「将来よ、私は末の世には疫病神《えきびょうしん》となるであろう。そのとき、八王子や眷属が諸国に乱入することもあろうが、おまえの子孫が、『私は蘇民将来の子孫です』と言えば、その者らを苦しめ悩ますことはしないと約束しよう。おまえを守護するしるしとして、今、二六《にろく》の秘《ひ》文《もん》を授ける。法がすたれて濁りきった末法《まっぽう》時代の衆生《しゅじょう》は、必ず三毒《さんどく》に耽《ふけ》って、いよいよ煩《ぼん》悩《のう》を募《つの》らすことになる。天地を形づくる四大《しだい》は調和を崩して乱れ、人は極度の寒冷の病《やまい》と、懊熱《おうねつ》の病を受けることになる。この寒熱二病は、牛頭天王とその眷属の所業《しょぎょう》と知れ。もしこれら病の痛み苦しみから免れたいと願うなら、五節句の祭礼を正しく執り行い、心の内にはしっかかと二六の秘文を守って、厚く信敬《しんけい》するように」

こういって、天王は五節句の祭礼の意味を蘇民将来に教えた。すなわち、一月一日に用いる紅白の鏡餅は巨旦の骨肉、三月三日に供える蓬《よもぎ》の草餅は巨旦の皮膚、五月五日の菖蒲《しょうぶ》のちまきは巨旦のひげと髪、七月七日の小麦の素麺《そうめん》は巨旦の筋、九月九日の黄菊の酒は巨旦の血脈であり、蹴鞠《けまり》の鞠はいずれの場合も巨旦の頭、的《まと》は巨旦の目、門松は巨旦の墓じるしであり、修正の導師、葬礼の威儀《いぎ》は、ことごとく巨旦を調伏《ちょうぶく》するための儀式であると告げたのである。

かく説き終えて、牛頭天王は北天竺へと帰っていった。

長保《ちょうほう》元年（九九九）六月一日、祇園社《ぎおんしゃ》では、（安倍晴明によって）三十日間、巨旦調伏の儀式が行われ、今の世に至るまでその祭儀が継承されている。六月一日の歯固《はがた》めの儀式は、（五体を分断された巨旦を噛み砕くという密意《みつい》が込められており）、しっかり行うことが肝要《かんよう》である。

悪《にく》んでも悪むべきは、巨旦の邪気と、その残族の魑魅魍魎の類いであり、信じても信ずべきは、牛頭天王と、太歳《たいさい》・大将軍《だいしょうぐん》・太陰《たいいん》・歳刑《さいぎょう》・歳破《さいは》・歳殺《さいせつ》・黄幡《おうばん》・豹尾《ひょうび》の八王子なのである。

節句と陰陽道

『簠簋内伝《ほきないでん》』は一月一日を五節句のひとつに数えているが、一月の節句は、通常は七日の「人日《じんじつ》」のことをいう。五節句はすべて鬼神除《きじんよ》けのための祭儀と関係している。

まず正月人日の節句は、中国では人の泥人形をつくって「陰《いん》を却《しりぞ》け陽《よう》を起こし」たり、春の七草を食べて陽気を取り込んだ。この日の夜には、姑獲鳥《こかく》（ウブメ）とも天帝女《てんていじょ》とも隠飛鳥《いんびちょう》とも夜行遊女《やぎょうゆうじょ》とも呼ばれる鬼鳥《きちょう》が飛び回り、女や子どもを奪ったり、人の魂気《こんき》を奪うなどという俗信があった。そこで、床を槌《つち》で打ったり戸を打ったり、犬の耳をねじったり、灯火《とうか》を消してこれを祓《はら》ったことが『荊楚歳時記《けいそさいじき》』に見える。この鬼鳥は日本にも伝わっており、正月七日の七草粥《ななくさがゆ》の行事と結びつけられて、この鬼鳥を払う歌が七草粥づくりの際に歌われてきた。また、『簠簋内伝』があげる正月元旦は、大晦日《おおみそか》に鬼を祓った後に訪れる。宮廷《きゅうてい》行事の追儺《ついな》（鬼やらい）がそれで、民間では「鬼は外、福は内」といって鬼を豆で祓う節分の豆まきとして、今に伝わっている。

本来、節分とは旧暦の大晦日のことで、旧暦1月1日の立春の前日のことをいった。この日、疫《えき》病《びょう》をもたらす鬼などを祓って家から追い出し、冬の陰気が新春の陽気に転じたことを祝ったのが元旦で、そのときの紅白の鏡餅《かがみもち》は、白餅が巨旦《こたん》の骨、赤餅が巨旦の肉の象徴だと、『簠簋内伝』の著者はいっているのである。

次に三月三日は、今日では雛《ひな》祭りとして祝われているが、これももとは身の穢《けが》れを人形《ひとかた》（撫物《なでもの》、355ページ参照）に移して陰陽師《おんみょうじ》に託し、陰陽師が穢れを祓った後、川などに流した日で、この行事のことを「上巳《じょうし》の祓《はらえ》」といった（上巳は三月上旬の巳《み》の日の意味）。平安時代から行われてきた厄除《やくよ》け、疫神《えきじん》除けの行事である。

五月五日の端午《たんご》の節句も邪気除けの節日で、菖蒲《しょうぶ》や蓬《よもぎ》は邪気祓いの植物として重用《ちょうよう》された。また、五色の絹糸を肘《ひじ》につけて疫病を祓う中国伝来の「辟兵《へきへい》」と呼ばれる呪法や、菖蒲を刻んで小さな人形をつくり、それを身につけて邪気を除ける呪法なども行われた。この日にちまきを食べることは、五月五日に川に身投げして死んだ楚《そ》の王族の屈原《くつげん》の慰霊《いれい》のために、姉が餅を川に投げ込んだのが始まりという。

追儺　『万暦大成』

七月七日は七夕祭で、現代人の感覚からは疫神除けとは無関係のように思われるだろうが、織姫《おりひめ》・彦星《ひこぼし》の星祭とは別に、盆行事の前の穢れ祓いの日としての習俗も長く行われてきた。その典型が青森のねぶた祭に見られる。これは穢れを川や海に流す祓い行事が発展したもので、祭の最後に人形や灯籠《とうろう》を流すのは、穢れ

牽牛（牛郎）と織女　『華夏諸神・俗神巻』

を黄泉《よみ》に送るためである。また、七月七日ではないが、疫鬼《えっき》を払うための祇園祭《ぎおんまつり》も、この月に行われる。

九月九日は重陽《ちょうよう》の節句という。九は易《えき》でいう陽数（奇数）の極《きわみ》で、その陽が重ねるめでたい日ということで、菊酒《きくざけ》を飲み、高い山や丘に登って宴会を行い、延命長寿《えんめいちょうじゅ》を願った。また、女性は避疫《ひえき》のために、ハジカミの実を頭に挿すなどのまじないも行われている。

こうした疫神・凶神《きょうじん》祓いの祭儀を、『簠簋内伝』はすべて牛頭天王による巨旦調伏《ちょうぶく》に由来するとして牛頭天王縁起《ごずてんのうえんぎ》を編みだした。その上で、縁起に登場した神々を、以下、陰陽道の方位神と結びつけて、その働きを説いていくのである。なお、縁起部分の小見出しは訳者がつけたもので、原文にはないことをお断りしておく。

【天道神の方位】

天道神《てんどうしん》は牛頭天王《ごずてんのう》である。万事に大吉。この神のいる方位に向けて胞衣《えな》を埋めたり、鞍置《くらおき》始めを行うなどすれば、求めることの一切が成就《じょうじゅ》する方位である。

天道神の方位表

正月	二月	三月	四月	五月	六月	七月	八月	九月	十月	霜月	雪月
南	西南	北	西	西北	東	北	東北	南	東	東南	西

牛頭天王スサノオ説

仏教と習合《しゅうごう》した陰陽道《おんみょうどう》における牛頭天王縁起《ごずてんのうえんぎ》は第一巻の序にあるとおりだが、ほかにも、牛頭天王をスサノオ尊《のみこと》と同体とする説やオオクニヌシ命《のみこと》と同体とする説など、さまざまな説がある。それだけ疫病除《えきびょうよ》けの神としての牛頭天王信仰がさかんだったわけだが、最も広く流布したのはスサノオを牛頭天王とする説で、その妻の櫛稲田媛《くしいなだひめ》との間にもうけた五男三女を八将神《はっしょうじん》としている。

頭に牛頭骨を載せたスサノオ尊

伝説ではスサノオは最後に朝鮮に渡り、新羅《しらぎ》国の牛頭山に

袍衣を埋めている場面　『女重宝記大成』

鎮《しず》まった。そのスサノオの御魂《みたま》を斉明《さいめい》天皇二年（六五六）に日本に勧請《かんじょう》して山城《やましろ》国の八坂《やさか》郷に祀《まつ》り、牛頭山から勧請したから牛頭天王と呼ぶようになったという。

袍衣について

文中に出てくる「袍衣《えな》」（胞衣）というのは、胎児をくるんでいた膜と胎盤《たいばん》で、これを松竹梅などを描いた胞衣桶《えなおけ》に入れ、産後五日ないし七日目に吉方《きっぽう》（恵方《えほう》）に埋めたり、社寺に納めるなどのことが、江戸時代まで行われた。これを胞衣納めという。右図はその様子を描いたもので、右下の男が塩水で埋める場所を清めている。袍衣の埋め場所が悪いと、その子の運が塞《ふさ》がるというので、わざわざ吉方を選んだ。

吉方で最もポピュラーなのは、次項に出てくるその年の歳徳神《としとくじん》の方位だが、牛頭天王の天道神の方位も用いられたことが、これで知れる。

他の多くの方位神と同じく、天道神のいる方位も月ごとに変わる。万事に大吉の方位とされるので、方位にこだわりたい方は、この方位を第一に活用するといいだろう。

【歳徳神の方位】

歳徳神《としとくじん》は頗梨采女《はりさいじょ》である。八将神《はっしょうじん》の母である。容貌《ようぼう》は美麗《びれい》で、忍辱《にんにく》と慈悲《じひ》を体現している。

ゆえに、この神のいる方位は、諸事に用いるのに最も適している。

甲《きのえ》・己《つちのと》の年は東宮の甲、寅《とら》と卯《う》の範囲内にいる。

丙《ひのえ》・辛《かのと》の年は南宮の丙、巳《み》と午《うま》の範囲内にいる。

戊《つちのえ》・癸《みずのと》の年は中宮の戊、丑《うし》・未《ひつじ》・辰《たつ》・戌《いぬ》の各方位にいる。

庚《かのえ》・乙《きのと》の年は西宮の庚、申《さる》と酉《とり》の範囲内にいる。

丁《ひのと》・壬《みずのえ》の年は北宮の壬、亥《い》と子《ね》の範囲内にいる。

歳徳神の方位図

歳徳神のルーツ

ここでは歳徳神は頗梨采女とされているが、牛頭天王をスサノオ尊《のみこと》と見て、歳徳神を櫛稲田媛《くしいなだひめ》とする説も広く行われた。歳徳神は民間に最も深く浸透した暦《こよみ》と方位の神で、正月様、年《とし》（歳）神《がみ》様、トシドンなどともいう。老男神とすることも少なくなく、年爺《としじい》さんなどの呼称《こしょう》もある。もともとは穀霊《こくれい》も

歳徳神　『万暦大成』

しくは稲霊《いなだま》で、正月が近づくと山などから降りてきて、里人に福をもたらし、一定期間を屋敷で過ごした後、また山に帰っていくと信じられた。

歳徳神が家にいる期間は、その地方なり共同体が定めている正月期間で、四日から一週間というところが多かった。

歳徳神の祭り方は地方によって異なるが、山から迎えてきた松などを依代《よりしろ》として祭る方式（これが後の門松《かどまつ》）と並んでポピュラーなのは、年棚《としだな》などの祭壇をしつらえて祭る方式である。

年棚は歳徳棚、年神棚などと呼ばれ、棚には歳徳神のために、鏡餅、灯明、洗米《せんまい》、お神酒《みき》その他の供物《くもつ》が供《そな》えられた。興味深いのは、この棚が神棚のような固定的なものではなく、毎年、歳徳神がめぐってくる吉方《きっぽう》（これを「恵方《えほう》」とか「明《あき》の方《かた》」という）に向ける形で吊られる風習が広く見られたことである。

これは陰陽道《おんみょうどう》にもとづく暦の俗信と結びついた結果と思われるが、日本全土に広まっていることからみても、いかに陰陽道が深く民間に根を下ろしていたかが知れる。先の天道神《てんどうしん》より、この歳徳神のほうが、民間でははるかに深く生活に食いこんでいた。

なぜ吉方なのか

歳徳神の方位は、もちろんでたらめに決められているわけではなく、中国の干支術《かんしじゅつ》の思想の中にある「干合《かんごう》」と呼ばれる理論から導きだされている。

干合というのは、本来なら戦いあう関係にある五行（相剋《そうこく》の五行）のうち、陽＝男の干《かん》（甲《きのえ》・丙《ひのえ》・戊《つちのえ》・庚《かのえ》・壬《みずのえ》）と、陰＝女の干（乙《きのと》・丁《ひのと》・己《つちのと》・辛《かのと》・癸《みずのと》）が結びあう関係にある五行のことで、干が和合《わごう》し

上から順に岩手県、和歌山県、京都府、長野県の年棚　『年中行事図説』

あうから干合といい、ちょうど好き合った男女のように親しみ、睦《むつ》みあうとみなしたのである。

たとえば甲・己は、通常なら木の甲が土の己を攻めて養分を奪う「木剋土《もっこくど》」の関係だが、甲は陽＝男で己は陰＝女なので、男女の理にかなって両者が和合する。和合の結果、新たに生まれるのが「合《ごう》化《か》干合」で、甲・己の場合は「木」が生まれる。その木を方位にあてはめると寅・卯の東方になるというように定められている。その年、歳徳神がいる方位というのは、すべてこの合化干合の方位のことをいう。

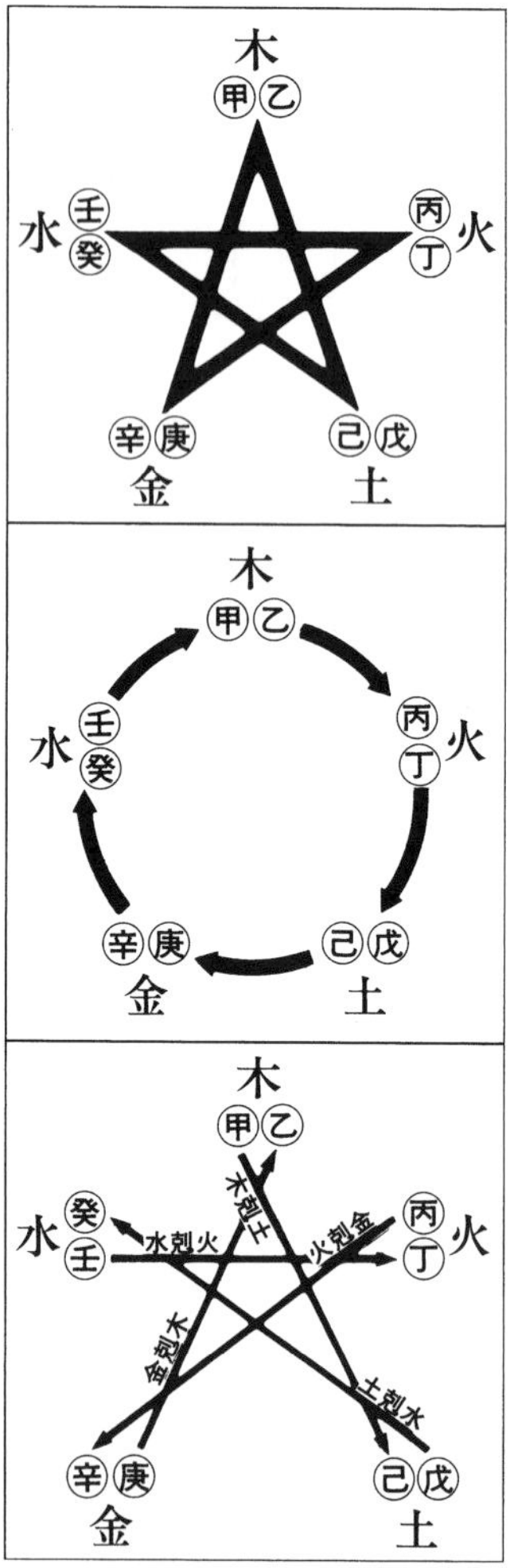

上図は五行の相剋、中図は相生、下図は干合の図。五行は相生では親しみあい相剋では戦いあうのが基本だが、相剋のうち干が陰陽の組み合わせの場合のみ和合する。下図の実線で結ばれた干同士が干合になる。

【八将神の方位】

八将神《はっしょうじん》は牛頭天王《ごずてんのう》の王子である。春夏秋冬および各季節に配当された四つの土用《どよう》の期間を通じて回る行疫神《ぎょうえきしん》である。

太歳神《たいさい》のいる方位は、その年の十二支に等しい。そこで、太歳神の方位から、それ以外の七神のいる方位を判断してほしい。

●第一は太歳神、名は総光天王《そうこう》。本地《ほんじ》は薬師如来《やくし》。この神の方位に向かって家などの造作《ぞうさく》を行えば大吉。この神の方位にある木は切ってはならない。

●第二は大将軍《だいしょうぐん》、名は魔王天王《まおう》。本地は他化自在天《たけじざい》。この神の方位に向かって行うことは万事に凶。ゆえに世間では、この方位を「三年塞《ふさ》がり」と呼ぶ。

●第三は大陰神《だいおん》、名は倶摩羅天王《くまら》。本地は聖観自在尊《しょう》。この神の方位に向かって行うことは万事に凶。ことに、その年の大陰神の方位にあたる家から嫁を迎えたり、その方位に嫁に出ることなどを忌み嫌う。

●第四は歳刑神《さいぎょうしん》、名は得達神天王《とくだつしん》。本地は堅牢地神《けんろうじしん》。この神の方位に向かって土を掘ったり耕したりなどの土いじりをすることは凶。ただし兵具《ひょうぐ》を収めるには大吉である。

●第五は歳破《さいは》神、名は良侍《りょうじ》天王。本地は河泊大水《かはくだいすい》神。この神のいる方位に向かうようにして海や河川を渡ってはならない。また、家の造作を行えば、家畜の牛馬が死ぬ。

●第六は歳殺《さいさつ》神、名は侍神相《じしんそう》天王。本地は大威徳《だいいとく》明王。この神のいる方位に向けて弓矢を取ってはならない。また嫁取り婿取りも凶。

●第七は黄幡《おうばん》神、名は宅神相《たくしんそう》天王。本地は摩利支天《まりしてん》王。この神のいる方位に向けて軍陣の旗を開くのは吉。この神の方位に財宝を収蔵することは大凶。

●第八は豹尾《ひょうび》神、名は蛇毒気《じゃどっけ》神。本地は三宝荒神《さんぽうこうじん》。この神のいる方位に向けて大小便をすることは凶。また、この方位で六畜《ろくちく》を飼ってはならない。

年	子	丑	寅	卯	辰	巳	午	未	申	酉	戌	亥
太歳神	子	丑	寅	卯	辰	巳	午	未	申	酉	戌	亥
大将軍	酉	酉	子	子	子	卯	卯	卯	午	午	午	酉
大陰神	戌	亥	子	丑	寅	卯	辰	巳	午	未	申	酉
歳刑神	卯	戌	巳	子	辰	申	午	丑	寅	酉	未	亥
歳破神	午	未	申	酉	戌	亥	子	丑	寅	卯	辰	巳
歳殺神	未	辰	丑	戌	未	辰	丑	戌	未	辰	丑	戌
黄幡神	辰	丑	戌	未	辰	丑	戌	未	辰	丑	戌	未
豹尾神	戌	未	辰	丑	戌	未	辰	丑	戌	未	辰	丑

八将神の方位表

密教占星術（宿曜術）で用いる九曜星神。ここから太陽神を除いた八神が陰陽道の八将神になっている　『九重守』

八将神の由来

中世に成立した牛頭天王《ごずてんのう》の八人の息子たちを八将神《はっしょうじん》という。一般には星の神と信じられており、左のように配当されている。

太歳神から歳殺神までは、木火土金水の五行星だが、黄幡神と豹尾神は、それぞれ羅喉星《らごう》と計都星《けいと》という架空の星が配当されている。この両星については、名著『星占い星祭り』の中で、金指正三《かなさししょうぞう》氏がこう述べられている。

八将神	配当星	区分
太歳神《たいさいじん》	歳星《さいしょう》（木星）	木火土金水の五行星
大将軍《だいしょうぐん》	太白星《たいはくしょう》（金星）	木火土金水の五行星
大陰神《たいいんじん》	鎮星《ちんしょう》（土星）	木火土金水の五行星
歳刑神《さいぎょうしん》	辰星《しんしょう》（水星）	木火土金水の五行星
歳破神《さいはしん》	鎮星（土星）	木火土金水の五行星
歳殺神《さいさつしん》	熒惑星《けいこくしょう》（火星）	木火土金水の五行星
黄幡神《おうばんしん》	羅喉星《らごうしょう》	架空の二星
豹尾神《ひょうびしん》	計都星《けいとしょう》	架空の二星

八将神配当表

上：太歳神『万暦大成』　下：太歳神の方位図

「この二星は、白道《はくどう》（月の運行コース）と黄道《おうどう》（太陽の運行コース）との交点にあると想像した星である。ある説では、羅喉星は日月の光明を障蔽《しょうへい》して蝕《しょく》せしめる星、蝕神《しょくしん》であり、計都星は蝕神の尾、豹尾と号し、彗星《すいせい》であるともいう。いずれにしても、その精が地に降って、五惑星と同様に神として祭られているのである」

信仰面では、たしかにこれでもよいのだが、八将神は、実際には星とはなんの関係もない。そもそも、星は八将神の遊行《ゆぎょう》表のような動きをしない。では、八将神という神は何から導き出されてきたのかというと、五行および八方位から導き出されたものである。

太歳神

この神は、その年の十二支《じゅうにし》を星神・方位神としたもので、その年が子《ね》年なら子の方位に、丑《うし》年なら丑の方位にいることになっている。十二支は十二年で一巡するが、天体の木星もほぼ十二年で天を一周するので、これを〝歳月の星〟の意味で歳星といい、神を敬《うやま》って太歳神（大いなる歳月の神）と呼んだ。八将神の中では、唯一天体と多少なりとも関係をもっているのがこの神である。

暦や方位になどにまつわる占いの諸説を集成した江戸時代の『万暦大成《ばんれきたいせい》』では、太歳は歳星の精で、天地の間にあってよろずのものを観察して八方を臨《のぞ》み見るので、年の君となすとし、この神のいる方位は、たとえ同時に諸凶神の方位と重なっていたとしても、凶が解《と》けるので忌む必要はないとしている。ただし一年をつかさどる君というほどの高貴な神の方位なので、公事訴訟《くじそしょう》や争いごと、口論、その他、義にもとり不正にわたることは厳禁で、もしこの戒《いまし》めを破れば、疫病を病むといわれている。また、歳星とは木曜星のことなので、この方位に向かって草を刈ったり、生木を切ることを忌む。造作や引っ越し、異動などは大吉の方位である。

大将軍

十二支をグループ分けし、大将軍の動きを記すと次のようになる。

①春＝東＝木＝寅《とら》・卯《う》・辰《たつ》

この三年間、大将軍は真北の子（水）にいる。

②夏＝南＝火＝巳《み》・午《うま》・未《ひつじ》

この三年間、大将軍は真東の卯（木）にいる。

③秋＝西＝金＝申《さる》・酉《とり》・戌《いぬ》

この三年間、大将軍は真南の午（火）にいる。

④冬＝北＝水＝亥《い》・子《ね》・丑《うし》

上：大将軍　『万暦大成』　下：大将軍の方位図

この三年間、大将軍は真西の酉（金）にいる。

大将軍は、この四つの期間を生み出したり（①②④の相生《そうしょう》）、支配したり（③の相剋《そうこく》）する位置にいる。生み出す位置にいるときは〝その年の母〟にあたり、支配する位置にいるときは、〝その年の征服者〟となる。いずれも、その年の十二支から見ると、粗末《そまつ》にできない。母を犯せば自分も倒れるし、征服者を刺激すれば倒される。そこで、この神の方位は犯してはならないということになる。五行の相生・相剋から生み出された方位の禁忌《きんき》だということがこれでわかる。

ただし、陰陽道《おんみょうどう》では金星（太白星）の神として祀《まつ》った。西洋占星術の金星神ヴィーナスと異なり、東洋の金星神である大将軍神は、万物を枯らし、他を征伐《せいばつ》したり調伏《ちょうぶく》することをつかさどる。そこで、「この方位に向かって柱を立てたり、築地石《ついじいし》をついたり、棟上《むねあ》げや家の造作、移従《わたまし》、井戸掘り、嫁取りなど、よろずのことを行ってはならない」（『万暦大成』）と戒めたのである。

八将神の中でも、この大将軍の方位は最も恐れられており、平安時代には、北は大徳寺門前、南は藤森社内《ふじのもりしゃ》、東は南禅寺前、西は紙屋川東（現在の大将軍八神社）に、この大将軍を祭った。この神が東西南北に三年ずつ止まる「三年塞がり」の神とされていたからである。

大陰神

大将軍のところで十二支を四つにグループ分けしたが、各グループの中央の十二支が、そのグルー

プの盟主《めいしゅ》で、グループの五行を代表する。つまり、
①五行の木の盟主は卯
②五行の火の盟主は巳
③五行の金の盟主は酉
④五行の水の盟主は子
である。大陰神は、この盟主の二つ前にいて、盟主の動きとあわせて動き回る。盟主の二つ前の十二支は、必ず五行の土（丑・辰・未・戌）になる。そこで、この神は鎮星（土星）の精と見なされる。

　その理由を、『万暦大成』はこう記している。

「大陰神は鎮星の精であって、大歳神の后妃《こうひ》とする。毎年、大歳の二つ前にあたる十二支のところに鎮座《ちんざ》する。……その理由は、后妃というものが、後宮《こうきゅう》に住む習いだからである。この鎮星は土曜星であって、土の精である。土は大陰であり、陰は陽を愛し、陰を妬《ねた》む。したがって、この方位に向かって嫁取りや出産など、婦人に関係したことを行ってはならない。また、妾《めかけ》を求めたり、下女を抱えるなどのこともよくない。それ以外のことは行っても障《さわ》りはない」

上：大陰神　『万暦大成』　下：大陰神の方位図

上：歳刑神　『万暦大成』　下：歳刑神の方位図

歳刑神

十二支同士の関係には、協力して支え合う協調関係もあれば、害したり傷つけたりしあう敵対関係もある。そうした諸関係のうち、東洋占術で「刑《けい》」と呼ばれる敵対関係を神に見立てたのが、この歳刑神である。

歳刑神は五行星では辰《しん》星（水星）だが、易《えき》で水を意味する「坎《かん》」の卦《け》は殺伐《さつばつ》の卦になり、五行の水も、陰気の極まったところに生じる死や暗黒のイメージをもつ五行なので、刑罰のイメージと重ならないでもない。そこで水星とつなげたものだろうが、歳刑神の動きや働きは、実際の水星や五行の水の働きとはなんの関係もない。あくまで十二支の相関関係を神に見立てたものと考えるべきだろう。

『万暦大成』では、「一年のうち、刑罰をつかさどる方位なので、恐れ慎《つつし》まなければならない。万事、この方位を触れ犯してはならない。この方位を用いるときは、たちどころに禍《わざわい》がやってくる。とりわけ土を掘ることや植樹、種蒔きは慎むこと」としている。ただし、「歳刑は無道を刑伐《けいばつ》するという意義」なので、この方位に向かって刀剣そのほか兵具《ひょうぐ》を収蔵することは吉になる。

歳破神

十二支同士の諸関係のうち、戦闘状態を意味する「沖《ちゅう》」と呼ばれる関係を神に見立てて、歳破神と呼んでいる。

沖というのは一八〇度の位置関係のことで、太歳神の真向かいに位置する十二支を歳破神というのである。太歳はその年の方位だから、当年の方位（太歳の方位）と戦闘状態になる方位のことを「歳を破《は》する神」と呼んだわけである。土曜星の精とされるが、本来、これも土星や五行の土とはなんの関係もない。

歳破神は、方位によって働きの重さに軽重がある。

①四孟《しもう》五行の生気《しょうき》

歳破神が寅・申・巳・亥の四方位にある年のことを、「四孟五行の生気の方《かた》にいる」という。「孟」は「はじめ」の意味で、この方位にいるとき、歳破神の気が生じる。そこで「生気の方」と呼ぶ。このときの歳破神の気は、生まれたばかりで幼弱である。そのため、太歳神と相対しても戦わずして破

上：歳破神　『万暦大成』　下：歳破神の方位図

五行	四孟	四仲	四季	季節	方位
木	寅	卯	辰	春	東
火	巳	午	未	夏	南
金	申	酉	戌	秋	西
水	亥	子	午	冬	北

四孟・四仲・四季の表

れる。けれども、戦わずに破れるのだから被害は軽く、咎《とが》めはないのである。

②四仲《しちゅう》五行の壮盛《そうせい》

歳破神が子・午・卯・酉の四方位にある年のことを、「四仲五行の壮盛の方にいる」という。「壮」は「さかんなり」と訓《よ》む。

この方位にいるとき、歳破神の気は最も旺盛《おうせい》になる。歳破神が旺盛なときは、真向かいにいる太歳神と戦っても、破れ尽くすということがない。ゆえに、この場合の凶意も軽いと見る。

③四季《しき》五行の老衰《ろうすい》

歳破神が丑・未・辰・戌の四方位にある年のことを、「四季五行の老衰の方にいる」という。「季」は「すえ」と訓む。この方位にいるとき、歳破神の気は老いて病み衰える。そこで、太歳と向かいあって戦えば、必ず傷つき破られる。そこで、歳破神がこの方位にある年は凶意が最も重いと見なされ、「この方位に向かって土を動かし、あるいは移従《わたまし》、乗船、出行《しゅっこう》などをしてはならない。また、牛馬そのほかの畜類を求めてもいけない」（『万暦大成』）と戒められたのである。

ここに出てくる四孟・四仲・四季も陰陽五行論の古典的な理論のひとつで、表にすると上のようになる。

歳殺神

歳殺神は熒惑《けいこく》星(火星)の精と見なされる。ただし、その動く方位を見ると、五行の土の十二支(丑・辰・未・戌)の方位にしか動かない。五行の理論では、土を生み出すのは火なので、常に土の方位に現れる神を、土を生み出す五行の神とし、火星神＝歳殺神としたものかもしれない。いずれにせよ、実在の天体である火星とはなんの関係もない。

『万暦大成』では、この神を金星の精とし、最も毒害の重い方位として、以下のように説明している。

「この神を殺《さつ》というのは、金気《ごんき》は物を枯らし、害することをつかさどるからで、万物が滅《めっ》する方位とする。この神は、丑・未・辰・戌の方位のみを巡って、他の方位を巡ることはしない。この四方位は土に属し、最も陰の極まった方位である。陰はよくものを殺す。ゆえに凶方とする。この方位に向かって武芸を始めたり、婚礼等を行うのはよくない。ただし、この方位に刀や槍《やり》その他の兵器を収納するのは大吉。歳殺神は凶神《きょうじん》とはいえ、たいていの場合、同じ金曜星の大将軍より凶意は軽いので、あまり重大でないことについては、この方位を用いてもかまわない」

兵器を収納するのは大吉としているのは、歳殺神が本来、戦争などをつかさどる軍神の火星と考えられていたからで、『簠簋内伝《ほきないでん》』でもこの神のいる

上：歳殺神　『万暦大成』　下：歳殺神の方位図

上：黄幡神　『万暦大成』　下：黄幡神の方位図

方位に向けて弓矢を取ってはならないと戒めている。にもかかわらず、『万暦大成』では金星の精とする。このように、陰陽道における星への配当はまったく恣意的であって、実在の星との関係はないものと考えてもらって間違いない。

黄幡神と豹尾神

羅喉星と計都星とされており、天文分野では白道と黄道の二つの交点を意味することも事実だが、陰陽道の八将神の場合は、天文とは関係がない。その動きに示されているように、ともに土神の神格化で、五行の土の十二支（丑・辰・未・戌）を四年ごとに巡って歩く。

羅喉星の精の黄幡神は、『万暦大成』では「太歳神の墓」とされ、以下のように説明されている。

「黄幡神は未・戌・丑・辰の四隅に立っており、その形は幡《はた》を立てたときのようである。また、墓は土であり、土の色は黄色である。ゆえに、黄色い幡という意味で黄幡神というのであり、家屋建造、門立て、井戸掘りなど、土を動かしたり取り去ったりすると、よくないのである。とはいうものの、陰が極まれば陽が生まれる。そのゆえに、弓を射始め、旗を開き、陣幕を張るなどにはよい。ただし、財宝を出し入れすることだけは厳重に慎むべきである」

この黄幡神の真向かいの方位にいるのが豹尾神で、黄幡神同様、幡の神とされる。

「丑・未・辰・戌の四隅にあることは、あたかも幡を立てたときのようである。名に付された豹は、和名を〝めどら〟という。猛獣で、走るのが非常に早い。この神の激しく恐ろしいことも、あたかも豹が尾を打ち振りながら疾駆《しっく》するときのようであって、最も猛悪《もうあく》の神なのである。この神のいる方位に向かって牛馬そのほか、尾のある生き物を求めてはならない。また、この方位に向かって大小便をしてはならない。猛悪の神であるから、その穢れを憎んで祟ることおびただしい。嫁取りや臨産《りんざん》そのほか、一切の不浄《ふじょう》を忌むことである」（『万暦大成』）

以上の八神は、八方位と数を合わせるために編み出されたものと思われる。表にまとめると、左のようになる。

上：豹尾神　『万暦大成』　下：豹尾神の方位図

季節	方位	五行	八将神
春	東	木	太歳神
夏	南	火	歳殺神
秋	西	金	大将軍
冬	北	水	歳刑神
土用	四維	土	大陰神・歳破神・黄幡神・豹尾神

八将神と四季五行表

【天徳神の方位】

天徳《てんとく》神の方位とは、蘇民将来《そみんしょうらい》のいる方位のことである。蘇民将来は、武塔《むとう》天神ともいう。この神のいる方位に向かって病を避くべきである。船に乗るのは吉。剛猛《ごうみょう》、造舎《ぞうしゃ》、出行、いずれも吉。この神は広遠《こうえん》国の王で、牛頭天王《ごずてんのう》の大旦那《おおだんな》である。たとえ八万四千の行疫神《ぎょうえきしん》が流行しても、天徳神の方《かた》だけは犯さない。大吉の方位と識《し》るべきである。

天徳神の方位表

月	
正月	丁
二月	坤
三月	壬
四月	辛
五月	乾
六月	甲
七月	癸
八月	艮
九月	丙
十月	乙
霜月	巽
雪月	庚

蘇民将来と『備後国風土記』

『簠簋内伝《ほきないでん》』の牛頭天王縁起《ごずてんのうえんぎ》は、『備後国風土記』をそっくり下敷きにしている。

同風土記によると、昔、北の海にいた武塔という名の天神が、南海の神の娘のもとに夜這い《よばい》（求婚）にでかけた。その途中で日暮れになったので、将来という名の兄弟に宿を乞《こ》うた。兄の蘇民将来は貧しく、弟の将来は裕福だったが、宿を貸してもてなしたのは兄のほうで、弟は拒絶した。

数年後、武塔神は八人の子を引き連れて再び蘇民将来の家を訪れ、「以前のもてなしの礼をしようと思うが、おまえには子孫はあるか」とたずねた。蘇民将来が、「娘と妻がおります」と答えると、武塔神は、「茅の輪《ちわ》を腰の上に着けさせせよ」といった。そこで、蘇民将来が教えのとおりにすると、その夜のうちに疫病が襲い、蘇民将来一家をのぞいて、すべての人々が死んでしまった。

このとき武塔神は、蘇民将来に「私は速須佐雄《はやすさのお》神である」と正体を明かし、もし疫病が襲ってきたら、いつであれ「蘇民将来の子孫」と唱えて腰に茅の輪をつければ、疫病から免れるであろうと教えたという。

ここに登場する武塔神が牛頭天王なのだが、武塔神という呼称そのものについては、皆目わかっていない。日本古典文学大系『風土記』（岩波書店）校注者の秋本吉郎氏は、武塔神については、密教の「武答天神王」によるという説と、武に勝れた神という意味の「タケタフカミ（武勝神）」からきたという説を挙げているが、ほかに朝鮮系の神との説もある。蘇民将来についても同様で、何に由来した神かは不明である。

蘇民将来信仰

そのルーツは不明だが、避疫神《ひえきしん》としての信仰は古く、平安時代にはすでに行われていた。その後も

八坂神社の舞殿（手前）と本殿（奥）　京都市東山区

各地で須佐之男神とセットで祀られており、京都の八坂神社（祇園社）は最も有名である。「蘇民将来之子孫」と記したお守りは、いまでも各地の国津神《くにつかみ》系の神（おもにスサノオ神とその眷属神《けんぞくしん》）を祀る神社で頒布されており、疫病を除《よ》け、災厄《さいやく》を祓《はら》い、福をもたらす神として人気が高い。家の門口に蘇民将来のお札を貼って災い除けとしている家は、今も少なくない。

本来は陰陽道《おんみょうどう》とは無関係の神だったと思われるが、中世、陰陽師《おんみょうじ》が中国の干支術《かんしじゅつ》上の神である天徳神と習合させて、暦《こよみ》にとりこんだものと思われる。

避疫のほか、船に乗るのを吉としているのは、蘇民将来が牛頭天王に船を提供したからであり、剛猛、造舎、出行によいというのも、すべて牛頭天王縁起に由来している。

【金神・七殺の異説・遊行・四季遊行・四季間日】

金神《こんじん》とは、巨旦《こたん》大王の精魂である。その七魄《しちはく》が遊行《ゆぎょう》して、人間世界である南閻浮提《なんえんぶだい》の衆生《しゅじょう》を殺戮《さつりく》する。ゆえに最も厭《いと》うべき方位である。

金神七殺《しちせつ》の方位

甲《きのえ》・己《つちのと》年は午《うま》・未《ひつじ》・申《さる》・酉《とり》の方位にいる。
丙《ひのえ》・辛《かのと》年は子《ね》・丑《うし》・寅《とら》・卯《う》の方位にいる。
戊《つちのえ》・癸《みずのと》年は子・丑・申・酉の方位にいる。
庚《かのえ》・乙《きのと》年は辰《たつ》・巳《み》・戌《いぬ》・亥《い》の方位にいる。
壬《みずのえ》・丁《ひのと》年は寅・卯・戌・亥の方位にいる。

金神七殺の異説の事

この説のことは暦に出ている。

甲・己年は午・未・申・酉の方位にいる。

庚・乙年は寅・卯・辰・巳の方位にいる。
丙・辛年は子・丑・午・未の方位にいる。
壬・丁年は寅・卯・戌・亥の方位にいる。
戊・癸年は子・丑・申・酉の方位にいる。

金神遊行の事

甲寅の日より五日間は南方に遊行する。
丙寅の日より五日間は西方に遊行する。
戊寅の日より五日間は中央に遊行する。
庚寅の日より五日間は北方に遊行する。
壬寅の日より五日間は東方に遊行する。

金神四季遊行の事

春は乙卯の日より五日間は東に遊行する。
夏は丙午の日より五日間は南に遊行する。

秋は辛酉の日より五日間は西に遊行する。
冬は壬子の日より五日間は北に遊行する。

金神四季間日《まび》の事

春は丑の日が間日になる。
夏は申の日が間日になる。
秋は未の日が間日になる。
冬は酉の日が間日になる。

金神という神について

牛頭天王《ごずてんのう》と戦い滅ぼされる巨旦大王《こたん》は、『簠簋内伝《ほきないでん》』では、鬼門《きもん》（東北）と並んで民間で最も忌まれてきた金神《こんじん》と同一視される。牛頭天王と妻子とパトロン（蘇民将来《そみんしょうらい》）が善玉の代表なら、悪役の代表がこの金神という位置付けである。明治以後、一世《いっせい》を風靡《ふうび》した大本教《おおもときょう》の艮金神《うしとらのこんじん》も、この陰陽道《おんみょうどう》の金神から発している。

金神の「金」は五行《ごぎょう》の金を神格化したもので、陰陽道が広めた〝方位の神〟であることは間違い

牛頭天王像　京都府京田辺市・朱智神社蔵　写真提供：京田辺市教育委員会

ないが、その直接的なルーツはさだかではない。平安中期に日本で編まれた『百忌暦文《ひゃっきりゃくぶん》』『金神決暦《こんじんけつりゃく》』などが、金神の方忌《かたい》み（その方位を避けること）の根拠となったらしいが、これらの書が残っていないため、内容は不明である。

ただ、いずれにせよ、五行の金から割り出されたことは確実といえる。金は、方位では西、季節では秋にあたり、夏＝南＝火に発展したものが、その勢いを失って小さく縮み、収束していく状態をつかさどる。そこで、運命的には衰退・殺伐・退縮《たいしゅく》などのマイナス色が強く、金本来の冷たく固い性質と、金＝刃物・武器という連想、また万物が活動を止める冬の直前の五行というところから、伝統的に「殺気《さっき》」の五行とも見なされてきたからである。

たとえば『漢書《かんじょ》』五行志では、五行の金はこう説明されている。

「金は西方である。万物は成熟しおわって、粛殺《しゅくさつ》の気を生ずる始めである。それゆえ、立秋《りっしゅう》になると、鷹や隼《はやぶさ》が小動物を襲い、秋分《しゅうぶん》になると、霜がうっすらおりる。王事にあてはめるならば、軍事行動をおこし、旄《はたぼこ》を手に持ち、鉞《まさかり》を杖つき、兵卒たちに誓って武威《ぶい》をさかんにすることである」

このように、五行の金には「粛殺」や「戦争」など、闘争の意味合いが強い。加えて、中国では天に輝く金としての太白星《たいはくしょう》（金星＝魔王天王の名をもつ大将軍）にも、同様の意味が与えられており、西洋のような愛と美の女神ヴィーナスの意味はない。陰陽道における金の理解もこれに準じており、太白星がいる方位は万事「凶」とされ、俗に「三年塞がり」といわれる大将軍神の方位にもなっている。

こうした金にまつわる観念が猛悪の方位神となって神格化され、祟り神としての金神が生まれた。一説に道教神《どうきょうしん》に由来するともいうが、確証はない。

金神七殺

金神の方位である「金神方《こんじんかた》（金神七殺方）」は、平安末期までには陰陽道の凶方《きょうほう》として定着していたらしく、仁安三年（一一六八）、陰陽頭《おんみょうのかみ》の賀茂在憲《かものありのり》や陰陽助《おんみょうのすけ》の安倍泰親《やすちか》が、六条《ろくじょう》天皇に金神方を犯さないよう、方違《かたたが》いを進言している。その際、過去の例を引いているが、それによると、金神の方忌は清原定俊《きよはらのさだとし》の上奏に従って白河《しらかわ》天皇が行っている。

次の鳥羽《とば》天皇、後白河《ごしらかわ》天皇のときには、陰陽道博士や学者らが、「金神七殺《しちせつ》の説には根拠がなく、唐の陰陽書にも記載がない」といって反対し、とりやめになったが、二条天皇は採用したという。それが六条天皇の代になると、かつては反対者だった陰陽師も金神説に加担するようになっており、金神方を忌む俗習が、紆余曲折《うよきょくせつ》の末に平安末期の時点で確立され、陰陽師の有力者が後押ししていった様子がよくわかる（村山修一『日本陰陽道史総説』）。

その後、金神は律令制の崩壊にともなう陰陽寮の解体、陰陽道の通俗化とともに、陰陽師を介して民間に浸透していき、江戸時代には暦の迷信の中に確固たる地位を占めるまでになった。

金神方を犯すと、犯した者をはじめ、その眷属六人までを祟り殺し、もしその家に住む者の数が七人に満たない場合は、隣家の者も巻き添えにして七人を祟り殺すなどといったのである。これを「金神七殺」という。とくに、庚《かのえ》の年、辛《かのと》の年、申《さる》の年、酉《とり》の年は、いずれも五行の金にあたるので、金神の祟りが最も激しいとされた。

この「金神七殺」は、もちろん根拠のない俗説だが、背景には占術上の理論がある。七という数は、ある干《かん》から数えて七つ目にあたる干が、占術上、最凶の相性になるところからきている。

たとえば「甲《きのえ》」に対する「庚」がそれで、これを占術方面では「七殺」と呼んだ。この七殺をそのまま金神にあてはめ、七人まで祟り殺すとか、金神には魂が七つあるので、七人を殺すのだなどといった珍説が生み出されたのである。『簠簋内伝』には、冒頭の金神方のほかに、異説も記載されているが、異説はこれにとどまらない。

金神遊行

遊行というのは、金神が本来いるはずの場所から出て、別の方位に遊びに行くことをいう。たとえば、甲と己《つちのと》年には、金神は南（午・未）から西（申・酉）にかけての方位にいる。しかし、この年であっても、庚寅の日から五日間は北方に遊びに出かけているので、午・未・申・酉の方位を用いてもさしつかえないということである。また、四季ごとの遊行日も決まっており、たとえば春は乙《きのと》卯の日から五日間は東に遊びにでかけているから、その年の本来の金神方を用いてもさしつかえないというように解釈した。

間日のこと

間日《まび》とは、祟り神が祟りをおよぼさない日、その影響力が空白になる日のことをいう。たとえば甲の年には、金神は午・未・申・酉の方位にいるため、これらの方位は避けるか方違いすることになるが、甲年のうち、春なら丑の日、夏なら申の日、秋なら未の日、冬なら酉の日は、たとえ金神の方位で事をなしても、金神の怒りに触れることはないという意味である。

どの日が間日になるかは、神によって異なる。

【月塞がり・日塞がり・時塞がりの方位】

月の塞がり方の事

正月、五月、九月は北が塞がる。
二月、六月、十月は東が塞がる。
三月、七月、霜月《しもつき》（十一月）は南が塞がる。
四月、八月、雪月《ゆきづき》（十二月）は西が塞がる。

日の塞がり方の事

一日は東、二日は巽《たつみ》、三日は南、四日は坤《ひつじさる》、五日は西、六日は乾《いぬい》、七日は北、八日は艮《うしとら》、九日は天上、十日は地下が塞がる。

これらの方位は、日の大将軍が遊行する方位である。ゆえに深くこれを凶《い》む。

時の塞がり方の事

子の時は子の方位を塞がり方とする。これ以外の時についても、その時の十二支と同じ方位を塞がり方とすると覚えておけばよい。

塞がりの意味

塞がり方とは、その方位を犯すと怒る凶神がいる方位のことをいう。月ごと、日ごと、時間ごとに、犯してはならない方位がある。それを述べたのが、この塞がり方である。

月の塞がりを支配する凶神の名は『簠簋内伝《ほきないでん》』には記されていないが、日の塞がりの項に「大将軍」と出てくるので、月以下の塞がりを支配するのも、金星の精である大将軍と考えられていたことがわかる。

日の大将軍について

「日の大将軍」は「一日廻《ひとひめぐ》りの神」とも「一夜廻《ひとよめぐ》りの神」とも呼ばれた神で、先に見た八将神の中の大将軍の分身のようなものである。歳の大将軍は、一年ごとに座所《ざしょ》を移すが、日の大将軍は、一月《ひとつき》の中を動き回るとされた。八日間で地の八方位を巡り、九日目には天上を、十日目には地下を巡る。そこで、九のつく日は高いところに上がるなどのことを忌み、十のつく日は穴蔵《あなぐら》や地下などに降りるこ

9日＝天上、10日＝地下

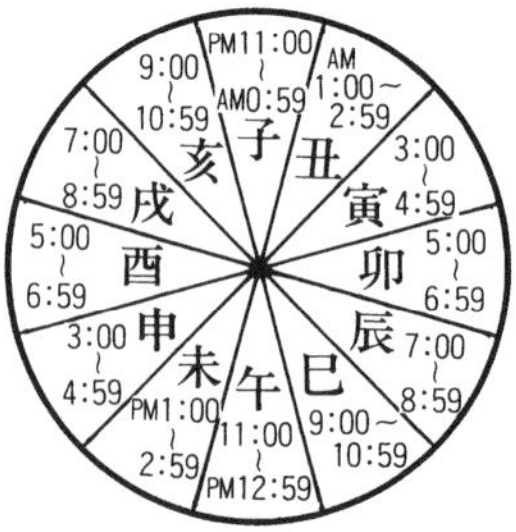

上：月塞がりの方位図
中：日塞がりの方位図
下：時塞がりの方位図

とを忌むということになる。

なお、十一日目からは、また一日目と同じ東に戻り、同じコースを巡る。

時の塞がりでは、二時間ごとに大将軍の座所が変わる。十二支による時の見方は210ページ以下に詳説したので、そちらを参照してほしい。

三月塞がり

月に関する塞がりの方位説には、『簠簋内伝』に出るもののほかに、三月《みつき》塞がりの説もあった。春三カ月は東、夏三カ月は南、秋三カ月は西、冬三カ月は北を塞がりの方位とするもので、平安時代から行われている。これを三月金神《みつきこんじん》とも、王相《おうそう》ともいう。

【三鏡】

三鏡《さんきょう》というのは、日月星《にちげつしょう》の三光、天地人《てんちじん》の三才、法身《ほっしん》・報身《ほうじん》・応身《おうじん》の仏の三身、阿鑁吽《あばんうん》の梵字の三字、仏部・蓮華部・金剛部の三部、理と智と事を一身に体した大日如来の顕れである阿弥陀如来・釈迦如来・薬師如来の三尊、吒枳尼《だきに》天・聖天《しょうてん》・弁財天の三天のことである。

春は大円鏡智《だいえんきょうち》。そのゆえに、三弁宝珠《さんべんほうじゅ》の形をもって礼拝《らいはい》する。

三鏡・三玉女《ぎょくじょ》といわれるものはこれである。

正月	乙・辛・乾
二月	甲・丙・庚
三月	乙・丙・丁
四月	丁・癸・乾
五月	甲・丙・庚
六月	甲・乙・丁
七月	坤・巽・艮
八月	壬・乾・巽
九月	乾・壬・癸
十月	坤・巽・艮
霜月	壬・坤・艮
雪月	庚・辛・癸

三鏡の表

玉女について

道教では、玉女は天界の官吏《かんり》の一種で、種々の神仙《しんせん》に仕えている女神の一種と見なしている。そのため、ペアの金童《こんどう》とともに道教祭祀に頻出し、玉女符《ぎょくじょふ》も多い。この玉女神をとりこんだのが陰陽道で、

三弁宝珠　『万暦大成』

種々の陰陽道祭祀に玉女の方位を用いたり、玉女の呪文が唱えられた。通俗陰陽道の説く玉女神は、『簠簋内伝《ほきないでん》』の文章にもあるとおり日月星の三光、天地人の三才などの三組一セットの神とされており、神の象徴である鏡によっても表される。

陰陽道が奉じる三玉女とは、中央の天皇《てんこう》玉女、右の色星《しきせい》玉女、左の多願《たがん》玉女をいう。

月	色星玉女	天皇玉女	多願玉女
1	辛	乙	乾
2	丙	甲	庚
3	丙	乙	丁
4	癸	丁	乾
5	丙	甲	庚
6	乙	甲	丁
7	巽	坤	艮
8	乾	壬	巽
9	壬	辛	癸
10	巽	坤	艮
11	坤	壬	乾
12	辛	庚	癸

三玉女の方位表

三玉女の方位

『簠簋内伝』の表では、たとえば正月には、三鏡は乙・辛・乾の方位にあることになり、範囲が広すぎて判断がつかない。これは同書が、三種の方位をひとまとめにして記述しているために起こった混乱で、正しくは右表のようになる。

三玉女の方位がつかさどる意味については、『万暦大成』に記載がある。

まず、中央の天皇玉女は、「諸願成就の方位」とされ、どのような願いの祈祷でも、この方位を用いてよくないというものはないとされる。色星玉女の方位は、とくに新しい衣服を着おろすとき、また服を新調するときなどに吉。多願玉女は外出、乗船、旅立ちなどに用いるとよいという。

三玉女を意味する三鏡は暦書の冒頭に描かれることが多いが、そのわけは、三玉女の方位が「日月星の三光、天地人の三才を象《かたど》ったもので、最上の吉方であるから、どんな暦でもまずこの玉女を描いて、始まりを寿《ことほ》ぐのである。それだけではない。暦というものは、人が何かをしようとするときには、まず最初に開いて吉凶を調べるものだから、開いたときに真っ先にこの明鏡《めいきょう》に向かわしめ、この明鏡のように心正しく曇りなく、万事を行うべしという教え」なのだと『万暦大成』は記している。

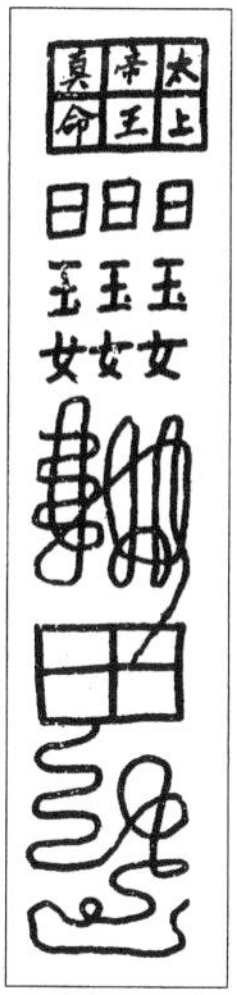

右ページの三弁宝珠は願望成就の力をもつ三個の宝珠のセットで、三玉女神の象徴。上は玉女神の霊符の一種の「霊夢符」。この符を用いて玉女神を六日間祭ると、夢で玉女神と交流することができるという。玉女神関連の霊符は多く、道教には玉女壇の作り方など細かい規定がある（『通化変化六陰洞徴遁甲真経』）。

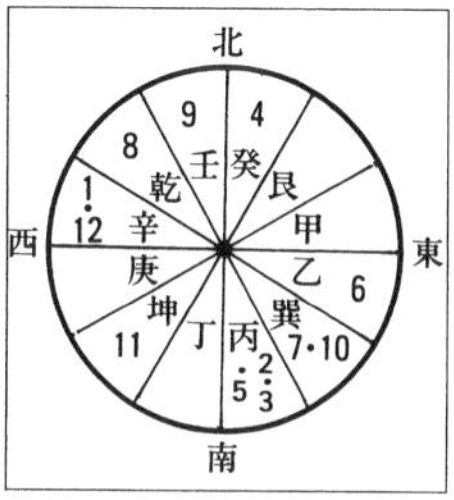

色星玉女の方位図

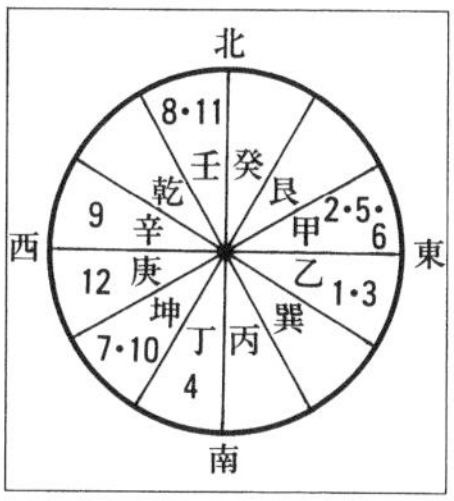

天皇玉女の方位図

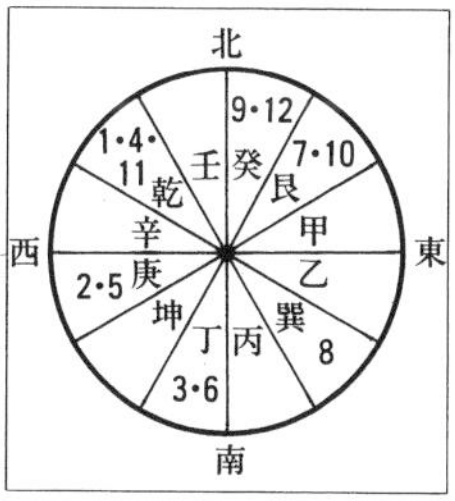

多願玉女の方位図

●年干支一覧

年	干支	年	干支	年	干支	年	干支
1950	庚寅	1970	庚戌	1990	庚午	2010	庚寅
1951	辛卯	1971	辛亥	1991	辛未	2011	辛卯
1952	壬辰	1972	壬子	1992	壬申	2012	壬辰
1953	癸巳	1973	癸丑	1993	癸酉	2013	癸巳
1954	甲午	1974	甲寅	1994	甲戌	2014	甲午
1955	乙未	1975	乙卯	1995	乙亥	2015	乙未
1956	丙申	1976	丙辰	1996	丙子	2016	丙申
1957	丁酉	1977	丁巳	1997	丁丑	2017	丁酉
1958	戊戌	1978	戊午	1998	戊寅	2018	戊戌
1959	己亥	1979	己未	1999	己卯	2019	己亥
1960	庚子	1980	庚申	2000	庚辰	2020	庚子
1961	辛丑	1981	辛酉	2001	辛巳	2021	辛丑
1962	壬寅	1982	壬戌	2002	壬午	2022	壬寅
1963	癸卯	1983	癸亥	2003	癸未	2023	癸卯
1964	甲辰	1984	甲子	2004	甲申	2024	甲辰
1965	乙巳	1985	乙丑	2005	乙酉	2025	乙巳
1966	丙午	1986	丙寅	2006	丙戌	2026	丙午
1967	丁未	1987	丁卯	2007	丁亥	2027	丁未
1968	戊申	1988	戊辰	2008	戊子	2028	戊申
1969	己酉	1989	己巳	2009	己丑	2029	己酉

●五行配当表

五行	陽干	陰干	四季	方位	五臓
木	甲（きのえ／こう）	乙（きのと／おつ）	春	東	肝
火	丙（ひのえ／へい）	丁（ひのと／てい）	夏	南	心
土	戊（つちのえ／ぼ）	己（つちのと／き）	土用	中央	胃
金	庚（かのえ／こう）	辛（かのと／しん）	秋	西	肺
水	壬（みずのえ／じん）	癸（みずのと／き）	冬	北	腎臓

※カッコ内は上が音読み、下が訓読みである。

●十二支配当表

十二支	陰陽	五行	季節	新暦月	旧暦月	方位	備考
子(ね/し)	陽	水	仲冬	12月	11月	真北	五行・水の中心
丑(うし/ちゅう)	陰	土	季冬	1月	12月	北々東	丑と寅を合して艮（東北）
寅(とら/いん)	陽	木	孟春	2月	1月	東北東	
卯(う/ぼう)	陰	木	仲春	2月	2月	真東	五行・木の中心
辰(たつ/しん)	陽	土	季春	4月	3月	東南東	辰と巳を合して巽（東南）
巳(み/し)	陰	火	孟夏	5月	4月	南々東	
午(うま/ご)	陽	火	仲夏	6月	5月	真南	五行・火の中心
未(ひつじ/び)	陰	土	季夏	7月	6月	南々西	未と申を合して坤（西南）
申(さる/しん)	陽	金	孟秋	8月	7月	西南西	
酉(とり/ゆう)	陰	金	仲秋	9月	8月	真西	五行・金の中心
戌(いぬ/じゅつ)	陽	土	季秋	10月	9月	西北西	戌と亥を合して乾（西北）
亥(い/がい)	陰	水	孟冬	10月	10月	北々西	

※カッコ内は前が音読み、後が訓読みである。※新暦月と旧暦月は概算。実際には年毎にかなり誤差が出る。
※艮・巽・坤・乾はﾉ諮トを方位にあてたもので八方位説等のときに用いる。

第二巻　干支・暦注編①

第一巻では、牛頭《ごず》天王を導入として、さまざまな方位神が導き出されていたが、この巻では「盤牛王《ばんごおう》」という古代神を主役に、五行・十干・十二支などにまつわる縁起と、種々の暦注（昔の暦に記されていた日の吉凶などに関する注釈）説が展開されている。盤牛王はあとでも解説するが、中国神話の源初《げんしょ》の神で、正しくは「盤古《ばんこ》」という。その盤古を盤牛というように、わざわざ牛の字をもってきているのは、第一巻の牛頭天王縁起と連携させようとしたためである。

中国占術から生まれた日本の陰陽道は、本家がそうであったように、つきつめると陰陽五行《いんようごぎょう》説《せつ》に集約される。気の根源は言葉によってはとらえられない太極《たいきょく》で、これが陰陽の両気に分かれる。この陰陽の両気が、さまざまな形で組み合わされ、離合集散《りごうしゅうさん》して万物が生まれるわけだが、その変化する姿を五つに分類すると、木火土金水《もっかどごんすい》の五行になり、五行は天に現れては十干、地に現れては十二支となって働く。

第二巻では、この五行は盤牛王の子の五帝龍王《ごていりゅうおう》であり、五帝龍王のそれぞれから、十干や十二支などが生まれたとして、干支やそこから派生するさまざまな陰陽道神とその働きが説かれていく。前巻は方位の吉凶だが、この巻は日取りの吉凶である。

【序　盤牛王縁起】

つらつら考えてみるに、天ははじめには容貌《かおかたち》がなく、地もまた形像《すがたかたち》をもってはおらず、その様子は鶏卵《けいらん》のようであった。丸くひとかたまりになっており、ともに実体はなかった。この天地の様態《ようたい》のことを、「最初の伽羅卵《からら ん》」というのであろう。

このとき、蒼々《そうそう》たる天が開けた。その大きさたるや、どれほどのものか計り知れない。また、広々《こうこう》たる地が闢《ひら》いた。その万物を博載《はくさい》することの限りなさは、想像することもできないほどだ。

盤牛王が、その源初の世界に生まれて座った。その身の丈の大いなることは、十六万八千由膳那《ゆぜんな》であった。盤牛王は、その円い頭を天となし、方形の足を地となした。また、そそり立つ胸を猛火とし、蕩々《とうとう》たる腹を四海《しかい》となした。頭は阿伽尼吒《あかにた》天に達し、足は金輪際《こんりんざい》の底獄《ていごく》に跨《また》がった。左手は東弗婆提《とうほつばだい》国を過ぎ、右手は西瞿荼尼《さいくだに》国にまで届いた。面《おもて》は南閻浮提《なんえんぶだい》国を掩《おお》い、尻は北鬱単《ほくうつたん》国を支えた。

この三千大千世界の中で、盤牛大王の体から生じたものでないようなものは、何ひとつとしてなかった。大王の左の眼は日光となった。右の目は月光となった。その瞼が開くと、世

盤古王　『三才図会』

界は丹に染め明け、瞼《まぶた》を閉じると黄昏《たそがれ》となった。大王が息を吐き出すと世界は暑《なつ》となり、吸うと寒《ふゆ》になった。フッと吹き出す息は風雲となり、その吐き出す声は雷霆《らいてい》となった。

盤牛王が上の世界におられるときは大梵天《ぼんてん》王とお呼びし、下の世界に鎮座するときは堅牢《けんろう》地神《じしん》と申し上げる。また、この神が迹不生《じゃくふしょう》であることをもって盤牛大王と名づけ、本不生であることをもって大日如来と称するのである。

その本体は龍であり、盤牛王は、その龍形を広大無辺《こうだいむへん》の地に潜ませている。四時《しいじ》の風にしたがって、地に臥した龍体の姿は千変万化《せんぺんばんか》する。左に現れては青龍《せいりゅう》の川となって流れ、右に現れては白虎《びゃっこ》の園を領《しろしめ》す。前に現れては朱雀《すざく》の池に満々《まんまん》たる水をたたえ、後ろに現れては玄武《げんぶ》の山々を築いてそびえたつ。

また、盤牛王は東西南北と中央の五方に五つの宮を構え、八方に八つの閣《かく》を開いた。そうして、五宮の采女《うねめ》を等しく妻としてこれを愛《いつく》しみ、五帝龍王の子をもうけた。

盤牛王と祇園社

　先にも述べたように、「盤牛《ばんご》」は正しくは「盤古《ばんこ》」という中国神話の神で、世界が混沌として鶏の卵のような状態だったとき、その中に生まれた世界最初の神（原人）とされている。本文にでてくる伽羅卵《かららん》は、この世界卵生説《らんしょうせつ》に、人間の胎児が母胎の中で最初にとる姿を「伽羅藍」と呼ぶ仏教説を組み合わせたものである（拙著『性愛の仏教史』参照）。盤古はその後しだいに成長し、それにつれて世界もできあがっていった。そして、盤古の死後、その身体から、日月その他の世界のすべての要素が生まれたというのである。

『簠簋内伝《ほきないでん》』が盤古のことを盤牛と書いているのは、牛頭《ごず》天王の「牛」をふまえたためだろう。序説でも書いたように、『簠簋内伝』の筆者は一説に祇園社の陰陽師といわれており、この説が正しいなら、祇園社の祭神《さいじん》は牛頭天王（スサノオ尊《のみこと》）だから、『簠簋内伝』の筆者が自分のお宮の主祭神と、世界初発の神と結びつけたということは、十分に考えられる。

西王母　『増補仏像図彙』

　加えて、中世には盤古と牛頭天王を結びつける秘説があった可能性もある。というのも、十四世紀の『神道集《しんとうしゅう》』に、牛頭天王の従神《じゅうしん》として、妻の波利采《はりさい》や子どもの八王子のほかに東王父《とうおうふ》、西王母《せいおうぼ》が挙げられているからである。この東王父と西王母は古代中国の神で、東王父は東方の木気《もっき》の神、西王母は西方の金気《ごんき》の神のことをいうが、この両神は、中国道教では「盤古の子」とされているのである。ちなみに道教では盤古を盤古真人《ばんこしんじん》と呼び、元始《げんし》天王と同一の神とする。

中世の秘説と陰陽道

村山修一氏によれば、京都の妙法院に巻首《かんしゅ》と原題を書いた康応《こうおう》元年（一三八九）の神像絵巻一巻があり、天神七代《あまつかみななよ》、地神五代《くにつかみごだい》の日本の神々についで、盤古王および五帝龍王、牛頭天王が描かれ、『簠簋内伝』と酷似《こくじ》した以下のような説明文が書かれているという。

「地神の図像のあとには、盤古王以下の説明文があり、『神在経』なるものを引用して、まず盤石王《ばんじゃくおう》（大馬石王ともいう）に盤古王・土府《どふ》・土公《どこう》の三子あり、盤古王は五人の妻をもち、各々青赤白黒黄の五帝龍王を生ませ、各龍王はまた多数の王子をもうけたとしている。（略）最後に、牛頭天王像の見出しでこれが薬師如来十二浄願《じょうがん》の乗跡《じょうせき》、日光月光三仏合体の秘仏であり、八王子以下多数の眷属があって、毎日毎時交互に守護することは暦法《れきほう》で示すと記している」（『日本陰陽道史総説』）

この巻物でも、盤古と牛頭天王がセットになっているところをみると、この両神を結びつける説が、古代末期から中世にかけて存在していたことは、ほぼ間違いないだろう。とすれば、『簠簋内伝』も、その系譜につらなる著作のひとつということになる。

中世の陰陽道は、神々の権威という点で、神道・仏教に遅れをとっていた。神道と仏教の神仏は縦横無尽《じゅうおうむじん》に習合して補完しあい、すでに信仰世界における不動の地位を確保していたが、陰陽道の神々は、一部に厚く信仰された神はあっても、広範な信仰を集めるには至っていなかった。

そこで中世陰陽師たちは、自分たちの奉じる中国神話および陰陽道の星辰《せいしん》・干支の神の権威を高めるために、仏説・習合神道説を取り込んで自分たちの神と仏教・神道の神を結びつけるための新たな縁起作りに励み、神道・仏教サイドもこれと呼応した。そうした動きの中で生まれてきたのが、この『簠簋内伝』に見られるような縁起だったのではないだろうか。

なお、原書ではこの序にあたる部分にとくに題はつけられていない。「盤牛王縁起」は訳者が仮につけたものである。また、次項の十干の冒頭の青帝青龍王（五行の木の神格化）の王子産出のエピソードは、原書では縁起の末尾に置かれているが、縁起末尾より十干冒頭のほうが理解しやすいので、置く位置をずらしたことをお断りしておく。同様の処置を、十二支と十二直《ちょく》に関しても行っている。

【十干の事】

盤牛《ばんご》大王の第一の妻女を伊采女《いさいじょ》という。大王はこの妻女との間に青帝青龍王《せいていせいりゅうおう》をもうけ、彼に春の七十二日間を支配せしめた。また、金貴《こんき》女を青帝青龍王と妻合《めあ》わせ、両者が和合《わごう》して十人の王子を生み出した。これがいわゆる甲《きのえ》・乙《きのと》・丙《ひのえ》・丁《ひのと》・戊《つちのえ》・己《つちのと》・庚《かのえ》・辛《かのと》・壬《みずのえ》・癸《みずのと》の十《じっ》干《かん》である。

《甲《こう》・乙《おつ》》甲・乙は木神《もくしん》。本地《ほんじ》は仏では薬師如来、明王《みょうおう》では降三世《ごうさんぜ》、天部《てんぶ》（神々の部）では夜叉《やしゃ》である。

東方をつかさどる大円鏡智《だいえんきょうち》の精魂であり、人体においては肝臓と胆腑《たんふ》をつかさどる。その魂魄《こんぱく》が垂迹《すいじゃく》すると千草万木《せんそうばんぼく》となる。そのゆえに、甲乙木神の日には、木を剋《こく》す金の性《しょう》のものは使わない。すなわち、財を納めず、倉を開けず、木を切らず、剣を求めないのである。もしそれを求めるときは、自分の命が断たれるという返報がある。

ただし、仏事、祭礼、婚姻、堂塔の供養、経典類の書写などの善事を行うことに関しては、果報を得、天佑《てんゆう》を得ることができる。服薬、裁縫《さいほう》、出行も吉。眷属、奴婢《ぬひ》、弟子、従僕《じゅうぼく》、牛馬、六畜《ろくちく》などを求めることもよく、安寧《あんねい》にして長久《ちょうきゅう》を得る。ただし、鍼灸《しんきゅう》の療治《りょうち》や牛馬の治療には、甲乙木神の日は用いてはならない。

《丙《へい》・丁《てい》》丙・丁は火神《かしん》。本地は仏では観音菩薩、明王では軍荼利《ぐんだり》、天部では夜叉である。

南方をつかさどる平等性智《びょうどうしょうち》の性魂であり、人体においては心臓と小腸をつかさどる。その魂魄が垂迹すると、すべてを焼き尽くす火光三昧《かこうざんまい》となる。そのゆえに、丙丁の火神の日には家を造らず、屋敷を建てず、館郭《かんかく》を囲まず、市街を区画せず、山野に火を放たず、田園に烟《けむり》を立てず、灰を攪《まぜ》ず、葬式を行わず、竈神《かまどがみ》を祭らず、屋移《やうつり》をせず、五穀の種を蒔かず、諸財宝を求めず、小児の髪を剃らず、機《はた》織りをせず、人馬に灸をせず、所領に入部しない。

総じて、結婚などの祝い事をこの日にやると、災禍が起こるのであるが、出行、合戦、城攻め、夜討ち、強盗、山賊、海賊、喧嘩、闘諍《とうじょう》、謀反《むほん》、殺害、刃傷《にんじょう》、打擲《ちょうちゃく》などのことがらや、猛《たけ》り勇《いさ》んで行う事には吉《よ》い。調伏《ちょうぶく》には最も適しており、速やかに成就する。

温病《うんびょう》の治療は行ってはならない。また船や筏に乗ってはならない。海や河川を渡ってはならない。田畑を耕したり井戸を掘ってはならない。ただし、弟鷹《だいたか》、児鷹《こだか》、鷂《はいたか》、隼、鶻《つみ》、菩提鷹などを鷹狩りの鷹として使い始めるのは吉。同じく、牛馬の売り買い、馬の乗り初めや使い初め、牛馬の脚力を求めるようなことがらも吉である。この日は馬は納めない。

《戊《ぼ》・己《き》》戊・己は土神《どしん》。本地は仏では大日大聖《だいしょう》如来、明王では不動である。

中央法界《ほっかい》をつかさどる法界性智の性魂であり、人体においては脾臓《ひぞう》と胃の腑をつかさどる。その魂魄が垂迹すると、堅固な大地となる。ゆえに、戊己の土神の日には、土を敬い犯土《はんど》を嫌って田畑を耕さず、城郭を築かず、壁を塗らず、柱を立てず、井戸を払わず、穴を掘らず、葬礼をいたさず、諸病の治療を行わず、病人と会うようなことをせず、死人を弔《とむら》わず、逆修《ぎゃくしゅ》を行わず、廟塔《びょうとう》に詣《もう》でず、造作をなさず、財宝を求めず、兵具《ひょうぐ》を造らず、合戦をせず、人を害することはせず、針を立てることもしない。

総じて、騒がしく動き回れば、地神《じじん》が驚《きょう》発《はつ》して災禍を涌出《ようしゅつ》するような出来事が起こる。だから、出産児に問題が生じたり、女性が病を得たような場合には、これは地神の祟りだと知るべきである。とはいえ、父母に孝養《こうよう》すること、師長《しちょう》に仕えること、嫁取り、結婚、五穀の刈り初めや収穫などは問題がなく、吉である。ただ、衣を裁《た》つことはよくない。

《庚《こう》・辛《しん》》庚・辛は金神《こんじん》。本地は仏では阿弥陀如来、明王では大威徳《だいいとく》、天部では夜叉である。西方をつかさどる妙観察智《みょうかんざっち》の性魂であり、人体においては肺臓と大腸の腑をつかさどる。その魂魄が垂迹すると、金輪《こんりん》、銀輪、銅輪、鉄輪となる。殺伐の気をつかさどる五行のゆえに、庚辛の金神の日には、六畜を求めず、従者や家来を買わず、刀を売らず、兵具を求めず、経緯をなさず、衣装を裁たず、酒を造らず、薬を調合せず、鍼灸をいたさず、金を出さず、出行せず、出陣せず、養子を求めず、折檻《せっかん》をしない。

総じて、五穀の取り初めや人家・厩舎《うまや》の建築等を忌むが、城攻め、合戦、鵜飼《うか》い、鷹匠《たかじょう》、川漁、山中での狩猟、海女《あま》の漁などは吉い。


《壬《じん》・癸《き》》壬・癸は水神《すいじん》。本地は仏では釈迦如来、明王では金剛、天部では夜叉である。

北方をつかさどる成所作智《じょうしょさち》の性魂であり、人体においては腎臓《じんぞう》と膀胱《ぼうこう》の腑をつかさどる。その魂魄が垂迹すると、大河や大海となる。ゆえに、壬癸の水神の日には、堰《せき》を積み上げず、水流を停めず、井戸を取り払わず、河原小屋を取り払わず、橋をかけず、船の乗り初めをせず、病人の看病をせず、死人を弔わず、衣を染めず、大河の土木をせず、樋《とい》をかけない。

総じて、水を犯すことを忌むが、人家・厩舎の建築、屋敷を構えること、門を立てること、服薬、出行等は吉い。衣を裁つことは忌む。

十干の由来と意味

十干は、もとは十日（旬）を表すための順序の記号で、陰陽五行説とは関係がなかった。それが、古代中国の戦国時代ころまでには陰陽五行説と結びつき、五行の陰陽の記号として種々の神秘的解釈がなされるようになった。『簠簋内伝《ほきないでん》』では、盤牛大王の子の青帝青龍王と金貴女の間に生まれた十人の王子を十干とする。青帝青龍王は五行の木《もく》の神格化で、万物が萌え出でる季節と方位をつかさどる。その青帝青龍王の最初の子を十干としているのは、十干が地に先立って生まれた天の気だからである。

陰陽五行論の根本テキストのひとつであり、陰陽寮でも教科書として用い、安倍晴明も確実に学んだはずの『五行大義《ごぎょうたいぎ》』（隋《ずい》・蕭吉《しょうきつ》）をベースに、十干の成り立ちについて、簡単に説明しておく。

《甲・乙》五行の木を陰陽に分けたもので、陽を甲といい、陰を乙という。甲は種子が固い殻に閉じこめられた状態で、物を封じる匣《はこ》や、動物を入れる檻《おり》を意味する柙《こう》の同類である。この殻が破れると芽が出る。甲はその直前の姿で、破れて芽が出ると乙になる。乙は草木の芽がもちあがった状態を表す象形文字とされる。

《丙・丁》五行の火を陰陽に分けたもので、陽を丙といい、陰を丁という。丙は器物の把手《とって》である柄のことで、弱々しかった芽が成長して茎をもちあげ、大いに成長していくさまを表す。また、丁は、そうして繁茂《はんも》した状態が一時、止まる形である。

《戊・己》五行の土を陰陽に分けたもので、陽を戊といい、陰を己という。戊は成長が極まって、それまでの姿を変える段階に入ったこと、大いに茂ることを表す。また、己は曲がりながら伸びて起こってくるさまで、やはり繁茂の状態を表している。

《庚・辛》五行の金を陰陽に分けたもので、陽を庚といい、陰を辛という。戊・己まで繁茂してきた植物は、ここで状態が変わる。庚は更《かわ》るという意味で、植物が秋に至って成長をやめ、固い実を結ぶ状態を指す。また、辛は同音の新に通じ、やはり新たな状態に移行する（実を結ぶ）ことを意味する。

《壬・癸》五行の水を陰陽に分けたもので、陽を壬といい、陰を癸という。壬は妊娠すること、はらむことで、新たな生命が種子の殻の中にはらまれて、じっと誕生のときを待っている状態である。また、癸は揆《はか》ることで、来るべき芽生えの時をはかり、規則正しく萌芽に導く働きを表す。

このように、十干は大枠では植物の生長の状態と対比して理解することができる。甲乙＝春で芽生え、丙丁＝夏で成長し、戊己＝土用で繁茂し、庚辛＝秋で実を結び、壬癸＝冬で殻に籠もって来るべき春を待つのである。

神仏の配当について

『簠簋内伝《ほきないでん》』では、十干を本地仏（諸神の本位である仏）と、その変化身《へんげしん》である明王、および夜叉に配当している。この配当も五行に応じているので説明しておく。

薬師如来は、東方の浄瑠璃《じょうるり》世界という浄土に住むとされる。そこで、東方の干である甲・乙の木《もく》神《しん》の本地仏に配当される。観音菩薩は、南海の補陀洛《ふだらく》山という観音浄土に住むとされる。そこで、南方の干である丙・丁の火神《かしん》の本地仏に配当される。阿弥陀如来は、西方の極楽浄土に住むとされる。そこで、西方の干である庚・辛の金神《こんじん》の本地仏に配当される。釈迦如来は、密教では北方に座を占め

五大尊のうち、右上から時計回りに降三世、軍荼利、大威徳、金剛『増補仏像図彙』

る天鼓雷音仏《てんくらいおん》と同体とされる。そこで、北方の干である壬・癸の水神《すいじん》の本地仏に配当される。大日如来は、諸仏諸神の本体であり、宇宙の根源なので、常に中央にいる。そこで、中央の干である戊・己の土神《どしん》の本地仏に配当される。

　大日如来の化身である明王も、五行の配当に従った五大明王が配されている。すなわち、東方は降三世《ごうざんぜ》、南方は軍荼利《ぐんだり》、西方は大威徳《だいいとく》、北方は金剛（烏《う》枢沙摩《すさま》）、中央は不動である。また、仏教を守護するインドの神（天部）は、東西南北ともに鬼神の夜叉で、中央のみ天部がない。これは中央の大日如来が化身して四方の夜叉と現れることを示したものと思われる。

【十二支の事】

盤牛大王の第二の妻女を陽専女《ようせんじょ》という。大王はこの妻女との間に赤帝赤龍王《せきていせきりゅうおう》をもうけ、彼に夏の七十二日間を支配せしめた。また、愛昇炎女《あいしょうえんじょ》を赤帝赤龍王と妻合《めあ》わせ、両者が和合して十二人の王子を生み出した。これがいわゆる子・丑・寅・卯・辰・巳・午・未・申・酉・戌・亥の十二支である。

《子》子は鼠である。五行では水。本地は釈迦如来、十二神将では毘羯羅《びきゃら》大将である。
この日は出行、人との対面、奉職（官途《かんと》）、授領、元服、袴著《はかまぎ》、井戸掘り、穴掘り、求財、入学、登山、師匠との和合には吉《よ》い。屋造り、蔵建て、納財、蔵開き、嫁取り、結婚、屋移、五穀の取り初め、穂掛《ほか》け、田の浮草刈り、精米などは凶。

《丑》丑は牛である。五行では土。本地は普賢菩薩、十二神将では招杜羅《しょうとら》大将である。
この日はいかなることにも用いてはならない日である。とりわけ食《く》い初《ぞ》めを忌む。ただし、猛り勇んで断固として行う事は吉い。

《寅》寅は虎である。五行では木。本地は薬師如来、十二神将では真達羅《しんだら》大将である。
この日に外出・旅行をすれば大吉祥《だいきっしょう》を得る。出軍、合戦、城攻め、剛猛《ごうみょう》、強賊、堂塔の建立、一切の願い初めは吉い。ただし、衣を裁つこと、染めること、嫁取り、結婚、狩猟などは忌む。

《卯》卯は兎である。五行では木。本地は金剛手菩薩《こんごうしゅ》、十二神将では摩虎羅《まこら》大将である。

この日は元服、袴著、奉職、授領、出仕、対面、外出、入部に吉い。嫁取り、結婚は凶。同じく、井戸や泉を掘ってはならない。女の家に通ってもいけない。卯の日はこれらをもっぱら忌むべきである。

《辰》辰は龍である。五行では土。本地は文殊菩薩、十二神将では波夷羅《はいら》大将である。

この日は龍神を祭る。納財、蔵建て、倉開き、田植え、種蒔きなどは吉い。ただし、船の乗り初め、家の建造、柱立て、病人を見ること、死人を弔うことなどは凶。

《巳》巳は蛇である。五行では火。本地は地蔵菩薩、十二神将では因達羅《いんだら》大将である。

この日は弓始め、宇賀神《うかじん》の祭祀、日天《にってん》の修行には吉い。外出、諸国巡歴、家の建造には障《さわ》りがある。

《午》午は馬である。五行では火。本地は栴檀香仏《せんだんこう》、十二神将では珊底羅《さんちら》大将である。

この日は出陣、外出・旅行、納財、蔵建てなどに吉い。求財、食い初めなどには凶。

《未》未は羊である。五行では土。本地は摩利支天《まりしてん》、十二神将では安爾羅《あにら》大将である。

この日は万事に不吉である。ただし兵法、修行には吉い。

《申》申は猿である。五行では金。本地は得大勢菩薩《とくだいせいぼさつ》、十二神将では安底羅《あんちら》大将である。

この日は神祭、厩舎造り、牛馬の商売などに吉い。仏法僧の三宝《さんぼう》に関することは凶。

《酉》酉は鶏である。五行では金。本地は無量寿仏《むりょうじゅぶつ》、十二神将では迷企羅《めきら》大将である。

この日は諸役の奉行人を務めること、官位を授かることには吉。嫁取りには凶。

《戌》戌は犬である。五行では土。本地は大聖《だいしょう》不動明王、十二神将では伐折羅《ばさら》大将である。

この日は出仕、対面、嫁取り、結婚、諸役の奉行人《ぶぎょうにん》を務めること、定役《じょうやく》を務めること、公事に関することなどは大吉である。それ以外は凶。

《亥》亥は猪《いのしし》である。五行では土。本地は弥勒《みろく》菩薩、十二神将では宮毘羅《くびら》大将である。

この日は城攻め、合戦その他、猛り勇んで断固として行う事は吉い。総じて万事に大吉の十二支である。

十二支について

十二支とは俗にいう〝エト〟で、古代中国でネズミやウシなどの十二種の動物が当てられ、今でも生まれ年をいう場合などに用いられている。しかし、十二支に動物をあてたのは秦《しん》・漢《かん》以後のこととされており、もともとは動物とは関係がなかった。占術《せんじゅつ》の方面では、地の気の変化を十二の様態で表したものと見なされる。

『五行大義』および『万暦大成』などの説に従って、十二支の意味を略述しておく。

《子》旧暦十一月。この月は冬の陰気の中にかすかに陽気が兆《きざ》し始める。そこで、易の卦《か》では、一陽《いちよう》が下に生じる地雷復《ちらいふく》をあてる。子は草木が地中から萌え出でる姿で、陽気が動きだし、万物が芽ばえる状態を意味する。

《丑》旧暦十二月。丑は「かがむ」と訓《よ》み、紐で締めたり、紐でつなぐ状態を表す。まさにこれから動き出そうとする前の待機の姿である。卦では地沢臨《ちたくりん》をあてる。

《寅》旧暦一月。この月からいよいよ陽気がさかんになりはじめ、春の気に切り替わる。寅は「のびる」と訓み、伸ばし建てるの意味がある。植物でいえば、いよいよ成長に向かおうという姿である。卦では地天泰《ちてんたい》をあてる。

《卯》旧暦二月。春の真っただ中で、植物は大いに伸びる。卯《ぼう》は「さかん」と訓み、茂ること、大いに成長することを表す。繁茂して地を覆い隠すので、「おおいかくす」という意味の冒《ぼう》の字をあてて卯と同義ともする。卦では雷天大壮《らいてんたいそう》をあてる。

《辰》旧暦三月。晩春で、夏と春との境目になる。辰は震や伸に通じ、物がことごとく震い動いて伸びゆく姿である。寅で始まり、卯で旺《おう》じた春の木気《もっき》が、土気《どき》の辰を間にはさんで夏の火気に変化していく。卦では沢天夬《たくてんかい》をあてる。

《巳》旧暦四月。巳は「とどまる」「やめる」と訓む。十一月に兆した陽気がどんどん成長し、この巳月で陽気の極《きわみ》に至り、季節は夏を迎える。そこで、陽気がとどまるという意味の巳をあてるのである。また、この月に至って気が更新される。それはちょうど蛇の脱皮のようなものと説明される。卦では乾為天《けんいてん》をあてる。

《午》旧暦五月。「ながくおおいなり」と訓む。また、杵《きね》の字と同義で、杵は長であり、大であり、万物が皆成長して大きくなることである。それと同じように、植物も大いに繁茂する。ただし、この月に至って、陽気の中に陰気が兆しはじめる。そこで、易の卦では一陰《いちいん》が下に生じる天風姤《てんぷうこう》をあてる。

《未》旧暦六月。未は味《み》に通じ、「あじ」と訓む。万物が成熟に向かい、匂いや味がそなわるので未というのである。また、未は昧《まい》に通じ、「くらい」と訓む。陰気が長じてくると、万物はしだいに衰えはじめ、暗くなる。卦では天山遯《てんざんとん》をあてる。

《申》旧暦七月。「のびる」と訓む。また、申《しん》は伸に通じ、陰気が伸びて老いて成熟することを表す。陰気は、陰陽論では物質性をつかさどる。精神が陽で、身体が陰になる。そこで、陰が長じると、「物はみな身体が完成する」ともいうのである。卦では天地否《てんちひ》をあてる。

《酉》旧暦八月。「なる」と訓む。酉は老成や熟成に通じ、万物が老い極まって、成熟することを表す。植物でいえば、果実や実った五穀が酉に相当する。秋の取り入れ時にあたる。卦では風地観《ふうちかん》をあてる。

《戌》　旧暦九月。戌は「やぶる」と訓む。秋の土用であり、秋の金気と冬の水気の境界になっている。春に生まれ、夏に成長し、秋に熟した万物が、この戌で滅びる。そこで、草木を破り枯らすという意味で戌と名づけるのである。卦では山地剥《さんちはく》をあてる。

《亥》　旧暦十月。亥は猪で、草木の根を意味する。草木が枯れて、根だけが残った状態を表している。また、亥は核、すなわち種子の芯に通じ、生命は核の中に閉蔵《へいぞう》する。陰気の極にあたる十二支で、卦では坤為地《こんいち》をあてる。

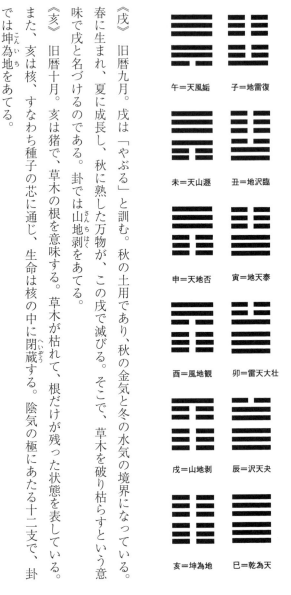

十二神将図　『三才図会』

【十二直の事】

盤牛大王の第三の妻女を福采女《ふくさいじょ》という。大王はこの妻女との間に白帝白龍王《はくていはくりゅうおう》をもうけ、彼に秋の七十二日間を支配せしめた。また、色姓女《しきせいじょ》を白帝白龍王と妻合《めあ》わせ、両者が和合して十二人の王子を生み出した。これがいわゆる建《けん》・除《じょ》・満《まん》・平《へい》・定《じょう》・執《しゅ》・破《は》・危《き》・成《じょう》・納《のう》・開《かい》・閉《へい》の十二直《ちょく》である。

《建》建とは世界造立の日のことである。万物が起こり始まる形を建というのである。そのゆえに、何かを発起《ほっき》したり、建立することの一切は、この日に行うのが最も吉《よ》い。そのほかの事どもは凶である。

《除》除とは一切の穢れを祓い清める日のことである。ゆえに、掃除、病気の治療、炭かき、煤払《すすはら》い、精進、沐浴などの、解除《はらえ》と関連する行いは吉。そのほかのことどもは凶である。

《満》満とはすべてのものが充満する日のことである。ゆえに、五穀を収納したり、財を求めたり、蔵建てや宇賀神を祭るによく、よろずの福が成就する日である。

《平》平とは一切が平安に鎮まる日のことである。屋敷堅め、家屋の建造、屋移、柱立てその他、一切のことに大吉の日である。

《定》定とは一切のことが必ずしかるべきところに定まる日のことである。ゆえに、自分の知行地《ちぎょうち》に入部すること、定役公事《じょうやくくじ》をつかさどること、諸々の奉行人を務めることなど、ものごとを定め法令を出したり、法令にもとづいて事を行うのに適した吉日である。

《執》執とは一切を所持する日のことである。ゆえに、この日は他人のもとから宝物《ほうもつ》を取るのに吉の日である。これに限らず、よろずの物を取り始めるのに適している。

《破》破とは一切が破裂する日のことである。ゆえに、城攻め、合戦、狩猟や海での漁、一切の悪行、家屋の解体などに大吉。そのほかの事どもは凶である。

《危》危とは厳しい厄の集約する日のことである。ゆえに、このに日は万事に用いない。もしこの日に何らかの事業を行えば、それが何であれ、つつがなく物事が進捗《しんちょく》して成就するということはありえない。

《成》成とは万事が成就する日のことである。ゆえに、五穀の種子でいえば、蒔いた始めもよく、中程の育ちもよく、終わりの収穫時もよい。あるいは願《がん》を立て、大きな事業を行うなどのことも、必ず成就を得る。願い始めや行い始めには、この日を選ぶと吉い。

《納》納とはよろずの宝を納め蔵する日のことである。ゆえに五穀の収穫の日、よろずの財を買い取って家に納める日である。万事に大吉である。

《開》開とは法蔵《ほうぞう》の扉を開く日のことである。ゆえにこの日から始められた事業のすべては、一として成就しないということがない。ゆえに門立《かどだ》て、蔵開き、酒開き、穂海（酒の口を開くこと）に吉い。

《閉》閉とは法蔵の扉に鍵をかけて、閉じる日のことである。この日に仏法修行などよろずの善事を行っても、どれひとつとして成就しない。ゆえに、この日は諸事には用いない。

十二直とは何か

十二直とは、十二日サイクルで変化する日の吉凶のことで、かつて暦の中段に記載されていたことから「中段」ともいう。盤牛王の息子の龍王がまず十干を生み、次に十二支を生み、三番目に十二直を生んだとしてあるのは、十干が天、十二支が地、十二直が人に相応し、この三者で天地人（これを三才という）の三者がそろうということを表すためである。

北斗七星は陰陽道では最も重視した星座で、五行の五星に日月を加えた万物の精髄とも、人間の魂の原郷とも、生死をつかさどる司命神《しめいしん》とも見なした。この世に生まれた人間は、一人残らず北斗七星とつながっていると考えられ、自分とつながりのある北斗の星神は属星《ぞくしょう》と呼ばれて、折々の祭祀の対象になったのである。

この十二直は、万物の根源である北斗と十二支を結びつけ、北斗が四季二十四節気を支配していることを表したものである。

十二直の筆頭にくる「建《たつ》」を定めることを、「月建《げっけん》」という。これは北斗七星の柄杓《ひしゃく》の柄の先端の星（剣先星《けんさきぼし》とも破軍星《はぐんしょう》ともいう）の指す方位によって「その月を建てる」という意味で、剣先星が日暮れ頃に真北（子）を指すときが冬至《とうじ》で、この月が子月となる。また、翌月の同時刻には、剣先星は北北東（丑）を指し、この月が丑月になる。

つまり、北斗の動きから導き出された日の吉凶で、中国でも最古に属する暦注《れきちゅう》のひとつである。

今日でも、香港や台湾の暦注書には、この十二直が記載されている。

十二直の図

破軍星　『増補仏像図彙』

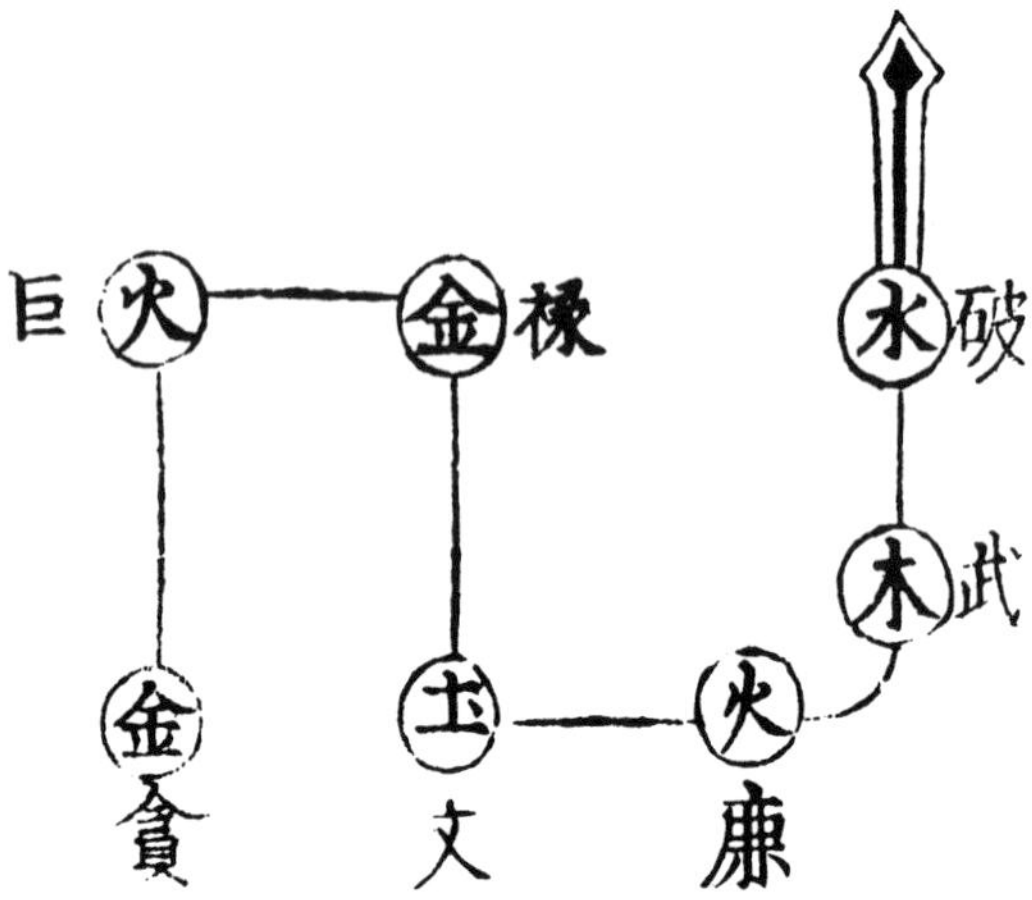

北斗七星、右上の剣部分が剣先　『万暦大成』

十二直の繰り出し方

『簠簋内伝《ほきないでん》』では十二直の繰《く》り出し方は書かれていないが、寅《とら》月（旧暦1月）は節入《せつい》り（立春）後、最初の寅の日を「建」とし、卯《う》月（旧暦2月）は節入り（啓蟄《けいちつ》）後、最初の卯の日を「建」とするというように、その月の十二支と同じ十二支を「建」として、以下、順に除《のぞく》・満《みつ》・平《たいら》・定《さだむ》……と十二直を当てていけばよい。

また、毎月、節に入る前の日と節入り日は「躍《おど》る」といって、同じ十二直になる。たとえば立春の前日が満であれば、立春も満になるといった類いである。各月の節は以下のとおり。

正月＝立春、二月＝啓蟄、三月＝清明《せいめい》、四月＝立夏《りっか》、五月＝芒種《ぼうしゅ》、六月＝小暑《しょうしょ》、七月＝立秋、八月＝白露《はくろ》、九月＝寒露《かんろ》、十月＝立冬《りっとう》、十一月＝大雪《たいせつ》、十二月＝小寒《しょうかん》。

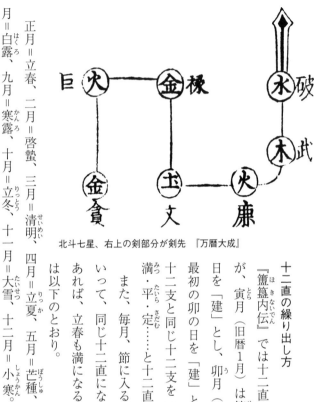

【九図の名義】

盤牛大王の第四の妻女を癸采女《きさいじょ》という。大王はこの妻女との間に黒帝黒龍王《こくていこくりゅうおう》をもうけ、彼に冬の七十二日間を支配せしめた。また、上吉女《じょうきちじょ》を黒帝黒龍王と妻合わせ、両者が和合して九人の王子を生み出した。これがいわゆる九図《きゅうず》である。

《九図の名義》一を徳とし、天上の水とする。二を義とし、虚空《こくう》の火とする。三を生《せい》とし、造作の木とする。四を殺とし、剣鉄の金とする。五を鬼とし、欲界《よくかい》の土とする。六を害とし、江河《こうが》の水とする。七を陽とし、国土の火とする。八を難とし、森林の木とする。九を厄とし、土中の金とする。

河図十干

九図の説とは、五行の発生の順番を数によって表したもので、通常は次のページに掲げた「河図《かと》十天干を生ずるの図」にもとづいて説明される。ただし、その場合は、一から十までの十数によって説明するのだが、『簠簋内伝《ほきないでん》』は、一から九までの九数で説明している。十干はすでに青龍王の子として説明を終えているから、『簠簋内伝』の著者は、おそらくここで「九宮図《きゅうきゅうず》」（111ページの図参照）

のことを述べるつもりだったのだろう。ところが、九宮図を説明するつもりで、「河図」の十天干の生成説を混同してしまったものと思われる。

ここでは、まず河図の十天干の生成説を説明してから、九宮図を説明していくことにする。いずれも、陰陽師が活用し、頻繁に暦に用いられたものである。

黄河から出現した龍馬の旋毛《せんもう》に描かれていたという神秘図形のことを、河図という。この河図をもとに、伏羲《ふっき》という人頭蛇身《じんとうじゃしん》の神が、易の八卦《はっけ》をつくったと伝説はいう。また、十干もこの河図から生じたとされており、それを表したのが次ページ上段右の図である。この図は○＝陽天と、●＝陰地の圏点《けんてん》の数の順に十干が発生したことを表し、

「天一（○）は水を生じ、地二（●●）は火を生じ、天三（○○○）は木を生じ、地四（●●●●）は金を生じ、天五（○○○○○）は土を生じ、地六（●●●●●●）は水を完成し、天七（○○○○○○○）は火を完成し、地八（●●●●●●●●）は木を完成し、天九（○○○○○○○○○）は金を完成し、地十（●●●●●●●●●●）は土を完成した」

と読んでいく。つまり、一と六が水、二と七が火、三と八が木、四と九が金、五と十が土の数になるということである。

通常、五行は《木↓火↓土↓金↓水》の順で生じたとされるが（これを相生《そうしょう》説という）、五行の気の発生説では、ここでいわれているように、《水↓火↓木↓金↓土》の順で生まれたと考える。

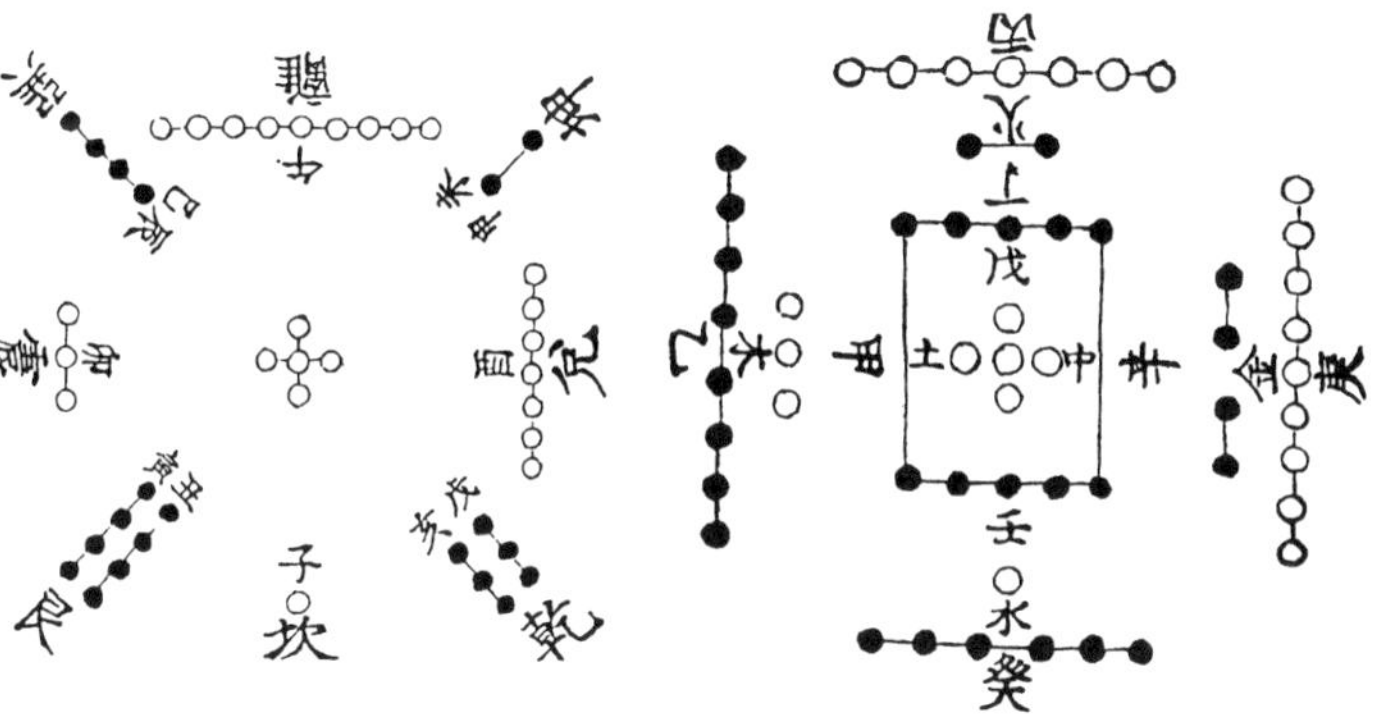

右が河図十天干を生ずるの図、左が洛書十二地支を生ずるの図　『和漢三才図会』

このうち、水と木と土は陽数（奇数＝天数）の一・三・五で生まれ、陰数（偶数＝地数）の六・八・十で完成する。また、火と金は陰数の二・四で生まれ、陽数の七・九で完成する。天の数は一・三・五・七・九の五数、地の数は二・四・六・八・十の五数という説は、『易経《えききょう》』の思想にもとづいている。

また、《水→火→木→金→土》という発生順は、『尚書《しょうしょ》』洪範《こうはん》の「一は水、二は火、三は木、四は金、五は土」にもとづく。天地万物は、この陰陽の数（それはまた五行・十干でもある）の組み合わせによって生み出され、構成されることになるわけである。

ここで『簠簋内伝』に目を転じると、天一から地九までの文章は、生十干説とまったく同一だが、地十のみが欠けている。そのため、木火土金水の各五行のうち、木火金水は陰陽がそろっているが、土は陽のみで、整合性が破綻している。かりにこの説にもとづく占法《せんぽう》があったとした場合、どうやって活用したのか理解しがたい。

上：河図　下：洛書

九宮図

九宮図というのは、おなじみの魔方《まほう》陣《じん》（方形で九つのマス目からなり、縦・横・斜めのどの列の数を足しても、合計数が十五になるマトリックス）のことで、神々が移動して回る九つの宮殿、つまり九方位のことである。方位の八方に中央を加えて九宮になる。

伝説の聖王である禹王《うおう》が洪水を治めたとき、洛水《らくすい》から現れた神亀《じんき》の背中に描かれていたという神秘図形の「洛書《らくしょ》」が九宮図のもとになったといわれており、『五行大義』では、こう説明されている。

「九宮は、上は天を分け、下は地を分けるのに、それぞれ九つの方位をもってする。天は二十八宿と北斗七星（通常の北斗七星に輔《ほ》星と弼《ひつ》星を加えた九星）で分けており、地は、四方（東西南北）と四維《しい》（東北、東南、西南、西北）と中央に分けている。分けて九に配しているが、その各々を宮というのは、皆、神の行くところだからである」

九宮の割り出し方は、易の理論を用いて説明されているが、非常に煩瑣《はんさ》な手続きを要するので省略し、図のみを掲げておく。八卦によって九宮を定めるのが基本の形だが、これを十二支と組み合わせると左図のようになる。五行および方位との対照は一覧表のとおり。

『簠簋内伝』の著者が書きたかったのは、おそらくこの九宮（九図）だろう。ただし、先にも述べたように、説明にあたって、九宮の洛書の説と、十干の河図の説を混同したものと思われる。

数	陰陽	八卦	十二支	方位	五行	九星
一	陽	坎	子	真北	水	一白水星
二	陰	坤	未・申	西南	土・火	二黒土星
三	陽	震	卯	真東	木	三碧木星
四	陰	巽	辰・巳	東南	土・木	四緑木星
五	陽	（中央に配され土）				五黄土星
六	陰	乾	戌・亥	西北	土・金	六白金星
七	陽	兌	酉	真西	金	七赤金星
八	陰	艮	丑・寅	東北	土・水	八白土星
九	陽	離	午	真南	火	九紫火星

九宮表

		北		
	六乾	一坎	八艮	
西	七兌	五坎	三震	東
	二坤	九離	四巽	
		南		

九宮図

【七箇の善日】

盤牛大王の第五の妻女を金吉女《きんきつじょ》という。大王はこの妻女との間に黄帝黄龍王《こうていこうりゅうおう》をもうけ、彼に四季の土用の七十二日間を支配せしめた。また、堅牢大神《けんろうたいじん》を黄帝黄龍王と妻合《めあ》わせ、両者が和合して四十八人の王子を生み出した。これを詳細に注釈していこう。

歳徳《としとく》日、歳徳合《ごう》日、月徳《げっとく》日、月徳合日、天恩日、天赦《てんしゃ》日、母倉《ぼそう》日を七箇《しちか》の善日《ぜんじつ》という。これらの七神は天上界の七聖賢《しちせいけん》である。あるいはまた七星神《しちせいじん》ともいう。これは七仏《しちぶつ》の善巧方便《ぜんこうほうべん》の応作《おうさ》である。

月	正月	二月	三月	四月	五月	六月	七月	八月	九月	十月	霜月	雪月
歳徳日	甲	丙	庚	壬	甲	丙	庚	壬	甲	丙	庚	壬
歳徳合日	己	辛	乙	丁	己	辛	乙	丁	己	辛	乙	丁
月徳日	丙	甲	壬	庚	丙	甲	壬	庚	丙	甲	壬	庚
月徳合日	辛	己	丁	乙	辛	己	丁	乙	辛	己	丁	乙
母倉日	亥・子	亥・子	巳・午	寅・卯	寅・卯	巳・午	丑・未・辰・戌		巳・午	申・酉	申・酉	巳・午
天恩日	甲子から五日				己卯から五日				己酉から五日			
天赦日	春は戊寅の日			夏は甲午の日			秋は戊申の日			冬は甲子の日		

七箇の善日表

黄帝黄龍王の子どもたち

この「七箇の善日」以下、第二巻に収録されている暦注・節日《せつび》の四十八項目すべてが、黄帝黄龍王の四十八人の王子ということになる。四十八人の王子といっても、選び出された禁忌日や節日は恣意的で、何らかのルールにもとづいて選択されたとは思われない。中国の歴法書に出る歴注や種々の陰陽道説、民間流布の暦にまつわる中世の迷信説を、雑多に網羅・列挙したものと思われる。

なお、『簠簋内伝《ほきないでん》』の別本（楊憲本、岩本《いわもと》本など）には、別種の縁起を記したものもある。それによると、盤牛王は星宮と和合して木火金水・春夏秋冬をつかさどる四人の王子をもうけたが、それらはいずれも男子だった。そこで、どうしても女子がほしいと念じて種々のまじないも行い、星宮と交わったところ、十月にして満足できる女児を得た。彼女は天門玉女《てんもんぎょくじょ》と名づけられたが、この天門玉女こそ黄帝黄龍王で、彼女と堅牢大地神王《けんろうだいじじんおう》との間に生まれたのが、四十八人の王子であった。

堅牢地神　『増補仏像図彙』

これらの四十八王子は、難産の末に生まれたがゆえに、自分が支配する四季、定住する領土というものをもたなかった。そのため、女子に転じたり男子に転じて、定まるところがなかった。やがて四十八王子は、自分たちの支配領を求めて、青龍王・赤龍王・白龍王・黒龍王の四大龍王に謀反を企て、両者は十七日間、合戦し、ガンジス川は血に染まった。

そこで、諸神が集まり、四季のうちから十八日ずつを四十八王子の母である黄帝黄龍王に分け与えようということに決めた。かくして、四季の土用、あわせて七十二日が定まったというのである。

七箇の善日

歳徳日《としとくにち》以下の七箇の善日は、いずれも「何ごとに用いてもよい」とされる吉日で、すでに平安時代の暦本《れきほん》である具注暦に現れており、本家の中国でも最古に属する暦注である。

《歳徳日》　この日は歳徳神（頗梨采女《はりさいじょ》）の動きになぞらえて編み出されている。歳徳神は四年周期で木火金水の各宮《きゅう》を巡行《じゅんこう》する。これを十二カ月に配当すると、木宮が旧暦一・五・九月、火宮が二・六・十月、金宮が三・七・十一月、水宮が四・八・十二月ということになる。そこで、一・五・九月は木の陽干《ようかん》をとって甲《きのえ》の日を歳徳日とし、二・六・十月は火の陽干をとって丙《ひのえ》の日を歳徳日とするといった具合に、吉日が定められている。

《歳徳合日》　右の歳徳日と陰陽和合《いんようわごう》する干（干合という。49ページ参照）を採用して吉日としたもの。

《月徳日》　一・五・九月を丙、二・六・十月を甲、三・七・十一月を壬《みずのえ》、四・八・十二月を庚《かのえ》に配当したもの。詳しい説明は煩瑣《はんさ》になるので省略するが、干支術《かんしじゅつ》上の技法から割り出されている。

《月徳合日》右の月徳日と陰陽和合する干である。

《天恩日》天が地に恩恵を下すとされる日で、婚礼、元服、奉職《ほうしょく》、出仕、家督相続など、あらゆる祝い事に大吉の日。

《天赦日》天が万物を養い育て、もろもろの罪を許す日。何をするにも最適の日で、最上の大吉日とされる。

《母倉日》天が母のように万物を育み慈《いつく》しむ日とされる。四季の五行を生む五行をもって母倉日とする。たとえば春は五行では木で、木を生むのは水なので、水の十二支にあたる亥と子の日を母倉日に当てているのである。

　母倉日は何を行うにも吉日とされるが、亥の日のみは「重日《じゅうにち》」（121ページ参照）という凶日と重なるので、婚礼・葬礼・仏事だけは避けることとされている。

【天牢神】

天牢神《てんろうしん》とは帝釈天《たいしゃくてん》を補佐する右大臣である。そのゆえに、奉公人《ほうこうにん》を定めたり、諸役《しょえき》を命じるのにはなはだ大吉の日である。

天牢神の方意表

月	正月	二月	三月	四月	五月	六月	七月	八月	九月	十月	霜月	雪月
	巳	午	寅	子	辰	寅	卯	未	酉	寅	卯	卯

北極紫微宮の星神

天牢は北極紫微《しび》宮を中心とした星座の中にある一星で、北斗の先の星の下にあり、天における貴人の牢獄の星なので、この名がある。また、九星からなる貫索《かんさく》という星座も天牢と呼ばれ、「九星みな明るければ天下に獄《うったえ》が多くなる。九星のうち七星が見えれば小赦《しょうしゃ》があり、五星が見えれば大赦《たいしゃ》がある。動けば斬刑《ざんけい》が行われる」（『和漢三才図絵』）とされる。

いずれも刑法に関係する中国占星術上の星神だが、『簠簋内伝《ほきないでん》』の天牢神は本来の属性を失っており、奉公人を定めたり、諸役を命じるときの吉神に変わっている。これも古い暦注で、すでに具注暦から現れている。

北極紫微垣内の天牢神

【社日】

二月と八月中の戌《いぬ》の日のうち、一日ないし晦日《みそか》により近い戌の日を社日《しゃじつ》とする。前後が同日数のときは、前にある戌の日を社日とすべきである。この日は神事には凶。

土神を祭る雑節

社日は、土地神、社稷《しゃしょく》神、産土《うぶすな》神の祭礼の日取りのことで、中国から伝わった雑節《ざっせつ》（月の節目になる二十四節気《せっき》以外の節）の一種である。春の社日には豊作を祈り、秋の社日には収穫を感謝して祭礼を行うのである。なお、『簠簋内伝《ほきないでん》』は社日を戌の日とし、『万暦大成』は戊《つちのえ》の日としているが、後者が正しい。五行の土の陽神《ようしん》は戊である。『万暦大成』に要を得た説明が出ているので、それを引いておく。

「『天中紀《てんちゅうき》』は、社を土地の主《あるじ》とし、朱子《しゅし》は社は

土地神　『白話玉暦』

土神《つちがみ》、稷は穀神《こくしん》といっている。社神《しゃしん》は田の神、五穀の神である。二月と八月に、二度の社日がある。唐土《とうど》では二月の社日を春社《はるしゃ》といい、八月の社日を秋社《あきしゃ》といって、大いに祭礼を行い、同士の人々が集まって酒宴をなし、酔って帰ることは、多くの詩文となって伝わっている。

春の社日は春分《しゅんぶん》に近い戊の日、秋の社日は秋分《しゅうぶん》の日に近い戊の日とする。社神・稷神に献じたお神《み》酒《き》を飲めば、耳の不自由な者も治癒《ちゆ》するといって、かの国の人々はこの飲酒のことを治聾《ちろう》酒といっている。日本でも畿内では野社講あるいは春事《はるごと》、春休み、また秋祭といって祝い祭っているのは、この社神・稷神を祭っているのである。考えるに、詩歌の同人を結ぶことを何々社というようにいうのも、この社日に集会する中華の風儀《ふうぎ》に倣《なら》ったものである」

【臘日】

雪月《ゆきづき》（十二月）の辰の日のうち、一日ないし晦日により近い辰の日を臘日《ろうじつ》とする。前後が同日数のときは、前にある辰の日を臘日とすべきである。この日は神事《しんじ》、嫁取り等には凶である。

臘日とは何か

臘は陰暦十二月の別名、または古代中国で行われた臘祭《ろうさい》のことをいう。中国では、冬至の後の三番目の戌の日に、獣を猟して先祖や神を祭り、この日のことを臘日といった。日本では大晦日や年の暮れのことを臘日と呼ぶほか、種々の説がなされた。

右の『簠簋内伝《ほきないでん》』本文では、臘月の中で一日ないし晦日により近い辰の日を臘日とするとして、戌が辰に代わり、神事を凶としている。ところが、『万暦大成』では「小寒に入って二度目の戌の日」を臘日とし、すべての者が神を祭り、身を祝すべき日としている。臘日のもともとの義からいえば、こちらの説が正当といえるだろう。

『和漢三才図会《わかんさんさいずえ》』は『東国通鑑《とうごくつがん》』を引いて、「大寒の前後に近い辰の日」を臘日とするとして、また別の説を述べている。いずれにせよ「歳の終わり」に、「猟によって獣を獲り、それに万物を合わせて百神に報じる」（『和漢三才図会』）祭ということになるが、江戸時代にはすでに行われていなかった。『簠簋内伝』の別本（続群書類従本）では、この日は猪と鹿が妻と別れる日なので、嫁取りや結婚には凶だとしている。

【復日・重日】

復日《ふくにち》と重日《じゅうにち》の日取りは、善事を行うには吉だが、悪事には凶となる。ただし、善事ではあっても、護摩《ごま》灌頂《かんじょう》、嫁取り、結婚にはよくない。

復日表

月	正月	二月	三月	四月	五月	六月	七月	八月	九月	十月	霜月	雪月
復日	甲庚	庚辛	乙己	戊壬	丙癸	丁己	戊庚	甲辛	乙己	戊壬	丙癸	丁己

重日表

月	正月	二月	三月	四月	五月	六月	七月	八月	九月	十月	霜月	雪月
重日	巳亥	巳亥	巳亥	巳亥	巳亥	巳亥	巳亥	巳亥	巳亥	巳亥	巳亥	巳亥

事が復する日

復日は、平安時代の具注暦にすでに見られる暦注で、やったことが返ってくる（復する）日という意味。したがって、復してほしくないことがら——葬式や結婚などの日取りについては、この日を避ける。『簠《ほ》簋《き》内伝《ないでん》』の別本では、「天腹立神」という聞きなれない神がつかさどるとされている。

十世紀の公卿《くぎょう》、藤原師輔《もろすけ》がのこした『九条殿遺誡《くじょうどのゆいかい》』には、この復日や次の重日などには、「凶事

藤原師輔画像　『前賢故実』　国立国会図書館蔵

を奏上《そうじょう》しない」と書かれている。凶事が復したり重なることを嫌ったものである。逆に、復してほしいことを行うなら、この日を選ぶとよいとされる。

具体的にどうやって日取りを決めるのかは明らかでない。一月なら甲《きのえ》と庚《かのえ》の日という意味か、それとも甲の日にやったことが庚の日に復するということなのか不明。別本では干と干ではなく、干と支が組み合わされた復日が出ており、江戸時代の刊本では二月以降の干支が底本とすべて異なるというように、諸説あったことが知れる。

事が重なる日

復日同様、重日も具注暦に見える暦注で、「戸曹神《こそうしん》」という神がつかさどり、物事が重なるとされる日。「巳は陽が重なり、亥は陰が重なるからだ」と説明されている。この日の婚礼や葬式などを嫌うのはそのためである。護摩灌頂を嫌った理由は明らかではないが、これを重日に行うと、一度の護摩では祈願の筋が成就せず、何度も繰り返さなければならなくなるから、ということであろうか。

【九坎日・血忌日】

血忌日《けっきにち》には、もっぱら人馬の身から血を採らないことを旨とする。また、九坎日《くかんにち》は総じて我が身の垢《あか》を落とさない。

ゆえに、九坎日には洗濯は凶、血忌日には鍼灸《しんきゅう》が凶である。

九坎日表

月	正月	二月	三月	四月	五月	六月	七月	八月	九月	十月	霜月	雪月
日	辰	丑	戌	未	卯	子	酉	午	寅	亥	申	巳

血忌日表

月	正月	二月	三月	四月	五月	六月	七月	八月	九月	十月	霜月	雪月
日	丑	未	寅	申	卯	酉	辰	戌	巳	亥	子	午

北方をつかさどる水神

九坎とは、天の二十八宿《しゅく》中の牛宿にある星座で、九つの星からなるため、この名がある。『和漢三才図絵』には、「泉源《せんげん》や入り江に流れが溢れるのを調節し、水をうまく導く」ための溝渠《こうきょ》をつかさどるとある。この星は明るく輝くと凶で、暗いと吉とされる。

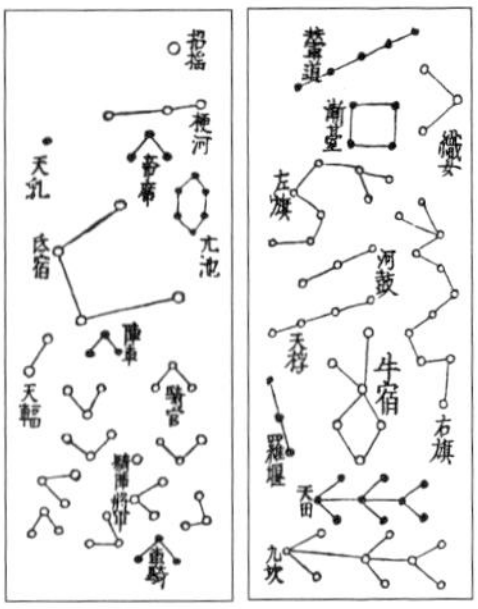

右が九坎を含む牛宿、左が血忌（梗河）を含む氐宿
『和漢三才図会』

九坎は北方をつかさどり、水源や水流を調節する神なので、『簠簋内伝《ほきないでん》』では入浴や洗濯などの水を汚す行為を忌むように教えているが、より古い時代には、「百事に凶」とされ、天皇の代初めが九坎日にあたると、恒例の四方拝《しほうはい》も中止されたというくらい、重い忌みがあった。しかし、この『簠簋内伝』がかかれた中世のころには、洗濯や垢すりを忌む程度の軽い禁忌に変わっている。自分の身の垢を流して、水神《すいじん》である九坎を穢すことを恐れたものと思われる。ちなみに、江戸時代の版本『簠簋内伝』では、「坎」に「ヲトロウル」（衰うる）の訓をつけている。

梗河星という悪星の精気

陰陽道書の『暦林問答集《れきりんもんどうしゅう》』には、「殺忌《せっき》・日忌《にっき》・血忌という三つの名をもつ梗河《こうが》星という名の悪星の精気が下る日のことを血忌日という」とある。

三つの星からなる梗河星は二十八宿中の氐《てい》宿にあり、天子の不慮の災いに備える星で、「星の色が変動すれば喪の哀しみがある」（『和漢三才図絵』）とされる。

右の禁忌のほか、魚や鳥獣の殺傷など、血にまつわるすべての行為を忌む日で、これも具注暦に見える。

【五貧日・八貧日・減食日】

右の三種の日取りには、水田の浮草刈りや精米はあえてこれを行ってはならない。

五貧日表

月	正月	二月	三月	四月	五月	六月	七月	八月	九月	十月	霜月	雪月
日	子	卯	午	酉	子	卯	午	酉	子	卯	午	酉

八貧日表

月	正月	二月	三月	四月	五月	六月	七月	八月	九月	十月	霜月	雪月
日	巳	酉	丑	申	子	辰	亥	卯	未	寅	午	戌

減食日表

月	正月	二月	三月	四月	五月	六月	七月	八月	九月	十月	霜月	雪月
日	未	戌	辰	寅	午	子	申	酉	巳	亥	丑	卯

身を減ぼす日

五貧日《ごひんにち》と八貧日は農事に関連した禁忌日だろうが、何から導きだされたのかは不明。『簠《ほ》簋《き》内伝《ないでん》』にも、とくに説明はなく、ただ日取りが記されているのみである。

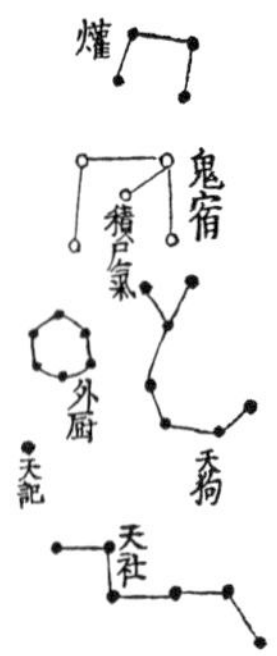

天狗星を含む寄宿『和漢三才図会』

陰陽道に詳しかった清原頼隆《よりたか》が、長元《ちょうげん》五年（一〇三二）三月、「諸国の国司が任地に下る予定になっている十一日は五貧日にあたるので、この日に旅立つと王法（国法）を犯し、罪をこうむり、財を受けざるの難がある」といって反対し、その例として、近年、伊賀守光清《いがのかみみつきよ》が五貧日に赴任し、二年で王法を犯して処刑されたと実例をあげたという。

また、同年五月に、陰陽師が祈念穀奉幣《きねんこくほうへい》を行う日取りを六、七日と決めたが、やはり頼隆が「その日は五貧日にあたる」といって反対し、結局、日取りは改められたという（『日本陰陽道総説』）。

この例では、貴族の清原頼隆が、陰陽師に反対して撰日に関する弁を述べているが、五貧日に限らず、大将軍や後述の天一神《てんいっしん》、金神《こんじん》などの方忌みに関して、プロであるはずの陰陽師と、陰陽道に詳しい貴族の意見が食い違うケースが、少なからず見受けられるし、ときには陰陽師のほうが暦注を知らずに答えられないケースもある。してみると、暦に関する禁忌のすべてが陰陽師から発せられたとするのはまちがいで、民間からとりこまれたものもあれば、日取りや方位に神経質なほどこだわった貴族らが流行させ、ついに暦にとりこまれるに至った禁忌日もあると考えるのが妥当だろう。

天狗星が地に降りた減食日

減食日《げんじき》という言い方はポピュラーではなく、通常、時下食《じげじき》ないし下食時《げじきじ》といっている。この忌日は平安時代の具注暦から登場する。月のうちの決まった日の決まった時間に天狗星《てんこう》の精が地に下ってくる。そのとき人間が食事をとると、栄養がすべて天狗星の精に吸い取られてしまうので、その時間には食事をしてはならないとされる日である。

また、この日、沐浴《もくよく》すると鬼に頭を舐められ、髪が抜け落ちるともいわれる。何やら水木しげるの妖怪めいていて、愉快な忌日ではある。

天狗星は七つの星からなる実在の星座で、二十八宿中の鬼《き》宿にあり、天の川に横たわって、「賊の害から守る。星が移り徙《わた》れば火災が起こり、金星・火星がこの星の傍にあれば飢餓《きが》で人はたがいに食べあう事態となる」（『和漢三才図絵』）とされる。

『簠簋内伝』では、撰日のみが記されているため、その日は一日中、天狗星の妖怪に尾《つ》け狙われそうだが、実際にはその日のうちの定まった二時間のみを注意すればよい。たとえば、一月の未《ひつじ》の日は、亥の時刻の二時間のみが天狗星の精の降臨する下食時（減食日）になり、後の時間は平気なのである。具体的にどの時間が危ないのかは、上の表を参照していただきたい（十二支による時間の読み方は210ページを参照）。

月	日	時
一	未	亥
二	戌	子
三	辰	丑
四	寅	寅
五	午	卯
六	子	辰
七	申	巳
八	酉	午
九	巳	未
十	亥	申
十一	丑	酉
十二	卯	戌

下食時表

天狗星の霊符（天狗符）。この符があれば天狗星による損傷が避けられ平安が保たれるという（『霊験神符大観』）。

【受死日】

受死日《じゅしび》は道を踏み外し、退出・失脚する日である。また、病を受けて必ず死する日である。ゆえにこの名がある。万事に不吉である。

受死日表

月	正月	二月	三月	四月	五月	六月	七月	八月	九月	十月	霜月	雪月
日	戌	辰	亥	巳	子	午	丑	未	寅	申	卯	酉

暦の黒日

受死《じゅし》日は黒日《くろび》ともいう。そのわけは、日取りや方位の吉凶などを記したかつての暦本では、この受死日のところに黒丸を付して表示したからである。

非常な悪日とされており、この日に医者を迎えたり、医者を代える、治療を受けるなどのことをすると、命にかかわるとされた。ただし、暦に黒日が多い年は豊作で、少ない年は凶作ともいう。江戸時代までさかんに行われてきた暦注である。

【三箇の悪日】

大禍《たいか》日・狼藉《ろうじゃく》日・滅門《めつもん》日の三箇の日取りは、貧窮《ひんきゅう》・飢渇《きかつ》・障碍《しょうげ》の三神や、貪欲《とんよく》・瞋恚《しんい》・愚痴《ぐち》の三毒の出《い》でくる日である。ゆえに万事に用いない。その理由は、八万四千の煩悩《ぼんのう》は三毒をもって根本とし、百億恒沙《ごうしゃ》の荒神《こうじん》は右の三神をもって上首《じょうしゅ》となすからである。ゆえに仏教ではとりわけこの三箇の悪日を忌むのである。

大禍日表

月	正月	二月	三月	四月	五月	六月	七月	八月	九月	十月	霜月	雪月
日	亥	午	丑	申	卯	戌	巳	子	未	寅	酉	辰

狼藉日表

月	正月	二月	三月	四月	五月	六月	七月	八月	九月	十月	霜月	雪月
日	子	卯	午	酉	子	卯	午	酉	子	卯	午	酉

滅門日表

月	正月	二月	三月	四月	五月	六月	七月	八月	九月	十月	霜月	雪月
日	巳	子	未	寅	酉	辰	亥	午	丑	申	卯	戌

北斗七星と三箇の悪日

『簠簋内伝《ほきないでん》』は仏教に由来する悪日のように書いているが、平安時代の具注暦から記載されている暦注のひとつ。長和《ちょうわ》四年（一〇一五）四月十三日に、左大臣の藤原教通《のりみち》の邸宅が焼けたが、その理由は、前月、滅門日に移転したからだとされた。

唐の陰陽家《いんようか》の桑道茂《そうどうも》によると、滅門と大禍は歳月に現れた北斗七星のことで、陰陽の絶滅する地のことだという。北斗七星には明暗ふたつの顔があり、人の運命を暗転させたり、死をもたらす神という暗黒面をもつ。

古代中国で配当された七星の属性を見れば、この星の働きのイメージをつかんでいただけるだろう。以下、七星の名と働きを、古代中国の天文説を大成した『晋書《しんじょ》』の「天文志《てんもんし》」をもとに掲げておく。

・第一星（枢《すう》＝貪狼《とんろう》星）正星《せいせい》という。天子の象《しょう》で、天を管轄《かんかつ》。陽徳《ようとく》をつかさどる。
・第二星（璇《せん》＝巨門《こもん》星）法星《ほうせい》という。后《きさき》の位《くらい》の星で、地を管轄。宮刑《きゅうけい》（男は去勢、女は幽閉）をつかさどる。
・第三星（機《き》＝禄存《ろくぞん》星）令星《れいせい》という。火を管轄。災難をつかさどる。
・第四星（権《ごん》＝文曲《もんごく》星）伐星《ばっせい》という。水を管轄。道徳に背く者を伐《う》つ。
・第五星（玉衡《ぎょくこう》＝廉貞《れんじょう》星）殺星《さっせい》という。土を管轄。罪ある者を殺す。
・第六星（開陽《かいよう》＝武曲《むごく》星）危星《きせい》という。木を管轄。天の倉庫の五穀を守る。

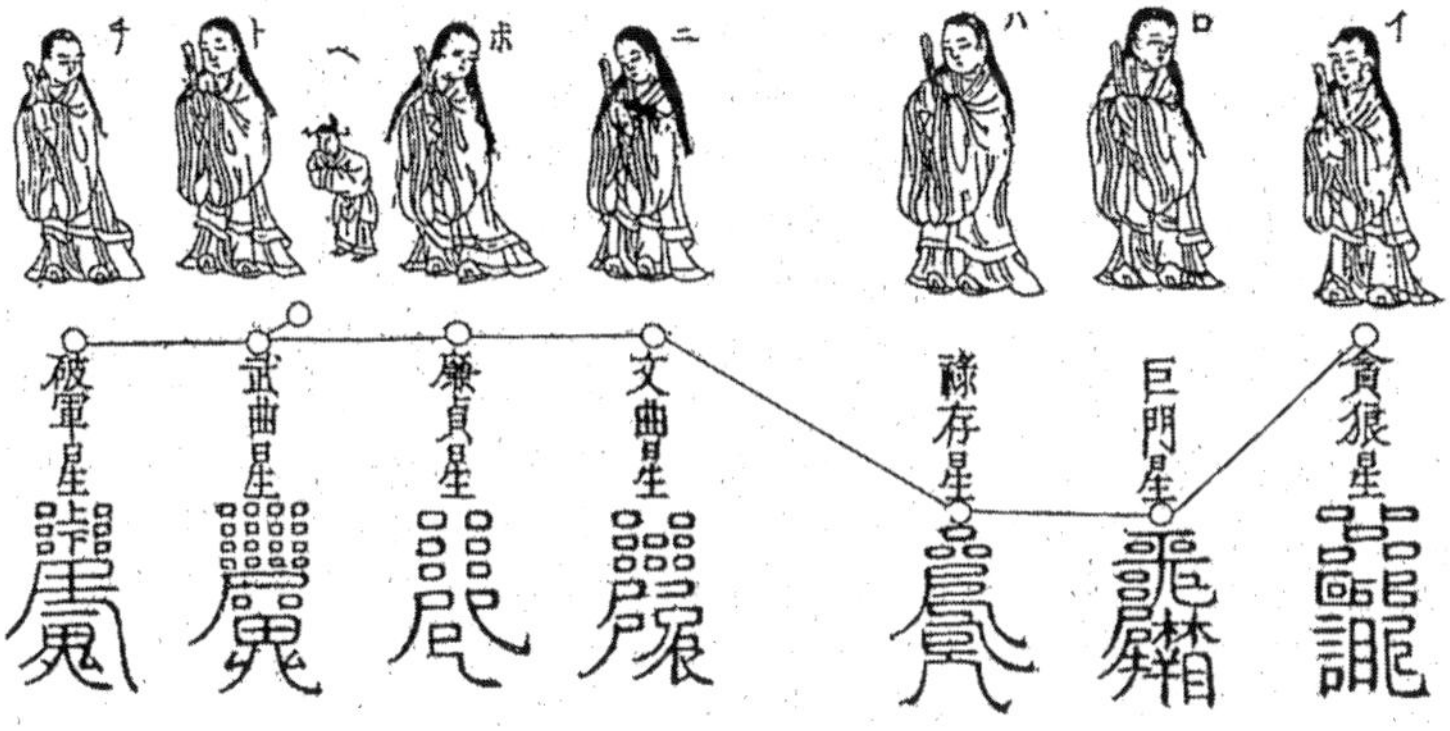

北斗七星符　『仏説北斗七星延命経』

・第七星（揺光《ようこう》＝破軍《はぐん》星）部星《ぶせい》という。金を管轄。兵や戦争をつかさどる。

右の「三箇の悪日（大禍・狼藉・滅門）」が、北斗七星のどの星を指したのかは不明だが、いずれにせよ、『簠簋内伝』が記す忌日《いみび》は、実在の北斗の動きから導きだされた暦注ではない。

日取りの異説

『簠簋内伝』の日取りは略式であり、中国ではより詳細な配当が行われていた。また、中国式や『簠簋内伝』式の日取りとは別に、その人の生まれ年によって忌む月が異なるという説も行われていた。たとえば寅年生まれの者は、正月の亥と子と巳の三日のみが悪日になり、申年生まれの者は七月の巳・午・亥のみが悪日になるというように用いたのである。

このように、日取りに関する説は、陰陽家によって種々雑多で、それが師匠から弟子に伝えられていく間に秘伝化し、本来の姿がわからなくなることも少なくなかった。ただし、近世に

	月	大禍	狼藉	滅門
寅	一	亥	子	巳
卯	二	午	卯	子
辰	三	丑	午	未
巳	四	申	酉	寅
午	五	卯	子	酉
未	六	戌	卯	辰
申	七	巳	午	亥
酉	八	子	酉	午
戌	九	未	子	丑
亥	十	寅	卯	申
子	十一	酉	午	卯
丑	十二	辰	酉	戌

三箇の悪日の異説表

北斗星神の魁星

おいては、生まれ年やその時の天干による区別は行わず、『簠簋内伝』に記された説のように、各月の三箇の悪日が固定され簡便化《かんべんか》されたのである。

【無翹日・厭日・厭対日】

無翹《むぎょう》日というのは、嫁取りや結婚には、非常に嫌う日取りである。

また、厭日《えんじつ》と厭対日の二種の日取りは、出行、出仕、対面、降参などに用いることを忌む。

同じく嫁取り、結婚等にもはなはだ厭《きら》う。

無翹日表

月	正月	二月	三月	四月	五月	六月	七月	八月	九月	十月	霜月	雪月
日	亥	戌	酉	申	未	午	巳	辰	卯	寅	丑	子

厭日表

月	正月	二月	三月	四月	五月	六月	七月	八月	九月	十月	霜月	雪月
日	戌	酉	申	未	午	巳	辰	卯	寅	丑	子	亥

厭対日表

月	正月	二月	三月	四月	五月	六月	七月	八月	九月	十月	霜月	雪月
日	辰	卯	寅	丑	子	亥	戌	酉	申	未	午	巳

奎宿　『増補仏像図彙』

婁宿　『増補仏像図彙』

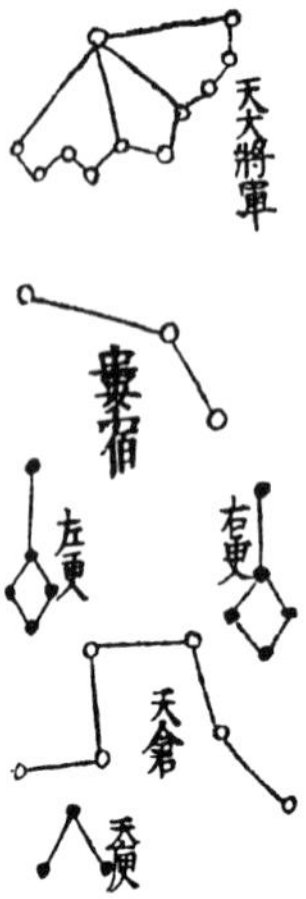

婁宿中の天上大将軍

下級官僚の忌日

これら三種の日取りは、厭日を中心に導きだされた暦注である。

『暦林問答集』に、厭日というのは遊殺《ゆうさつ》・陰建《いんけん》・厭殺《えんさつ》の三者の暦注のことで、厭というのは天上《てんじょう》将軍が征伐をつかさどる日のことであり、二十八宿の奎《けい》宿と婁《る》宿の動きと連動する旨が書かれている。

天上将軍は婁宿の北にある十二星からなる星座で、そのうちの中央の大星が将軍、他は兵卒と見なされる。この星が揺らぐと兵乱が起こり、天上の大将軍が出陣するという（厭日については第二部366ページも参照）。

厭対日は、この厭日と一八〇度の位置（これを衝《しょう》という）にある十二支のこと。衝は激しい緊張関係や対立関係を意味する、占星術からきた観念である。

厭日、厭対日とも、平安時代の具注暦から登場する古い暦注である。通常、厭日は厭、厭対日は厭対と記される。太夫《たいふ》以上の官僚は、右の両日を用いてもさしつかえないが、それ以下の者は用いてはならない日とされている。

無翹日

厭日の翌日のことを、無翹日という。つまり、厭日が去った後の日のことで、吉凶ともに厭日に従うところから、自らの翼で飛べない鳥という意味で、無翹（翼が無い）と名づけられた。これも具注暦から見られる暦注。婚礼のほか、祭祀や出陣にもこの日を忌むとされる。

【天一神の方位】

己酉《つちのととり》の日　丑寅《うしとら》（東北）の陰過殿《いんかでん》に滞在し、蛇に乗って六日間を過ごす。
乙卯《きのとう》の日　東方の招陽殿《しょうようでん》に滞在し、鮒《ふな》に乗って五日間を過ごす。
庚申《かのえさる》の日　辰巳《たつみ》（東南）の秀陽殿《しゅうようでん》に滞在し、鷹に乗って六日間を過ごす。
丙寅《ひのえとら》の日　南方の陽補殿《ようほでん》に滞在し、山鳥（雉《きじ》）に乗って五日間を過ごす。
辛未《かのとひつじ》の日　未申（南西）の陽過殿に滞在し、鹿に乗って六日間を過ごす。
丁丑《ひのとうし》の日　西方の招陰殿に滞在し、虎に乗って五日間を過ごす。
壬午《みずのえうま》の日　戌亥（北西）の秀陰殿に滞在し、龍に乗って六日間を過ごす。
戊子《つちのえね》の日　北方の陰補殿に滞在し、亀に乗って五日間を過ごす。

天一神は癸巳《みずのとみ》の日には天上の紫微宮《しびきゅう》にあって、位も備わり、戊申の日までの十六日間、そこに留まっている。この期間は、神の遊行による影響をこうむらない間日となる。それ以外の日には、天一神は遊善神《ゆうぜんしん》となって娑婆《しゃば》世界に下向《げこう》し、人間の室宅中にいる。だから、この神がいる期間は、産婦は家から離れたほうがよい。また、犯土《はんど》、造作、破屋《はおく》、殺生、嫁取り、結婚、納婦《のうふ》などのことも行ってはならない。

天皇・地皇・人皇のうちの地皇

隋の蕭吉《しょうきち》の『五行大義』が、『帝系譜《ていけいふ》』『三五暦紀《さんごりゃくき》』『春秋命暦序《しゅんじゅうめいれきじょ》』など今日に伝わっていない幻の書を引いて、全宇宙をつかさどる三人の皇帝のことを説明している。天皇《こう》・地皇・人皇がそれで、これを三皇という。三皇のうちの天皇は十三の頭をもち、異名を太帝曜魄宝《ようはくほう》（北斗七星）という。地皇は11の頭をもち、異名を天一《てんいつ》（天乙《てんおつ》）という。人皇は九の頭をもち、異名を太一《たいいつ》（太乙《たいおつ》）という。この三皇のうちの地皇がすなわち天一神で、星界の中心から出て諸方を巡り、戦闘をつかさどり、吉凶を知る神だという。

また、『和漢三才図会』には、天地が生まれて数万年の後、まず盤古《ばんこ》が出現し、ついで天皇・地皇・人皇が現れたという神話を述べており、冒頭の盤牛王縁起に通じる。安倍氏と並ぶ陰陽道宗家《そうけ》で、陰陽寮の長官の陰陽頭《おんみょうのかみ》にもなった室町時代の賀茂在方《ありかた》の『暦林問答集』（一四一四年）も、『春秋命暦』を引いて、天一神をこう説明している。

「天一とは地皇の霊であり、太一とは人皇の霊である。この両神を

上：日遊神　『白話玉暦』　下：天一神の方位図

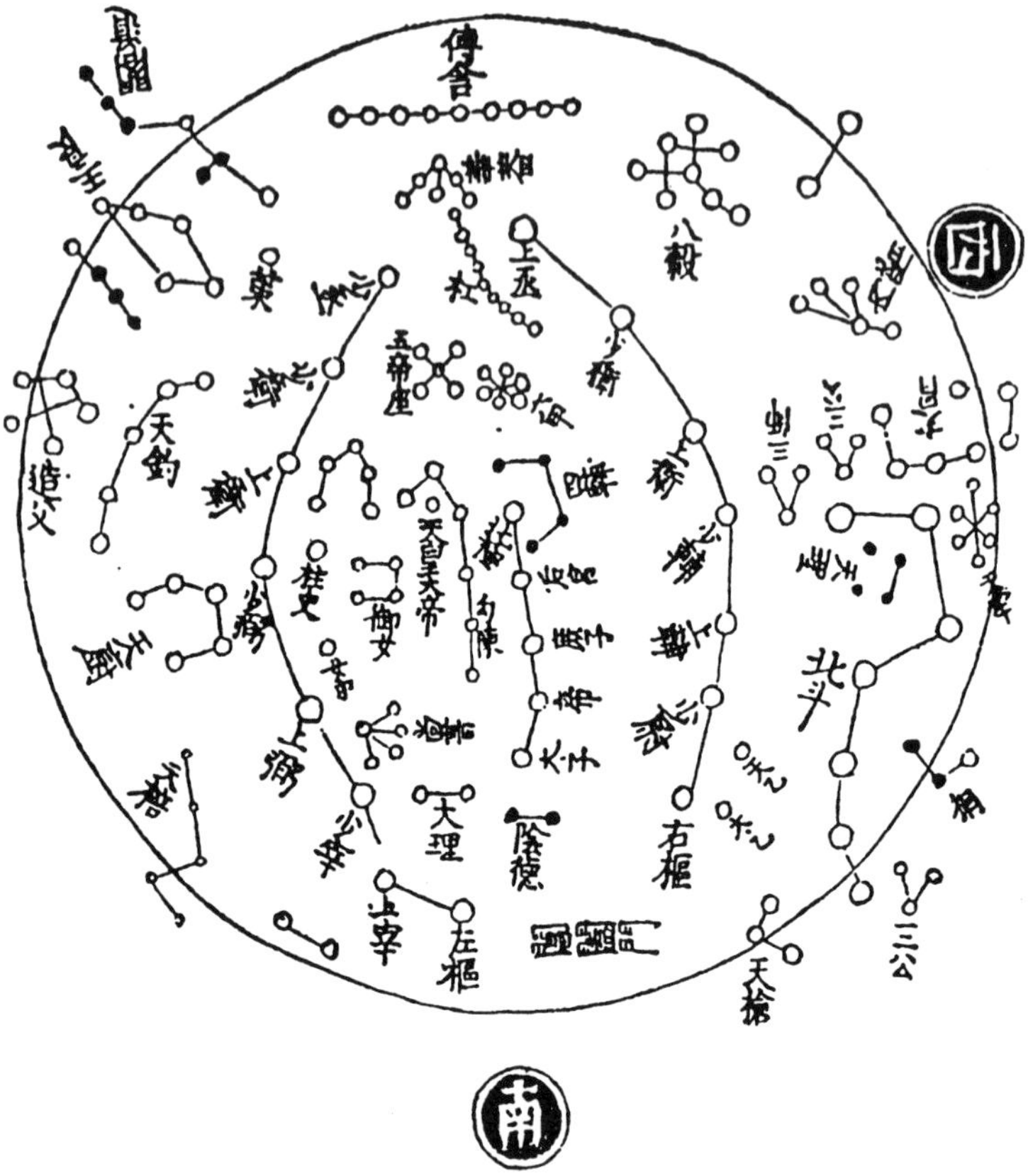

北極紫微垣図　『和漢三才図会』

最も尊い星とする。ともに天上の紫微宮の門外にあって、左を天一といい、右を太一という。天一は戦闘をつかさどり、吉凶を知る。太一は風雨・水旱《すいかん》・兵革・飢疫《きえき》・災害をつかさどる。そうして九宮を遊行する」

『暦林問答集』に出る天一の方位は『簠簋《ほき》内《ない》伝《でん》』と同じだが、九宮を遊行する際には、蛇や鮒や鷹や山鳥などに乗るのではなく、人頭蛇身や人頭魚《ぎょ》身、人頭鷹《よう》身、人頭鶏《けい》身などに化身するといっているところが異なる。九宮とは、天上の紫微宮に地上の八方位を加えた数である。この神は、本来は道教の神で、中国の戦国時代から星神と見なされるようになった。天地宇宙の根源の気で、もとは太一神のみだったが、のちに天一・地一・太一の三神に分化し、人体では生命エネルギーの三つの中枢である上中下の三丹田《たんでん》に配された。

天皇・地皇・人皇　『中国神仙図案集』

陰陽道の天一神

陰陽道における天一神は、道教とは関係がなく、星神を方位神にあてたもので、鶴神《かくしん》ともいう。平安末期にはさかんに方忌み（その方位を避けること）が行われているが、村山修一氏が興味深い事例を紹介している。

藤原道長《みちなが》の『御堂関白記《みどうかんぱくき》』に出るもので、長和四年（一〇一五）九月、娘の中宮妍子《ちゅうぐうけんし》が新造の内裏に入るにあたり、吉日を陰陽師の安倍吉平《よしひら》（晴明の息子）に撰ばせた。吉平は「十月三日がよろしいでしょう」と答えたが、道長が具注暦を見ると、その日は天一神が内裏の方角にあたる西に座している。道長は、「どうしたものか」とたずねたが、吉平は答えることができず、改めて十一月二十八日がよいと占ったという。

また、その前年の三月六日には、大納言の藤原実資《さねすけ》が、寝殿の屋根に檜皮を葺くにあたり、天一神の扱いに関する議論があった。陰陽師の賀茂光栄《みつよし》は、「この日は天一神が天上にいる天一天上日なので、忌む方位はないから吉だ」といい、他の人々は、「天一天上の説などは昔は問題にしなかった」といい、晴明の子の吉平は、「天一神のいる位置などは、本来わからぬものだ」といって、この方忌に反対したという。

このことから明らかなように、十一世紀初頭の時点では、天一神の方忌はなお確立していなかった。陰陽師間にも議論があり、解釈に相違があったものが、中世には確固とした方忌の対象になっていったのである。金神なども同様である。

なお、『簠簋内伝』や『暦林問答集』では、癸巳日から戊申日までの十六日間のみは、天一神が天上にいる天一天上日としているが、これには異説もある。『万暦大成』などによると、天一神が天上にいる期間は、「臣下の日遊神《にちゆうしん》」が人間の家を訪れて特定の方位を塞ぐので、その方位を犯してはならず、家を清浄《せいじょう》にし、増改築などを避けるべきだというのである。

【方伯神の方位】

方伯神《ほうはく》とは第六天魔王のことである。ゆえに万事に不吉の方位とする。今、この第六天魔王は天界最上層の他化自在天宮《たけじざい》に住みながら、仏界を除く全世界（九界）の出家や俗人を惑乱させている。そのゆえに、九魔王神《くまおうしん》とも名づけるのである。

亥・卯・未の日は東方にいる。
申・子・辰の日は北方にいる。
巳・酉・丑の日は西方にいる。
寅・午・戌の日は南方にいる。

欲界頂点の第六天魔王

仏教では、この宇宙は「欲界・色界・無色界」の三層構造になっていると説く。これら三界《さんがい》のうち、色界と無色界は煩悩から脱したレベルの高い悟りの世界であり、通常、凡夫《ぼんぷ》は地獄界・餓鬼《がき》界・畜生《ちくしょう》界・修羅《しゅら》界・人間界・天界の六道《ろくどう》からなる欲界の中を輪廻《りんね》して回る。これを六道輪廻といっている。

伊舎那天＝第六天魔王　『覚禅鈔』

同じ輪廻世界とはいっても、最底辺の地獄界と天界では、その暮らしぶりに雲泥《うんでい》の差がある。地獄は苦界《くがい》以外の何ものでもないが、天界は、人間界とは比べものにならない優雅な生活と感覚的喜びが保証されている。この天界にも階級がある。最下層は四大王衆《しだいおうしゅ》天で、四天王が支配する。次の第二層は三十三天といい、帝釈《たいしゃく》天が支配する。第三層は夜摩《やま》天で死者の神・夜摩の王領。第四層は弥勒《みろく》菩薩が治める兜率《とそつ》天で、第五層が欲界の楽園の楽変化《らくへんげ》天、最上の第六層が欲界の究竟《くっきょう》天である他化自在天（第六天）という並びになる。

『倶舎《くしゃ》論』によれば、この第六天では出生に性交といったわずらわしいプロセスは必要がない。ただ、互いに見合わすだけで無上のエクスタシーが得られ、子が化生《けしょう》する。欲しいと思うものはなんであれ思っただけで出現し、住人は労働という苦役《くえき》からは解放されている。寿命も人間に換算すると九二億二一三〇万歳といわれており、およそ人が望みうる最高の快楽が自在に得られる天界――それが他化自在天なのである。

第六天魔王は、この他化自在天を支配する。元来はヒンドゥー教シヴァ派の主神のシヴァ神で、それが仏教に取り込まれて第六天魔王となった。

「魔王」と名づけられているのは、この神が仏教修行者を色や欲で惑わし、彼らが快楽で溺れると、それが自らの快楽に化すと考えられたからで、『簠簋内伝』が「九界の僧俗を惑乱させている」と書いているのも、このことを指している。

仏教修行を妨げる第六天魔王およびその眷属は、仏教徒からは「天魔」と呼ばれ、激しく忌避されてきたが、その一方では、イザナギ・イザナミ命を第六天と同体の神とする説や、面足尊《おもだる》・惶根尊《かしこね》を第六天と同体神とする説、また、日本の真の支配者は第六天魔王であり、天照大神《あまてらすおおみかみ》は「仏法僧の三宝には近づかない」と魔王に誓った見返りに、子孫である天皇家の王権を得たという説までつくられた。

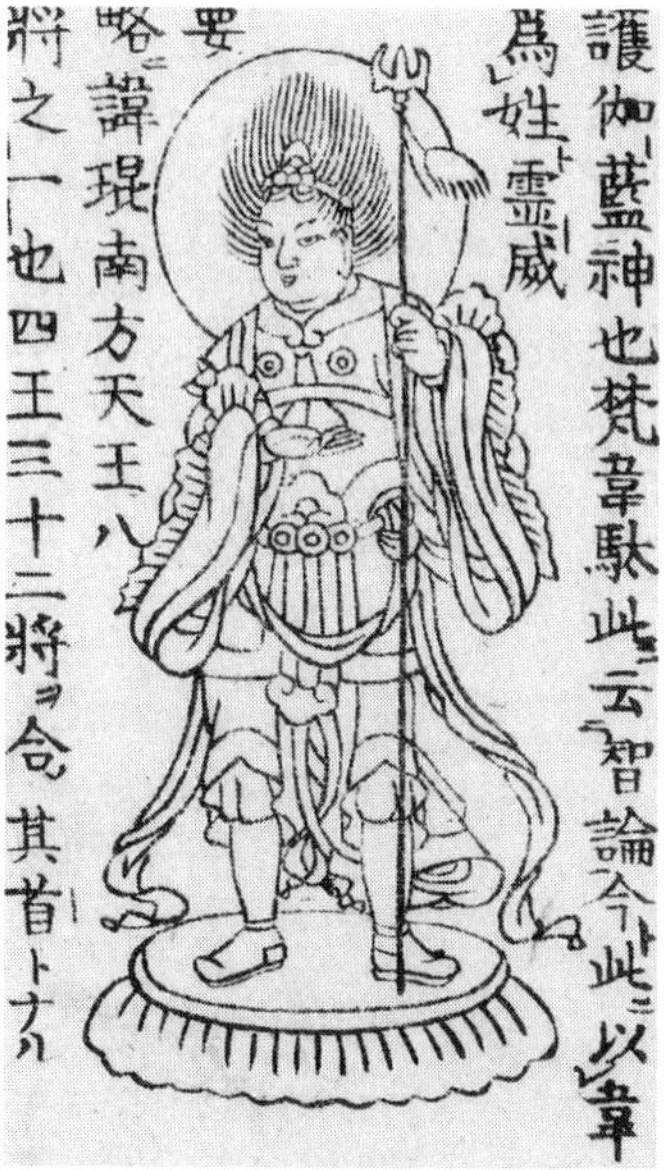

他化自在天　『増補仏像図彙』

方伯神の由来

『簠簋内伝《ほきないでん》』は、この第六天魔王を方伯神《ほうはくしん》としている。方伯神は先に見た大将軍のことで、大将軍が地に下って方伯神となるとされるが、中世、仏教と習合して第六天魔王と見なされるようになった。『礼記《らいき》』の王制に、「千里の外に方伯を設ける」とあり、この場合の方伯は遠隔地の長（大諸侯）を意味するから、天界中でも最も遠い第六天（他化自在天）の王を、方伯にあてたものかもしれない。

『和漢三才図会』は、『登壇必究《とうだんひっきゅう》』という書を引いて、「熒惑《けいこく》（火星）は方伯の象である。いつも十月になると太微宮《たいびきゅう》に入り、制を受けて出て列宿をめぐり、無道を取り締まる」と述べ、方伯を火星にあてている。火星を方伯とするなら、八将神では歳殺神となり、『簠簋内伝』のいう金星の大将軍ではなくなる。同じ方伯の名で別の神を意味したものか、伝承に混乱があったものか明らかでない。

ただし、ここに出てくる方伯神の方位は、干支術でいう「三合《さんごう》」という理論から割り出されており、星神の動きとは関係のない、純然たる干支術上の神になっている。

【阿律智神の方位】

阿律智神《ありっち》の方は、指神《さすかみ》の方ともいう。

子は五つ目、丑は九つ目、寅は十目、卯・辰・戌は五つ目、巳・未は六つ目、亥は七つ目、酉は十目、午・申は八つ目。

以上の方位は、万事にこれを忌む。

第四禅定《ぜんじょう》の天に住む摩醯首羅《まけいしゅら》天の方位が、この阿律智神の方位である。

方位の取り方

「子は五つ目」というのは、子の日には、子から数えて五つの目の十二支である辰が阿律智神のいる方位にあたり、「丑は九つ目」とは、丑の日には丑から数えて九つ目の十二支である酉が、阿律智神の方位にあたるという意味である。以下、同じように方位を繰りだす。

阿律智神の方位は、そちらに向かって事をなすと、何によらず大負けとなるから、交渉事や争論など人と戦うようなことはしてはならないという。

摩醯首羅天　『増補仏像図彙』

出所不明の阿律智神

阿律智神という神が、どんな神なのかは不明。「阿律智神の方は、指神の方ともいう」とあるが、指神は、普通は天一神のこととされる。しかし、ここに出ている方位は天一神のそれとは異なっている。晴明の子孫の安倍泰親《やすちか》は、神のごとくすべてを見通す占験《せんげん》の達人として「指神子《さすのみこ》」と呼ばれたが、これは未来の吉凶をつかさどる神の子という意味と思われるから、天一神を意味する指神のほかに、阿律智神という別の指神も立てられていたのだろう。

なお、文中の第四禅定の天とは、欲界の上に広がる色界の四つの禅天《ぜんてん》のことで、初禅天、二禅天、三禅天、四禅天と数える。第四禅定の天はそのうちの最高位の天で、物質性からは完全に解き放たれており、ただ意識のみの世界とされる。ここに住む摩醯首羅天という神は、実は先の第六天と同じシヴァ神のことだが、他化自在天のシヴァ神と異なり、純粋意識のシヴァ神と考えてもらえばよい。

【斗賀神の方位】

子・卯・午・酉は十一目、丑・未・辰・戌は七つ目、寅・申・巳・亥は三つ目。

以上の方位も万事にこれを忌む。斗賀《とが》神の方とは、三宝荒神《さんぽうこうじん》の遊行の方位である。深く忌むべきである。

豹尾神と同じ方位を忌む神

方位の数え方は前項の阿律智神の方に同じ。子・卯・午・酉から十一目は戌・丑・辰・未になり、丑・未・辰・戌から七つ目は未・丑・戌・辰になり、寅・申・巳・亥から三つ目は辰・戌・未・丑になる。

つまり、すべてが土の五行の十二支で、八将神でもくりかえし出てきた土関連の忌方《いみかた》である。

斗賀神の名称については未詳だが、この方位は八将神の中の豹尾《ひょうび》神と同じで、豹尾神も本地は三宝荒神とされている。あるいは同じものか。斗賀は咎の当て字だろう。

三宝荒神　『増補仏像図彙』

【天官神の方位】

申・子・辰の歳は亥の方にいる。亥・卯・未の歳は寅の方にいる。寅・午・戌の歳は巳の方にいる。巳・酉・丑の歳は申の方にいる。この女神のいる方位には、幸運なことが待ち受けている。

速やかにこの方位を取るべきであり、もし遅れて人後となれば、人馬ともに死に倒れ、滅びることとなる。

天官は星座の一種

天官は中国の星座名のひとつ。そこからとった神だろうが、扱われている方位自体は天文とは関係がなく、「三合」という十二支の組み合わせの中の、生気《しょうき》の方位をとっている。

【八剛神の方位】

子・午・丑・未は四つ目、寅・申・卯・酉は六つ目、辰・戌・巳・亥は八つ目、以上の方位に向かって転居をなし、座を定めれば、家内に八人の死者が出る。ゆえに、転居等については、この方位をもっぱら忌み嫌うのである。

方位の取り方は阿律智神と同じ。この神についても由来は未詳。

【没日・滅日】

没日《もつにち》については、この日は日月が相違して、時候《じこう》が隠没《おんもつ》するので没日というと、暦注にある。七十日で一巡して、七十一日目に回帰する。

滅日《めつにち》については、この日は日月が相違して、時候が転滅するので滅日というと、暦注にある。六十三日で一巡して、六十四日目に回帰する。

閏月関連の暦注か

没日と滅日については、『簠簋内伝《ほきないでん》』の別本に、没日は「子から始まる」、滅日は「未から始まる」とある。してみると、子の日から七十日目が没日で、未の日から六十三日目が滅日になるというようにも読めるが、それとは別に、「没日は太陽が月と合わさり、日光を失う。ゆえに大悪日とする。……一年のうち、この日は用いるべからず。万事に凶」といったことも書かれており、これは日食のことのようにも思われる。

また、『万歴大成』には、「これらの日は、天と日月の巡りが遅くなったり早くなったりすることで生じてくる悪日である。すべてに忌みはばかるべき日である。この両日が積もり積もって閏月《うるうづき》となる。口伝」とあり、こちらは、造暦《ぞうれき》時、一年の長さの調節に際して設けられた日のようにも思われる。

日取りについては「秘伝」としてある写本もあり、どうやってこの日を定めたのか、何に由来する悪日なのかは不明。

【赤口日・赤舌日】

赤口《しゃくこう》日と赤舌《しゃくぜつ》日の二つの日取りは、太歳《たいさい》神の東西の番人の日取りである。

まず赤口神とは、太歳神の王都の東門の番神のことをいう。八大鬼《はちだいき》をさかんに使役《しえき》して、この門を守護させている。その八大鬼というのは、詳述すると、一に兜雞羅《とけいら》神、二に摩醯首羅《まけいしゅら》神、三に閻獄受《えんごくじゅ》神、四に八獄卒《はちごくそつ》神、五に羯摩《かつま》大神、六に閻羅刹《えんらせつ》神、七に雷電光《らいでんこう》神、八に広目頭《こうもくづ》神である。

正月の一日から順番に、これら八大鬼がその日の支配神となり、百億の鬼神をして、おのおのの日を囲遶《いにょう》せしめる（正月一日が兜雞羅神の日、二日が摩醯首羅神、三日が閻獄受神の日……というように、支配神が交替していく）。

これら八大鬼のうち、第四番目の八獄卒神は、八つの顔と八本の手をもち、神通《じんずう》をふるって、人間世界のすべての者を惑乱させる。そこで、彼の支配する日のことを赤口日という。娑婆の住人は、もっぱらこの八獄卒神の日を嫌って、何ごとにも用いずに打ち捨てるのである。

次に赤舌神というのは、太歳神の王都の西門の番神のことをいう。六大鬼をさかんに使役して、この門を守護させている。その六大鬼というのは、一に明堂《みょうどう》神、二に地荒《じこう》神、三に羅刹《らせつ》神、四に大沢《だいたく》神、五に白道《びゃくどう》神、六に牢獄受《ろうごくじゅ》神である。正月の一日から、右の六大鬼をして、番々に門の守護にあたらせている。百億の鬼神が、六大鬼に付き従っている。
このうち、第三番目の羅刹神は、極悪忿怒《ごくあくふんぬ》の鬼神で、人間世界の住人を悩ませ、乱している。ゆえに、羅刹神の日のことを赤舌日と呼び、この日を用いることを禁じているのである。

赤口日表

月	正月	二月	三月	四月	五月	六月	七月	八月	九月	十月	霜月	雪月
日	四	三	二	一	八	七	六	五	四	三	二	一

赤舌日表

月	正月	二月	三月	四月	五月	六月	七月	八月	九月	十月	霜月	雪月
日	三	二	一	六	五	四	三	二	一	六	五	四

八獄卒神と羅刹神

仏教の地獄の中でも、最もよく知られたものを八大地獄といい、①殺されてはよみがえる等活《とうかつ》地獄、②鉄の黒縄《こくじょう》で縛られ、切り刻まれる黒縄《こくじょう》地獄、③鉄臼《てつうす》に投げこまれ、鉄杵《きね》で打ち砕かれる衆合《しゅうごう》地獄、④煮え湯の大釜でゆでられる叫喚《きょうかん》地獄と⑤大叫喚地獄、⑥火で焼かれる焦熱《しょうねつ》地獄と⑦大焦熱地獄、⑧無限の責め苦が続く無間《むけん》地獄からなる。この地獄の番人兼拷問係のことを、獄卒という。その地獄が八つあるので、八獄卒神というのである。

次に、羅刹神というのは、「頭髪は炎のごとく、歯は剣のようで、目を怒らせて四方を見めぐらす」（『法華経』）鬼神で、もとはヒンドゥーのラクシャサという人食い鬼である。のちに仏教にとりこまれて、護法の善神になった。

この八獄卒神が支配する日のことを赤口日といい、羅刹神の支配する日のことを赤舌日という。この暦注は、地獄に関する教説が広く普及した中世以降に編み出されたもので、吉田兼好《けんこう》が『徒然草《つれづれぐさ》』の中で、「赤舌日は陰陽道では説かれなかったのに、誰が唱えだしたのか、最近、忌まれるようになった。愚かしいことだ」（大意）と述べている。仏教と関係した法師陰陽師あたりが唱え出したものだろうか。

油鍋で煮られる罪人　『大千図説』

村山修一氏によれば、『簠簋内伝《ほきないでん》』に深く関与していたと思われる祇園社で、観応《かんのう》元年（一三五〇）ころに「赤舌講」という講が結ばれ、祇園執行《しぎょう》僧が回り持ちで開催したという（『日本陰陽道史総説』）。その内容は伝わっていないようだが、羅刹神の災《さい》異《い》を免れるために同神を奉祭した講だったのかもしれない。

配当表の見方

赤口日を例に説明する。表には正月の横に四の数字がある。これは、正月一日が兜雞羅《とけいら》神の日、二日が摩醯首羅《まけいしゅら》神、三日が閻獄受《えんごくじゅ》神の日、四日が八獄卒神の日という意味で、四日目が八獄卒神の支配日の赤口日になるということを表している。その後、五日目が羯摩《かつま》大神の日、六日目が閻羅刹《えんらせつ》神の日、七日目が雷電光《らいでんこう》神の日、八日目が広目頭《こうもくづ》神の日、九日目にはまた兜雞羅神の日に戻り、十日目が摩醯首羅神の日、十一日目が閻獄受神の日となって、十二日目に二回目の八獄卒神の日が巡ってくる。

二月は、一日目が摩醯首羅神の日からスタートするので、赤口日は三日目になり、三月は閻獄受神の日から始まるので、赤口日は二日目になるというように読む。他の月もすべてこれに準じる。赤舌日の見方も同様である。

【四季の悪日】

春は甲子《きのえね》日と乙亥《きのとい》日を八龍《はちりゅう》日という。
夏は丙子《ひのえ》日と丁亥《ひのと》日を七鳥《しちちょう》日という。
秋は庚子《かのえ》日と辛亥《かのと》日を九虎《くこ》日という。
冬は壬子《みずのえ》日と癸亥《みずのと》日を六蛇《ろくだ》日という。

右に明らかにした四季の悪日とは、『算経《さんぎょう》』が述べているところの八難、七陽、九厄、六害のことである。

四季の悪日とは何か

『簠簋内伝《ほきないでん》』の別本には、「八龍とは東の龍国のことゆえ、かくいう。これすなわち八難の日である。七鳥とは、南の鳥国のことゆえ、かくいう。これすなわち七陽の日である。九虎とは、西の虎国のことゆえ、かくいう。これすなわち九厄の日である。六蛇とは、北の蛇国のことゆえ、かくいう。これすなわち六害の日である。これらは皆、大悪日である。極意は師に会ってこれを尋ねよ」とあるが、

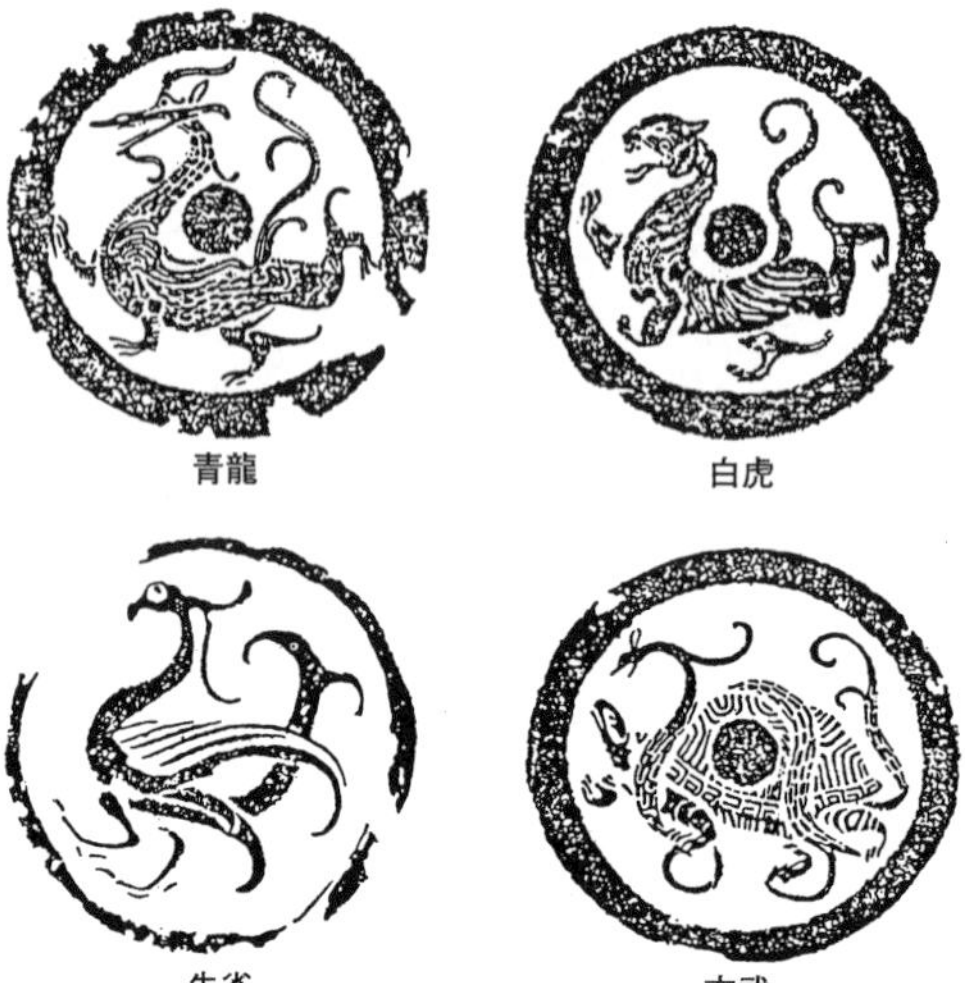

四神の図

眉唾《まゆつば》の説で、龍や鳥の前についた八や七などの数字は十干の配当数を意味している。

『五行大義』はこう述べている。

「水は、天では一であり、地では六であり、六と一は北に合する。火は、天では七であり、地では二であり、二と七は南で合する。金は、天では九であり、地では四であり、四と九は西に合する。木は、天では三であり、地では八であり、三と八は東で合する」

つまり水は一（壬《みずのえ》）と六（癸《みずのと》）、火は二（丁《ひのと》）と七（丙《ひのえ》）、金は四（辛《かのと》）と九（庚《かのえ》）、木は三（甲《きのえ》）と八（乙《きのと》）を自分の固有の数としているのだが、そのうちの、

・春＝東＝青龍に合する八を「八龍」、
・夏＝南＝朱雀に合する七を「七鳥」、
・秋＝西＝白虎に合する九を「九虎」、
・冬＝北＝玄武に合する六を「六蛇」、

と権威づけて呼んでいるのである。こうしたハッタリの強い名づけは中国人の好みで、文字によって人を驚かせようとするようなところがある。漢字独特の強みで、文字のイメージの喚起力が強いのである。

さて、問題は、この八龍・七鳥・九虎・六蛇がなぜ「悪日」かという点だが、これが明らかでない。『暦林問答集』では、「子は十二支の首《はじめ》、亥は十二支の終《おわり》」だからだと、わかったようなわからないような説明をしているが、よく意味が通じない。春夏秋冬の四季をつかさどる十干が、陰気の極まった子と亥の地気《ちき》に出会うから悪日としたものだろうか。

【帰亡日・往亡日】

帰亡《きもう》日、往亡《おうもう》日は、出行、帰宅にこの日を用いることをもっぱら忌む。いずれも節気をもって考えるべきである。

帰亡日表

月	正月	二月	三月	四月	五月	六月	七月	八月	九月	十月	霜月	雪月
日	丑	寅	子	丑	寅	子	丑	寅	子	丑	寅	子

往亡日表

月	正月	二月	三月	四月	五月	六月	七月	八月	九月	十月	霜月	雪月
日	七	十四	廿一	八	十六	廿四	九	十八	廿七	十	廿	晦

天培星の精

帰亡《きもう》日は帰忌《きき》日ともいう。具注暦に見える。『暦林問答集』では『暦例《れきれい》』を引いて、この日のことをこう説明している。

「帰忌は天培《てんばい》星の精である。この星は、上にあっては紫宮《しきゅう》を衝き、下にあっては門闕《もんけつ》を防ぐ。およそ四名あり。一に帰忌といい、二に帰化《きか》といい、三に天の少女といい、四に帰来主《きらいしゅ》という。丑・寅・子の日に天から地にくだってきて、人家の門に潜んで、人の帰宅を妨げる。それゆえ、この日の遠出や帰宅、引っ越し・移動、婚礼、加冠《かかん》、入国はみな不吉である」

北極紫微宮に天棓《てんぽう》星という星座があり、天子の先駆《さきが》けをしてその難を防ぐとされる。ただし、天棓星は五星からなるので、四星からなるらしい天培星と同じものかどうかは不明。いずれにせよ、北極紫微宮周辺の星神であることはまちがいない。

天の荒神の守護日

往亡《おうもう》日は、往亡・天門・天従《てんじゅう》の三つの異名をもつ、天の荒神の守護する日とされ、やはり具注暦に見える。

『簠簋内伝《ほきないでん》』の解説中、「節気をもって考えるべき」とあるのは、往亡日を、一月節の立春から七日目、二月節の啓蟄《けいちつ》から十四日目、十二月節の小寒から三十日目というように、節気から数えて繰り出すからである。

往亡は「往《ゆ》きて亡《ほろ》ぶ」と訓《よ》む。動けば亡びて戻ってこれなくなるので、この日には出陣や外出などはすべきではないとされた。『暦林問答集』には、「往亡とは天の殺鬼である。『暦例』にいう。往とは去るということである。亡とは無いということである」と説明されている。

北極紫微宮の天棓『和漢三才図会』

【十死一生日・不弔人日】

十死一生《じっしいっしょう》日と不弔人《ふちょうにん》日の二つの日取りは、死人を出して葬礼などを行うと凶。これらの日には死人を弔ってはならない。厳重に禁ずべき日である。

十死一生日表

月	正月	二月	三月	四月	五月	六月	七月	八月	九月	十月	霜月	雪月
日	酉	巳	丑	酉	巳	丑	酉	巳	丑	酉	巳	丑

不弔人日表

月	正月	二月	三月	四月	五月	六月	七月	八月	九月	十月	霜月	雪月
日	辰	巳	午	未	申	酉	戌	亥	子	丑	寅	卯

葬礼を忌む日

十死一生日は大殺日とも天殺日とも呼ばれる大悪日で、善悪ともに用いてはならないとされる。暦《こよみ》には「十し」と書かれている。後出の忌遠行《きえんぎょう》日とまったく同じ撰日《せんじつ》なので、忌遠行日が十死一生日に代わったのかもしれない。不弔人日（人を弔《とぶら》はざる日）の由来は不明。ただし、古くから行われていた暦注で、具注暦に見える。

【不視病日・不問病日】

病を視ざるの日は戊《つちのえ》の日。
病を問わざるの日は己《つちのと》の日。
右の二種の日には、病人のいる家に行ってはいけない。

不視病日・不問病日（別本所載の表）

月	不視病日	不問病日
一	戊	巳
二	亥	午
三	子	未
四	丑	申
五	寅	酉
六	卯	戌
七	辰	亥
八	巳	子
九	午	丑
十	申	寅
十一	未	卯
十二	酉	辰

土の禁忌

不視病《ふしびょう》日、不問病《ふもんびょう》日とも五行の土である戊と己をあてている。戊己土神は、この巻の十干のところでも出ていたように、「諸病の治療を行わず、病人と会うようなことをせず、死人を弔わず……」とされる日なので、このような日が立てられたのだろう。別本には、これらの日に病人のいる家に行くと、必ずその病が移ると記されている。

なお、この訳書のテキストでは、不視病日を戊の日、不問病日を己の日としているが、楊憲本など数種の写本では、月ごとに禁忌日を定めている。訳文末尾の表がそれである。

【忌遠行日・忌夜行日】

忌遠行《きえんぎょう》日と忌夜行《きやぎょう》日は外出・旅行などに用いるとよくない。わざわざこの日に歩き回るようなことは避けるべき日である。

忌遠行日表

月	正月	二月	三月	四月	五月	六月	七月	八月	九月	十月	霜月	雪月
日	酉	巳	丑	酉	巳	丑	酉	巳	丑	酉	巳	丑

不弔人日表

月	正月	二月	三月	四月	五月	六月	七月	八月	九月	十月	霜月	雪月
日	子	子	午	午	巳	巳	戌	戌	未	未	辰	辰

外出を忌む日

忌遠行日は大殺日ともいう。遠方に出ることを厳重に忌む日とされる。平安時代の具注暦から登場し、『暦林問答集』でもとりあげられている。

忌夜行日も、同じく具注暦に出る暦注。おなじみの百鬼が夜行、徘徊《はいかい》する日の意で、百鬼夜行日ともいう。この日は子時の夜九つ（深夜十二時）には、隣家にも行ってはならないとされる。ただし、忌む時刻は右の子時のみで、それ以外の時刻については障りはないという。

【道虚日】

（毎月の）一日、六日、十二日、十八日、二十四日、晦日。

これらは、外出・旅行などには、はなはだ凶の日である。

道虚日

道がむなしく消えてしまうといった意味をもつ道虚《どうこ》日も、前項の忌遠行日や忌夜行日と同様の悪日。

中世には民間に流布《るふ》していたらしいが、その吉凶については、なお確たる意見がなかったらしい。

北条泰時画像　『英雄百首』

貞永《じょうえい》元年（一二三二）正月二十三日、北条泰時《ほうじょうやすとき》は、同月十二日に朝勤行幸《ちょうぎんぎょうこう》が無事にすんだとの知らせを京都から受けとった。そのことを側近らに話しながら、「自分は同じ日に山内《やまのうち》に出かけようとしたが、友人から、十二日は道虚日で憚《はばか》りがあると教えられたので、外出を延期した。しかし、京都では朝勤行幸が行われたところをみると、この日はむしろ外出に吉の日なのではないか」と、たずねた。この下問に対し、浄円《じょうえん》、円全《えんぜん》らの僧侶らは、「道虚日の外出が吉とは初耳だ。古来、貴賤を問わず道虚日は忌まれることになっている」と答えたが、三善康連《みよしやすつら》は僧侶らの意見に反対し、吉日として利用された例を書き上げて、泰時を喜ばせたという（『日本陰陽道史総説』）。

道虚日の撰日の根拠は不明。

その他の外出を忌む日

『簠簋内伝《ほきないでん》』の別本には、ほかにも「壬子《みずのえね》、乙卯《きのとう》、戊午《つちのえうま》、辛酉《かのととり》」の「四不出日《しふしゅつ》」や、行疫神が風災を定めるという「正月七日、八月五日」の「疫神裁断日《えきじんさいだん》」などの外出禁忌日が記されている。

【一切不成就日】

万事が成就しない日である。もしこの日を用いるなら、三時《みとき》（六時間）以内に災難がやってくること、はなはだしいものがある。

一切不成就日表

月	日			
正月	三	十一	十九	二十七
二月	二	十	十八	二十六
三月	一	九	十七	二十五
四月	四	十二	二十	二十八
五月	五	十三	二十一	二十九
六月	六	十四	二十二	晦日
七月	三	十一	十九	二十七
八月	二	十	十八	二十六
九月	一	九	十七	二十五
十月	四	十二	二十	二十八
霜月	五	十三	二十一	二十九
雪月	六	十四	二十二	晦日

不成就時

不成就《ふじょうじゅ》日のほかに、不成就時というものもあった。『万暦大成』によると、毎月四日・十一日・十八日・二十五日は暮れ六《むっ》（夕方六時頃）から夜九つ（深夜十二時頃）まで、八・十五・二十九日は卯の時（午前六時頃）から午の時（正午頃）までが不成就時とされた。

【八専・八専の間日】

壬子《みずのえね》の日から八専《はっせん》に入り、癸亥《みずのとい》の日までの十二日間である。

ただし、丑・辰・戌・午日の四日間は八専の間日《まび》とする。

五行の気が偏る日

日の干支が、ある特定の五行に偏《かたよ》り、五行の気に乱れが生じる日のことを八専《はっせん》という。鍼灸《しんきゅう》などには用いてはならないとされる。ほかに、婚礼、従業員の採用、物の売買、神事なども、偏りがあるとうまくないというので避けられた。ただし、五行の気が一つになって盤石になるという解釈から、建築関連に用いるには適した日取りともされている。

日取りの方法

『簠簋内伝《ほきないでん》』にあるように、八専は「壬子」から始まる。壬子以下の十二日間とは、①壬子、②癸丑《うし》、③甲寅《きのえとら》、④乙卯《きのとう》、⑤丙辰《ひのえたつ》、⑥丁巳《ひのとみ》、⑦戊午《つちのえうま》、⑧己未《つちのとひつじ》、⑨庚申《かのえさる》、⑩辛酉《かのととり》、⑪壬戌《いぬ》、⑫癸亥である。

このうち、②⑤⑦⑪以外は、干と支がいずれも同じ五行に属している（たとえば壬子なら両者とも水、甲寅なら両者とも木）。干支が同じ五行で、その五行が非常に旺盛となり、偏った状態になっているものが八個あるので、これを八専と呼ぶのである。

八専のうち、②癸丑（水土）、⑤丙辰（火土）、⑦戊午（土火）、⑪壬戌（水土）の四日間は五行が重ならない。そこで、この四日を間日といい、八専の禁忌から除く。

干支は六十種あり、ひとつの干支を一日にあてていくので、六十日で一巡することになる。したがって、一年三百六十五日のうちには六十干支が六回余、循環することになり、八専も年に六回は訪れることになる。古来、この八専の期間には雨天がちになるといわれているが、その理由も陰陽の気の偏りによって説明されてきた。

この八専は、「五宝《ごほう》」と呼ばれる陰陽道の撰日干支術の一種である。五宝については、第三巻203ページを参照のこと。

八専の配当図

八専と天部

『簠簋内伝』の別本には、「八専の日には魔心が強く旺盛になるので、天部《てんぶ》の神々が法会《ほうえ》を修して欲を滅する」といったことが書かれている。天部の配当は以下のとおり。

・壬子の日　閻魔《えんま》天が忉利《とうり》天で随喜会《ずいきえ》を修す。
・甲寅の日　摩利支《まりし》天が他化自在《たけじざい》天で歓喜《かんぎ》会を修す。
・乙卯の日　水天が楽変化《らくへんげ》天で般若《はんにゃ》会を修す。
・丁巳の日　閻魔天が忉利天で仁王《にんのう》会を修す。
・己未の日　羅刹《らせつ》天が他化自在天で歓喜会を修す。
・庚申野日　水天が四大王衆《しだいおうしゅ》天で般若会を修す。
・辛酉の日　吉祥《きっしょう》天が他化自在天で豊楽《ぶらく》会を修す。
・癸亥の日　毘沙門《びしゃもん》天が兜率《とそつ》天で成道《じょうどう》会を修す。

第三巻　干支・暦注編②

この第三巻は序にあたる縁起がなく、いきなり陰陽道の撰目理論（日の吉凶を判断するための占術理論）から入っている。『神道大系《しんとうたいけい》』論説編16「陰陽道」の解題《かいだい》でも、第一、二巻と第三巻以後は質的に異なっており、第三巻以後は「連貫性《れんかん》と論理性はほとんど認めることができない」として、別人の手になるものだろうと推定している。おそらくそれに間違いないものと思う。以下の解説部分でも若干ふれておいたが、第一、二巻に比べると、第三巻には気になる誤記が目につくし、不用意な重複もある。また、仏教説の取り込み方もずさんである。

とはいえ、第三巻以後には、第一、二巻に漏れている中世から近世にかけて行われてきた種々の暦注が多数含まれており、内容そのものはなかなか興味深い。第二巻もそうだったが、この巻を読むには、基本的な相生・相剋説だけではなく、納音《なっちん》や空亡《くうぼう》、十二運（いずれも該当項目で説明する）など、いくつもの干支理論についての知識が要求される。そのため、かなり長い解説をつけねばならない部分もでてくるので、その点はご了解願いたい。

【太歳神前後対位の事】

太歳神《たいさい》に関する前後対位《たいい》の相とは何をいうのか。説明するとこうなる。

太歳は常に天刑《てんぎょう》星の法を行《ぎょう》じている。法を行じている間、太歳神は広寒殿《こうかんでん》におられる。その周囲を、四空四禅《しくうしぜん》の六欲諸天の天王やもろもろの天人大衆が取り囲み、仁王斎会《にんのうさいえ》を勤行《ごんぎょう》するが、この時のことを「太歳位」という。

また、太歳神が東宮殿《とうぐうでん》に移って玉女神《ぎょくじょ》とお会いになる時のことを「太歳対」という。

また、南方陽気の門を開いて娑婆世界の神々が太歳神のもとに集まり会する時のことを「太歳前」という。

また、北方陰気の門を開いて、五道冥官《ごどうみょうかん》やその眷属らが太歳神のもとに出入りする時のことを「太歳後」というのである。

このように、太歳神には前後対位の相というものがある。これらの日々のうち、避けて逃れるべき日のことを、二十四梢《しょう》の凶会《くえ》日という。

次に、この凶会日のことを明らかにするであろう。

太歳神の方位表

		期間
○春三月	太歳前	壬子から五日　辛卯から十五日
	太歳後	丙午から六日　丁巳から六日
	太歳対	甲戌から六日　乙酉から六日
	太歳位	甲子から十日　庚辰から五日　癸亥から一日
○夏三月	太歳前	甲戌から六日　乙酉から六日
	太歳後	甲子から十日　庚辰から五日　癸亥から一日
	太歳対	丙午から六日　丁巳から六日
	太歳位	壬子から五日　辛卯から十五日
○秋三月	太歳前	丙午から六日　丁巳から六日
	太歳後	辛卯から十五日　壬子から五日
	太歳対	甲子から十日　庚辰から五日　癸亥から一日
	太歳位	甲戌から六日　乙酉から六日
○冬三月	太歳前	甲子から十日　庚辰から五日　癸亥から一日
	太歳後	甲戌から六日　乙酉から六日
	太歳対	辛卯から十五日　壬子から五日
	太歳位	丙午から六日　丁巳から六日

六十干支

年月日時を表すための干支は、十種の干と十二種の支の組み合わせからなる。この十と十二の最小公倍数は六十になる。干支を、この六十通りに組み合わせたものが別表の六十干支で、これさえあれば、年月日時、すべての時間を記載することができる。

太歳位	太歳対	太歳位	太歳対	太歳前	太歳後	太歳前	太歳後	太歳位
1甲子 2乙丑 3丙寅 4丁卯 5戊辰 6己巳 7庚午 8辛未 9壬申 10癸酉	11甲戌 12乙亥 13丙子 14丁丑 15戊寅 16己卯	17庚辰 18辛巳 19壬午 20癸未 21甲申	22乙酉 23丙戌 24丁亥 25戊子 26己丑 27庚寅 28辛卯 29壬辰 30癸巳 31甲午 32乙未 33丙申 34丁酉 35戊戌 36己亥 37庚子	38辛丑 39壬寅 40癸卯 41甲辰 42乙巳	43丙午 44丁未 45戊申 46己酉 47庚戌 48辛亥	49壬子 50癸丑 51甲寅 52乙卯 53丙辰	54丁巳 55戊午 56己未 57庚申 58辛酉 59壬戌	60癸亥

太歳神前後対位と六十干の対応表

さらに、干支には、それぞれ単独の意味と、組み合わせによって生じる派生的な意味があるので、その意味を突きつめていくと、本来、均質で無個性のはずの時間に、表情豊かな個性が生まれ、運命的な誘導が生まれてくるというのが、陰陽道も含めた東洋占術の考え方なのである。

陰陽道占術の本質は、究極のところ、この六十種類の干と支の組み合わせの意味と働きに尽きる。その働きを理解するためにもろもろの理論があり、その結果としての吉凶があるわけである。第三巻では、この六十干支の働きに関する説が、種々、解説されている。江戸時代の暦注・雑占《ざっせん》にはない部分もたくさんあり、陰陽道占術の特徴が随所で発揮されている。楽しみながら読み進めていただきたい。

51	41	31	21	11	1
甲寅	甲辰	甲午	甲申	甲戌	甲子
52	42	32	22	12	2
乙卯	乙巳	乙未	乙酉	乙亥	乙丑
53	43	33	23	13	3
丙辰	丙午	丙申	丙戌	丙子	丙寅
54	44	34	24	14	4
丁巳	丁未	丁酉	丁亥	丁丑	丁卯
55	45	35	25	15	5
戊午	戊申	戊戌	戊子	戊寅	戊辰
56	46	36	26	16	6
己未	己酉	己亥	己丑	己卯	己巳
57	47	37	27	17	7
庚申	庚戌	庚子	庚寅	庚辰	庚午
58	48	38	28	18	8
辛酉	辛亥	辛丑	辛卯	辛巳	辛未
59	49	39	29	19	9
壬戌	壬子	壬寅	壬辰	壬午	壬申
60	50	40	30	20	10
癸亥	癸丑	癸卯	癸巳	癸未	癸酉

六十干支表

太歳神の前後対位

さて、第三巻冒頭の「太歳神前後対位の事」は、六十日で一巡する六十干支を前・後・対・位の四つの相に区分したもので、六十干支の番号を付して整理すると別表（太歳神前後対位と六十干支の対応表）のようになる。この前・後・対・位の四つの時期ごとに、太歳神はその座所《ざしょ》を変え、天刑《てんぎょう》星の法を行じると『簠簋内伝《ほきないでん》』は記す。天刑星の法とは、森羅万象《しんらばんしょう》を監視し、不正や曲直《きょくちょく》を正す法のことと思われる。太歳神がいわば天界の司法官となるのである。この期間のことを太歳位という。

次に太歳神は、東宮殿に移って玉女神と憩う。男女の秘め事により、もろもろのものを生み出す期間と考えていいだろう。これを太歳対という。

次に、太歳神の宮殿の陽門（南門）を開いて、諸神を集める。「天子は南面す」といって、王や皇帝は南方と向き合うように宮殿をかまえ、政務を行った。陽門（南門）を聞くというのは、太歳神が諸神を集めて天の政務を行うということであり、また、世界のために陽気を聞き、徳をほどこし、生命エネルギーを与えるという意味でもある。この期間のことを太歳前という。

次に、太歳神の宮殿の陰門（北門）を開いて、五道冥官の出入りを許す。五道冥官とは、あの世の役人のことで、衆生《しゅじょう》の行いを審判し、死をつかさどる。この期間のことを、太歳後というのである。

以上の四つの太歳神の相が六十日ごとにくりかえされ、さらに季節によって循環の仕方が変わるというのが、この「太歳神前後対位の事」の内容である。

では、この前後対位の日々に対し、人間はどのように生活すればよいのか。次に『簠簋内伝』は、それについての説明に移る。それが、次項の「十二月凶会日の事」である。

上：太歳神　『中国神仙図案集』
下：中国で用いている太歳符。平安無事を保ち、自ずから吉がやってくるという　『霊験神符大観』

【十二月凶会日の事】

娑婆と冥土《めいど》の境に、広大な山河が広がっている。山は名づけて死出山《しでのやま》といい、河は名づけて三途川《さんずのかわ》という。

この山と河の間に、非常に高くて太い鉄樹《てつじゅ》が生えており、その下に二十四本の梢《こずえ》が生えている。すべて刀剣の林である。二十四稍《しょう》（梢）の凶会《くえ》とは、この二十四本の刀剣の林の名前のことである。

かの鉄樹の花が開くとき、太歳神とその眷属たちが、それぞれこの刀剣の林に下向し、太歳会をお勤めになる。そのとき、天上天下の諸神祇や三途八難の冥官冥衆《みょうかんみょうしゅ》も、太歳神にしたがってことごとくかの林に結集し、人間世界の一切の衆生のすべての幸福や、天佑や、祝言《しゅうげん》などを停止《ちょうじ》する。この法会のことを、名づけて凶会日というのである。はなはだ深秘《じんぴ》の教えである。この凶会日を、しっかりと禁ずべきである。

もしこの凶会日の法を用いない人があるなら、その人は必ず災禍に出会い、たちまち身を覆し、命を断つこと必定《ひつじょう》である。

二十四稍凶会日の意味

○三陰　この日、衣服を裁つことがあれば、患いつく。
○陰錯《しゃく》　この日、死者を弔えば、死人に憑依《ひょうい》される。
○陽錯　この日は病人のもとをたずねてはならない。
○陰道　この日は掃除をしてはいけない。
○衝陽　この日は公事を勤めてはならない。
○絶陰　この日は嫁取りに関することを行ってはならない。
○絶陽　この日に結婚式を挙げてはならない。
○単陰　この日は新米を食べてはいけない。
○単陽　この日は財宝を出してはならない。
○陰位《おんい》　この日は病人のいる家に行ってはいけない。
○狐辰《こしん》　この日は不浄のことを行ってはならない。
○歳博《さいはく》　この日、仏神に祈ってはならない。
○了戻《りょうるい》　この日、解除《はらい》（祓い）を行ってはならない。
○遂陳《ついじん》　この日は仏神を拝してはいけない。

○行狼《ぎょうろう》　この日、種蒔きをしてはならない。
○陰陽交破　この日の嫁取りは凶。
○陰陽衝撃　この日、人や家畜を叩いてはならない。
○陰陽倶錯《くしゃく》　この日の外出を深く忌む。
○陰陽衝破　この日は使用人を使ってはならない。
○陰錯了戻　この日、仏法に関することを行うことをはなはだ忌む。
○陰錯絶陽　この日は建築に関することを忌む。
○狐辰了戻　この日、仏法に関することを行うことをはなはだ忌む。
○陽破陰衝　この日、生き物を殺傷してはならない。
○陰錯狐辰　この日は訴訟を起こしてはならない。

右の日取りの説は、灌頂壇において特別に授与すべきものである。この法を求める者に対しては、文章の各段に示された内容にしたがって、新たに日を選定して与えなさい。決して粗雑に扱ってはならない。

十二凶会日表

正月	辛卯＝三陰　庚戌＝陰錯　甲寅＝陰錯
二月	己卯＝陰道・衝陽　乙卯＝陽錯　辛酉＝陰錯
三月	甲子・乙丑・丙寅・丁卯＝絶陰　戊辰＝単陰　壬申＝狐辰　庚辰＝陰位　甲申＝行狼　丙申＝了戻　甲辰＝陰錯　戊申＝狐辰　庚申＝陰錯　癸亥＝絶陰
四月	戊辰＝絶陰　己巳＝陰錯絶陽　辛未＝狐辰　癸未＝狐辰　乙未＝行狼　己亥＝陰陽衝破　丙申＝歳博　丁巳＝陽錯　戊午＝歳博　己未＝陰錯狐辰　丁未＝陰錯了戻　癸亥＝陰陽交破
五月	丙午＝陰陽倶錯　壬子＝陰陽衝撃　戊午＝陰陽倶錯
六月	己巳＝陰陽倶錯　戊午＝遂陳　丁未＝陽錯　癸丑＝陽破陰衝　丁巳＝陰錯　丙午＝遂陳　己未＝陽錯
七月	乙酉＝三陰　甲辰＝陰錯　庚申＝陽錯
八月	己酉＝陰道衝陽　乙卯＝陰錯　辛酉＝陽錯
九月	丙寅＝狐辰　甲辰＝陰位　戊寅＝狐辰　庚寅＝行狼　辛卯＝絶陽　戊戌＝単陽　壬寅＝了戻　庚戌＝陽錯　壬辰・癸巳・甲午・乙未・丙申・丁酉＝絶陽　申寅＝狐辰陰錯
十月	乙丑＝狐辰　己巳＝陰陽衝撃　丁丑＝狐辰　戊戌＝絶陽　丁巳＝陰陽交破　己丑＝狐辰　己亥＝絶陽　辛丑＝行狼　壬子＝歳博　癸丑＝陰陽交破
霜月	戊子＝陰陽倶錯　丙午＝陰陽衝撃　壬子＝陰陽倶錯
雪月	戊子＝遂陳　丁未＝陽破交破　癸丑＝陽錯　壬子＝遂陳　癸亥＝陰錯

二十四稍凶会日

一年を支配する最も有力な神である太歳神は、六十日を一区切りとして、前・後・対・位という四つの相をとりながら、座所を変えていく。その太歳神の巡幸《じゅんこう》のうち、冥府の刀剣林において太歳会を行う日が定められており、それがここに出る凶会日だと、『簠《ほ》簋《き》内伝《ないでん》』の著者はいう。

地獄の針山　『白話玉暦』

列挙された悪日は、いずれも陰陽道の干支術から割り出されたもので、一部は今日でも四《し》柱推《ちゅうすい》命《めい》などの占術に用いられているが、さほど重視されるものではない。

ただし、文字面《づら》のおどろおどろしさや、仏教とからめた縁起の不気味さから、古代ではそれなりに重視されたものだろう。この凶会日も具注暦に見える。

仏教との交渉

この項目の最後に、「右の日取りの説は、灌頂壇において特別に授与すべきもの」との断りがついている。灌頂壇とは、密教修行者が師から印可《いんか》をもらう儀礼の場だから、『簠簋内伝』の第三巻以降を著したのは、陰陽道を学んだ法師陰陽師である可能性が高い。太歳神にまつわる謎めいた物語も、仏教と陰陽道の接点で編み出され、口伝として語り伝えられたものだろう。

師から伝授を受けよといった表現は、以後もたびたび出てくる。中世において、陰陽道占術が、師《し》資《し》（師匠と弟子）相承《そうじょう》の秘伝として扱われていたことがわかる。

【大将軍遊行の事】

甲子《きのえね》の日より東宮に遊ぶこと五日、己巳《つちのとみ》の日に本宮に帰還する。
丙子《ひのえ》の日より南宮に遊ぶこと五日、辛巳《かのと》の日に本宮に帰還する。
戊子《つちのえ》の日より中宮に遊ぶこと五日、癸巳《みずのと》の日に本宮に帰還する。
庚子《かのえ》の日より西宮に遊ぶこと五日、乙巳《きのと》の日に本宮に帰還する。
壬子《みずのえ》の日より北宮に遊ぶこと五日、丁巳《ひのと》の日に本宮に帰還する。

右の説とは、たとえ三年の間、大将軍の塞がりがあるとしても、四方の遊行のことをよく考えて、速やかに越境《おっきょう》させるべきだということである。その際は、よく師の教えにしたがわなければならない。

三年塞がりから除外される方位

大将軍は第一巻で登場した八将神のうちの一神で、金星の精をいう。

『簠簋内伝』の解説部分は、「右今の案《かんがえ》は、喩《たと》い三歳居坐《きょざ》と相定めると雖《いえど》も、四方の遊行を鑑《かんが》みて、急速に越境《おっきょう》せしむべし。但し師伝に准附《じゅんぷ》すべし」（原漢文）となっており、意味がとりにくい。

大将軍は一つの方位に三年居座る。これを「三年塞がり」という。たとえば寅・卯・辰の三年は子の方が大将軍の本宮となり、この三年は北方の「亥＝北々西　子＝真北　丑＝北々東」の方位を忌むことになる。しかしそのときでも、たとえば甲《きのえ》子の日から五日間は、東宮に遊行して本宮の北方にはいないので、北方が使えるようになるわけである。

ただし、たとえ遊行期間であっても、本宮中央の方位（真北の子、真東の卯、真南の午、真西の酉）は、用いてはならない禁忌の方位とされている。そこで、右の例の場合、期間限定で使えるのは、亥と丑ということになる。表にすると、右のようになる。

なお、遊行期間は塞がり方の一部が使えるが、遊行している方位は大将軍がいるので、当然、塞がり方となる。たとえば、寅の年の甲子から五日間は、遊行している東方、および本宮である北方中の真北（子）が塞がりの方位になるわけである。「右今の案」云々《うんぬん》の文は、こうした遊行のルールをよく考え合わせて、塞がりの方位から速やかに越境させせよということだろう。

将軍神の紙銭（死者供養のために燃やして天界に送る冥府用の模擬紙幣）

年	本宮	遊行期間	使える方位
寅・卯・辰年	北（亥・子・丑）	甲子・丙子・戊子・庚子→五日	亥・丑
巳・午・未年	東（寅・卯・辰）	丙子・戊子・庚子・壬子→五日	寅・辰
申・酉・戌年	南（巳・午・未）	甲子・戊子・庚子・壬子→五日	寅・辰
亥・子・丑年	西（申・酉・戌）	甲子・丙子・戊子・壬子→五日	寅・辰

大将軍遊行日表

【土公の出入りは居坐の大土・小土に依る事】

○春・戊寅《つちのえとら》日から六日間は、土公《どこう》は東宮青帝青龍王の宮殿に遊行する。この間は小土《こづち》小吉。
その後、甲申《きのえさる》の日に本宮に帰る。それから十日の間は大土《おおつち》悪日。
○夏・甲午《うま》日から六日間は、土公は南宮赤帝赤龍王の宮殿に遊行する。この間は小土小吉。
その後、庚子《かのえね》の日に本宮に帰る。それから八日の間は大土悪日。
○秋・戊《つちのえ》申日から六日間は、土公は西宮白帝白龍王の宮殿に遊行する。この間は小土小吉。
その後、甲寅の日に本宮に帰る。それから十日の間は大土悪日。
○冬・甲子日から六日間は、土公は北宮黒帝黒龍王の宮殿に遊行する。この間は小土小吉。
その後、甲午の日に本宮に帰る。それから八日の間は大土悪日。

土公神が本宮に座を占めている期間は、土を耕したり掘ったりなどの土いじり（犯土）と殺生はしてはならない。たとえ土用のうちであっても、土公の遊行日であれば、この法を守るべきである。この土公遊行のことを、世間の人が言い改めて、大土・小土の日があるといっているが、このことは、もっぱら口伝にしたがうべきである。

土公と土母　『中国神仙図案集』

土公神とは何か

土公神は〝どくじん〟とも〝どこうじん〟とも読む。陰陽道では非常に重視した神で、土の守護神とされる。なかなかユニークな神で、もともとは地下にいるが、決まった日に地上に出て決まった方向に遊行し、地上散策を楽しんだ後、また地にもぐりこむのだという（土公神については次項も参照のこと）。

ここでは日の吉凶として述べられているが、土公神は元来は方位の神で、春の戊寅《つちのえとら》日から六日間は、真東（東宮青帝青龍王）の方位を忌み、夏の甲午《きのえうま》日から六日間は真南（南宮赤帝赤龍王）の方位を忌み、秋の戊申《さる》日から六日間は真西（西宮白帝白龍王）の方位を忌み、冬の甲子《ね》日から六日間は真北（北宮黒帝黒龍王）の方位を忌む。『暦林問答集』は、この方位説のみ記している。

また、地上から本宮（辰・丑・未・戌の黄帝黄龍王の支配地）に帰っている期間は、「大土悪日」だから、犯土・殺生は厳に戒めるようにというのである。

土公の略説

『簠簋内伝《ほきないでん》』では、右のように詳細な犯土のルールを定めているが、後世にはより簡略化された説が流布された。『万暦大成』から引いておく。

「犯土のことについては諸説があるが、いずれも憶説ばかりで用いるにたらない。ただ、土を犯すことを忌むべきだという理由から、犯土と名付けたというのが穏当《おんとう》だろう。いずれの年、いずれの季節であっても庚《かのえ》午日から七日間を大土とし、八日目の丁《ひのと》丑の日を間日《まび》（神の休息日、災いの心配がないとされる。73ページ参照）として、次の戊寅の日から七日間を小土とする」

【土公変化の事】

○春三月《みつき》は竈《かまど》に在り。龍は南北東西に臥《ふ》す。
○夏三月は門に在り。龍は北南西東に臥す。
○秋三月は中に在り。龍は東西南北に臥す。
○冬三月は庭に在り。龍は西東南北に臥す。

右の説は土公の四時《しいじ》の変化《へんげ》である。この土公という神は、三千大千世界の主《ぬし》、堅牢大地神である。いわゆる土公の変作《へんさ》とは、季節にしたがって土公が安座する竈・門・井戸・庭の舎宅のことである。このゆえに、安座の地を犯さない。

また、龍臥《りゅうが》の変化とは、腹・背・頭・足の四つの威儀《いぎ》のことである。柱立てには一、二、三、四の相承がある。肝要《かんよう》のことである。

宅地内の土公神の座所

前項では、四季ごとの土公の座所を定めているが、これとは別に、家の中における土公の鎮座場所も決められていた。中国から伝来したもので、春三月（寅・卯・辰月）には竈、夏三月（巳・午・未月）には門、秋三月（申・酉・戌月）には井戸、冬三月（亥・子・丑月）には庭に鎮座していると考えられたのである。

そこで、春には竈の造作や作り替えを禁じ、夏には門や入り口の普請《ふしん》を禁じ、秋には井戸の普請や井戸浚《さら》いを禁じ、冬には庭の造作を禁じた。いずれも土公神に対する不敬を恐れたものである。

『暦林問答集』には、こう記されている。

「土公が春夏秋冬の四時に所在している場所は犯してはならない。ただし、庭は土いじりをしても土公から咎めを受けることはない。また、『尚書暦《しょうしょれき》』には、『正月の丑の日に丑の方の土を取ると家長が殺される。二月巳の日に巳の方の土を取り、三月の酉の日に酉方の土を取っても、右と同じことが起こる。四月の寅の日に寅方の土を取ると、子どもが殺される。五月の午の日に午方の土を取ると、やはり家長が殺される。六月の戌の日に戌方の土を取り、七月卯の日に卯方の土を取り、八月未の日に未方の土を取り、九月亥の日に亥方の土を取っても同様である。十月の辰の日に辰方の土を取ると六畜が害される。十一月の申の日に申方の土を取ると大凶。十二月の子の日に子方の土を取ると子孫が害される。土公土府《どふ》の所在は、明らかにこれを避けるべきである』とある」

生活の場に最も密着した神だけに、土公に対する禁忌は厳しく、中国でも日本でも、各家庭で必ず土公を祀った。『万暦大成』では、土公をこう説明している。

上：堅牢地神　下：堅牢后

「暦《こよみ》に、土公――春は竈、夏は門、秋は井戸、冬には庭――と記されている。これは堅牢地神のことである。頭の上に大地を戴せて、さまざまな不浄をその身に受け、三熱の苦しみがあるため、心が荒々しく、怒りを抱き、姿かたちは恐ろしく、咎めの多い神だとの説がある。奇怪な妄説である。信じてはならない。そもそも土公神とは土を守る神であるから、これを敬い、祭るのである。

家内では竈を土公神として祭り、土の徳を崇《あが》める。これを竈神《かまどがみ》とも荒神ともお呼びしている、どうして猛悪の神であるべきわけがあろうか。五穀百果《ひゃっか》は土の徳がなくて生じる道理がない。人間が生命《いのち》を保ちうるのも、ひとえに土の賜物《たまもの》なのだから、土を崇敬せずにいられるわけはないのである。（略）土神に対しては、年中、青松や榊《さかき》を立て、清らかに祓い浄め、朝暮れ灯明を捧げて、家内安全・家業繁盛を祈るべきものである。かりそめにも刃物を近づけたり、不浄のものを置いたりしてはならない」

土中の伏龍の口伝

『簠簋内伝《ほきないでん》』では、竈以下の四季の座所のあとに、「龍は南北東西に臥す」などの不思議な文章が続いている。これは土公に関する神秘説の中でも最もおもしろいもので、土公の化身《けしん》である龍が、宅地のどの方位に寝そべっているかを、①腹、②背、③頭、④足の順で示したものである。

大地には龍が横たわっている。この龍の動静を読み取る術が風水《ふうすい》だが、日本ではついに本格の風水は行われず、簡略化されたもののみが使われた。大地に龍が横たわっているなら、宅地にも目に見えない龍がいることになる。この龍は、季節によって動き回る。その動き回るさまを示したのが龍臥以下に記された四方位で、たとえば春の「龍は南北東西に臥す」なら、①腹は南、②背は北、③頭は東、④足は西に向いていると読み、夏の「龍は北南西東に臥す」なら、①腹は北、②背は南、③頭は西、④足は東に向いていると読むわけである。

なぜこんな奇妙な知識が必要なのかというと、家の柱を建てるとき、龍の頭と足と背にあたる方位に建てると凶相の家となり、腹に建てると、よろずの福が集まってくるとの俗信があったからである。

そこで春なら、腹のある南に柱を立てることが吉運を招くポイントになり、夏なら北に柱を立てるのが吉と判断したのである。建築関係の陰陽道説で、これは江戸時代まで行われていた。この説は第四巻にも出てくる。

【土公追加】

追加していう。四季の土用ごとに、犯土の寸法が異なる。

○春季（辰月）は土公が九尺《しゃく》の底に沈みたまう。
○夏季（未月）は土公が三尺の底に沈みたまう。
○秋季（戌月）は土公が七尺の底に沈みたまう。
○冬季（丑月）は土公が一尺の底に沈みたまう。

右の四季のうち、冬季を第一に慎むべきである。そのわけは、冬季は水土一体《すいどいったい》だからで、土の働きが旺盛になるという意味で、冬をたとえて「王分《おうぶん》」というのである。とはいっても、四季のすべてにわたって犯土を戒めるわけではなく、五行の木の季節である春は木を切らず、五行の火の季節である夏は火を放たず、五行の金の季節である秋は刀を沈めず、五行の水の季節である冬は堰を上げない。ただ四季のうちの土用の時期のみ、厳重に犯土を戒めるのである。

大聖文殊がこういっている。

「木性の人は一尺、火性の人は八寸、水性・土性の人は一尺一寸、金性の人は七尺二分《ぶ》である。もしこの掟に背き、右に記した寸法より深く土を犯せば、五土公がその者の頭を裁断するであろう。そうして大禍をこうむることになるのである」

犯土の寸法

犯土の寸法とは、土を掘り返す場合に、ここまでなら掘っても大丈夫とされる深さのことで、前項の龍臥説と並んで、これも現代では完全に失われた俗信である。

先に述べたように、土公は地面の下に潜っている。その潜っている場所の土を掘るということは、土公の頭上を騒がし、場合によっては土公の頭を鍬《くわ》などで傷つけることを意味する。それを避けるために、土公が潜んでいる場所までの寸法を、四季ごとに定めたのである。今、自分が掘っている土の下何尺のところに神がいるというのは、実におもしろいイメージだが、こうした突拍子もない指示が、果たしてどれだけ守られたのかは不明だ。

なお、四季によって深さに差をつけているが、これは五行の土と他の五行との相生・相剋関係によって犯土の罪の軽重が定められている。

寸法と五行の相生・相剋

『簠簋内伝《ほきないでん》』本文にもあるように、冬季は「王（旺）分」で、土公が最も元気になる。それで、最も地上に近づくのだが、なぜ冬季が王分なのかというと、冬は五行では水であり、水は五行の相剋理論によって土の軍門に下り、支配されるからである（土剋水《どこくすい》）。安倍晴明は、その著『占事略决《せんじりゃっけつ》』で、「水は土の財」と書いている。つまり、水は土が自由に使えるところの財産にあたるわけである。

冬季の次に土公が元気になるのは夏季である。夏季は五行では火で、火は土の母にあたる（火生土《かしょうど》）。つまり夏季は、土が母からたっぷりとエネルギーをもらえるわけで、土公が元気になる道理である。

その次にくるのは秋季である。秋季は五行では金で、金は土が生み出した子にあたり、親である土からエネルギーを奪っていく（土生金《どしょうごん》）。子が親のスネをかじるようなものなので、土は子の金の前では、あまり元気になれない。そこで、深く地中に潜ってしまう。

土公の勢いが最も衰えるのは春季である。春季は五行では木で、木は土の敵にあたる。木は自分が大きく育っていくために、土の養分を容赦なく奪う（木剋土《もっこくど》）。そこで、木の春季になると、土公は木の剋害を恐れて、最も深く地中に潜りこむという理屈になるのである。

大聖文殊について

第三巻以降、文殊の名がしばしば出てくるが、これは文殊が、天文暦道や占星術の祖と見なされ、仏教占星術の根本経典である『宿曜経《すくようきょう》』を説いた菩薩とされているからである。史料が見いだせないので明確な時期は不明だが、遅くとも近世初期までには、晴明を文殊の化身とする説が、仏教系の陰陽家の間で確立していたと思われる。

慶長《けいちょう》年間（一五九六～一六一五）に成立した『簠簋抄』（『簠簋内伝』の注釈書で、その冒頭に序の晴明入唐《にっとう》伝を膨らませた晴明伝がある）によれば、大唐国雍洲城荊山《だいとうこくようしゅうじょうけいざん》のふもとに、伯道上人《はくどうしょうにん》という仙人がいた。この仙人が天地陰陽の究極の理《ことわり》を求めて天竺の聖霊《しょうりょう》山に参り、文殊菩薩から相伝を受けたのが、『仏暦《ぶつりゃく》経《きょう》』三千百巻ないし百六十巻に説かれた天地の理を文殊が結集《けつじゅう》して編んだ『文珠結集仏暦経』で、この書は、後に大唐皇帝の御物《ぎょぶつ》に収まったが、吉備真備が日本にもたらし、紆余曲折を経て安倍晴明に伝えられ、『三国相伝陰陽《さんごくそうでんいんよう》輨轄簠簋内伝金烏玉兎集《かんかつほきないでんきんうぎょくとしゅう》』となったという。

文殊の化身とされる安倍晴明の木像　奈良県桜井市・安倍文殊院蔵

かくして文殊と晴明は、天文暦道を介して接ぎ木されるわけだが、江戸期には、この説がさらに発展していく。その端的な例が、晴明の『七百五十回御神忌留《ごしんきどめ》』に見られる。

そこでは、

「晴明霊社は北斗七星のうちの巨門星《こもん》の精で、文殊菩薩の化身である。ただし、文殊と晴明霊社の因《いん》縁《ねん》については、元祖の安倍大明神（高屋《たかや》大明神＝安倍仲麻呂《なかまろ》）にさかのぼる。元祖が唐に留学したとき、彼の地で文殊の法を授かった。そこで、南都の仲麻呂邸の御廟所に文殊菩薩を安置したてまつり、その所の名を安倍山文殊院と号したのである。その後、晴明もまた安倍山において文殊の法を修得し、この法を尊信《そんしん》した」

として、晴明を文殊の化身にまで昇格させているのである。

実際、江戸期の土御門《つちみかど》家《け》では、晴明の神祭と並行して、仏式の文殊供《く》を執行した。晴明伝説が最も花盛りとなった江戸期には、このように晴明と文殊は切っても切り離せない因縁で結ばれることになるのだが、その直接的なルーツは、『簠簋内伝』の第三巻以降で「大聖文殊」の教えが執拗に強調されたことにあったのではなかろうか。

第三巻以降の内容は仏教色が極めて強く、第五巻は、まるごと仏教占星術といっていい。その仏教占星術の元祖が文殊菩薩だというところから、陰陽道における天文の達人の晴明を文殊菩薩の化身とする説が生み出されたのだろう。今後、中世史料が発掘されていけば、陰陽道と文殊の結び付きの背景も明らかになってくるにちがいない。

なお、「土公追加」の原文はきわめて簡略で、そのままでは意味が通じにくいので、訳出にあたっては、かなり文を補ったことをお断りしておく。

【二季彼岸の事】

二月中気《ちゅうき》の春分と八月中気の秋分の前の三日目に、彼岸《ひがん》（の入り）と暦注を入れるとよい。その日が没日にあたっているなら、四日目を用いる。

彼岸の七日間には、いかなる因縁によって衆人がそろって心に善根を抱くのであろうか。

答えよう。阿弥陀如来と薬師如来は、因円果満《いんえんかまん》の教主である。まず薬師如来とは、東方の因《いん》の曼陀羅《まんだら》、阿弥陀如来は西方の果《か》の曼陀羅であり、両如来は胎蔵界《たいぞうかい》と金剛界の両部《りょうぶ》の日月両輪、事《じ》と理《り》の本尊である。ゆえに、どれほどたくさんの徳を積み重ね、東土の因の地から、果報の西方の地に入ろうと望んでも、上品上生《じょうぼんじょうしょう》の紫磨《しま》黄金の蓮《はす》の台《うてな》に至ること、つまり西方極楽浄土へ往生することは、めったにあるものではない。

しかるに、二月と八月の中気は昼夜の長さが等しく正貞《せいてい》であって、長さが違うということはない。それで、今述べた七日の間、太陽ははるかに薬師の眉間《みけん》の白毫《びゃくごう》瑠璃殿を離れて、西方阿弥陀の上品上生の八葉蓮台《はちようれんだい》に傾きたまう。

こうした因縁があるので、彼岸には、衆生はもっぱら願行《がんぎょう》すべきだというのである。

上：阿弥陀如来　下：薬師如来　『阿娑縛抄』

彼岸説

春分・秋分の日を中日として、その前後三日間ずつの七日間を彼岸の期間とする。この日は太陽が真西に沈む。そこで、右のような説が考案されたのである。

別本には、「この日に仏事を行ったり、善事をなしたり堂塔を建立すれば、一寸の善行で一尺の魔の災難を退ける。（略）だから、一切の衆生は、善根を欣求《ごんぐ》し、彼岸に至るための順縁をあつめようとするなら、この彼岸の期間を最大限に活用すべきである」とある。

とはいっても、彼岸は実は仏説ではなく、中国からの移入行事でもない。祖霊供養などの日本の民間信仰が仏教にとりこまれて彼岸の法会（彼岸会）となり、それが暦《こよみ》にもとりこまれて、種々の説がなされるようになったものである。春秋の彼岸の墓参は、今も行われており、日本を代表する年中行事のひとつになっている。

【四季土用・土用の間日の事】

三月の清明節《せいめいせつ》、六月の小暑節《しょうしょ》、九月の寒露節《かんろ》、十二月の小寒節《しょうかん》の各節十三日目に、土用（の入り）と注記すればよい。もしその日が没日にあたっているなら、十九土用とするべきである。この期間は犯土・造作・殺生・悪行を行ってはならない。

また、春の巳・午・酉の日、夏の卯・辰・申の日、秋の未・酉・亥の日、冬の寅・卯・巳の日を、土用の禁忌をこうむらない間日とするのは、大聖文殊が一切の衆生を哀れんで、土公王子とその部類眷属を自らの住地である清涼山《しょうりょう》にお招きなさるからである。その間は（土公・眷属が世間を留守にするから）、人々は気がねなく土いじりや造作を行ってよい。

土用とは何か

これまでにもたびたび出てきたとおり、四季は木＝春、火＝夏、金＝秋、水＝冬によって表される。つまり、五行のうちの土だけが、抜け落ちる。そこで、各季節が支配する九十一日余（三百六十五日割る四季で九十一日余）の中から、その季節の末期の十八日を「土の支配する期間」とし、これを土神の用いる期間の意味で「土用」と呼んだ。

藤原実資画像　『前賢故実』　国立国会図書館蔵

今日では、夏の土用のみがウナギの日などといわれて残っているが、本来は春夏秋冬の季節の終わりごとに土用があったわけである。

土用には、土を掘ったりいじったりする犯土を禁じ、土公に対する不敬行為を戒めた。そのほかにも種々の習わしがあり、土用入りの日に水浴するのはよいとか、土用期間の灸は土用灸といって、他の季節に行うより著効があるなどともいった。また、農家では土用の三日目をとくに土用三郎と呼び、この日の天気が晴れなら豊作、雨なら凶作と占うことなどが行われた。

ただし、こうした禁忌がさかんになったのは、中世以後と思われる。藤原実資《さねすけ》が、土用の移転の可否について晴明《せいめい》の息子の安倍吉平《よしひら》にたずねたところ、吉平は、「そのような忌みは正式にはとりあげられないものだ」と答えたという。してみると、平安末期の時点では、土用の禁忌は、なお俗説扱いだったのである。

土用期間の定め方

『簠簋内伝《ほきないでん》』本文は、土用の定め方を説明している。ただし、小暑とすべきところを大暑とし、小寒とすべきところを大寒とするなど、誤記が日立つ。また、原文では節から八十三日目となっているが、十三日目が正しい。訳文では、すべて、正しい表記に改めたことをお断りしておく。

右にも述べたとおり、土用は、春の終わりの十八日間、夏の終わりの十八日間、秋の終わりの十八日間、冬の終わりの十八日間の期間をいう。その定め方として、『簠簋内伝』は、三月の清明節（太陽暦の四月五～六日頃）、六月の大暑節（同七月の七～八日頃）、九月の寒露節（同十月の八～九日頃）、十二月の小寒節（同一月の五～六日頃）から数えて十三日目から土用の入りとするとしている。土用は次の季節入りの前日に終わる（土用明け）。すなわち、立春・立夏《りっか》・立秋・立冬の各節の前日に終わるのである。

土用の配当図

本文中の「十九土用」とは、本来の土用期間は十八日間だが、土用の入りが悪日の没日（149ページ）にあたる場合は、一日早く土用入りにして、土用期間を十九日にせよという意味である。中世、没日が深く忌まれていたことがわかる。

【半夏生】

五月中気の十一日目に、暦《こよみ》に半夏生《はんげしょう》と注記するといい。この日は不浄を行ってはならない。婬欲《いんよく》のことを犯してはならない。また、五辛《ごしん》や酒肉を飲食《おんじき》してはならない日である。

毒草がはえる時期

半夏生とは、半夏（カラスビシャク）という毒草が生える時期という意味で、天から毒気《どっけ》が降るとか、地が毒を含んで毒草を生やすなどの俗信があった。旧暦では五月だが、今日の新暦では七月二日ころの梅雨の終期になる。この時期のうち、太陽が黄経《こうけい》一〇〇度を通過した日のことを半夏生と呼んでいる。天文とからめた雑節《ざっせつ》の一種で、夏至から十一日目にあたるため、『簠簋内伝《ほきないでん》』は右のように記しているのである。

農家では、この半夏生の前に田植えを済ませなければならないという習わしがあり、この日を重要な農事の節目とした。

【三伏日の事】

六月節の小暑がきて最初の庚《かのえ》の日を初伏《しょふく》といい、中の庚を中伏といい、最後の庚を末伏という。これらは極熱熾盛《しじょう》の日である。五穀の種を蒔かない。あるいは立秋の最初の庚を末伏にあてるのが正統であろうか。

三伏日の配当図

三伏日とは何か

旧暦六月は未月で、火＝夏の五行の最後の月にあたる。その火の五行の中の庚（金）は、五行の相剋理論により、火剋《かこく》金《ごん》と火に剋害《こくがい》される。そこで、庚の日を忌み、この日の種蒔きや外出、療養などを嫌ったのである。

三伏《さんぷく》の暦注は古く、日本最古の具注暦にすでに登場しているから、平安時代からの暦注である。香港や台湾の暦本では、今でも三伏を載せている。三伏の撰日法については、以下のような説がある。

①五月中気の夏至《げし》の後の三回目の庚の日を初伏、その次を中伏とし、立秋以後、最初の庚を末伏とする。
②夏至の後の三回目の庚の日を初伏、次を中伏、次を末伏とする。
③六月小暑の節以後、最初の庚の日を初伏とし、次の庚を中伏、次を末伏とする。
『簠簋内伝《ほきないでん》』の説は右の③にあたるが、末尾で①についても言及している。「極熱熾盛の日」というのであれば、五行的には、来月より盛夏の真っただ中の旧暦五月の午月がふさわしい。つまり、①説のほうが正統だと思うのだが、いかがなものであろうか。

【五宝日の沙汰の事】

甲《きのえ》・乙《きのと》は木《もく》、寅・卯は木。
丙《ひのえ》・丁《ひのと》は火《か》、巳・午は火。
戊《つちのえ》・己《つちのと》は土《ど》、丑・未・辰・戌は土。
庚《かのえ》・辛《かのと》は金《ごん》、申・酉は金。
壬《みずのえ》・癸《みずのと》は水《すい》、亥・子は水。

五宝というのは、干と支が和合して、そこに相剋・相生が生じる。これは清濁の二つの法である。この法によって、保《ほう》・儀《ぎ》・専《せん》・制《せい》・伐《ばつ》の五宝日を撰定するのである。仏教経典では、これを不殺生・不偸盗《ちゅうとう》・不邪淫・不妄語・不飲酒《おんじゅ》の五戒といい、儒教経典では、仁・義・礼・智・信の五常という。

「保」は君主の踏むべき道である。「儀」は臣下のとるべき礼である。「専」は合と不合の意味である。「制」は刑罰によって戮《りく》することである。「伐」は反復の意味である。

相剋と相生のことについては、師伝によって考え理解すべきものとする。

五種の相生とは、木生火《もくしょうか》、火生土《かしょうど》、土生金《どしょうごん》、金生水《ごんしょうすい》、水生木《すいしょうもく》。

五種の相剋とは、木剋土《もっこくど》、土剋水《どこくすい》、水剋火《すいこくか》、火剋金《かこくごん》、金剋木《ごんこくもく》。

《保日》　保《ほう》日とは、天干から地支に相生することをいう。ゆえに上和《じょうわ》日という。

君子が臣下を慈しむがごとき日のことである。ゆえに仏・法・僧の三宝への奉仕、主君への拝請《はいしょう》、対面、出仕、訴訟、降参、入学、授師などにもっぱら吉である。八保日というのは、庚子から数え始める。なお、五宝とも牛・龍・犬・馬の四種の畜類は、これを用いないものであろう。

《儀日》　儀日とは、地支から天干に相生することをいう。ゆえに下睦《げぼく》日という。

地が天を生む姿は、臣下が主君を褒めたたえるに似る。ゆえに、主君から忠勤の恩賞を賜り、所領をいただき、官禄にあずかり、あるいは主君が敵国攻めを企《くわだ》てて合戦を仕向けても、臣下が背くことはなく、必ず勝利をおさめるのである。八儀日というのは、甲子から数え始める。なお、五宝とも牛・龍・犬・馬の四種の畜類は、これを用いないものであろう。

《専日》　専日とは、天干と地支に同じ五行が重なる日のことをいう。これを合不合《ごうふごう》日という。

君と臣とが並ぶ日である。ゆえに嫁取り、結婚、使用人や牛馬六畜の売買、出納《すいとう》、売り買いを忌む。同様に、願い始め、護摩《ごま》、灌頂《かんじょう》、堂塔の建立や供養・祖先などの供養、入仏《じゅぶつ》・遷宮は特別に深く忌む。八専日というのは、壬子から数え始める。この日については暦《こよみ》に記載がある。

《制日》制日とは、天干から地支を剋する日のことである。ゆえに上恙日《じょうしん》という。

君子が臣下を制するがごとき日である。ゆえに仏・法・僧の三宝への奉仕、主君への拝請、出仕、対面、訴訟、降参、入学、授師などにこの日を用いるのを、もっぱら忌むのである。八例日というのは、戊子から数え始める。牛・龍・犬・馬の四種の畜類は、ともにこの制日に背く。

《伐日》伐日とは、地支より天干を剋する日のことである。ゆえに下逆《げぎゃく》日という。

臣下が君子の地位を覆すがごとき日である。ゆえに、君主が臣下の忠勤を賞したり、官禄を施し、あるいは敵国攻めを企てて合戦を仕向けても、そのとき臣下が反逆するので、勝利を得ることはできない。八伐日というのは、丙子より数え始める。

五宝日とは何か

五宝日とは六十干支の組み合わせの天干（十干）と地支（十二支）を、それぞれ五行に変換した上で、天地の相生・相剋によって五種にグループ分けした日のことをいう。グループによって、その吉凶や意味するものは異なるが、基本的には相生を吉と見、相剋を凶とする。干支のこうした分類法は干支術の基本中の基本で、晴明《せいめい》が用いていた六壬占《りくじんせん》をはじめ、種々の中国占術で常用する。

保・儀・専・制・伐

保日とは、その日の干支のうちの天干が地支を相生する関係になっている日のことで、たとえば庚《かのえ》子《ね》の日は、天子の庚が五行の金、地支の子は五行の水で、金は水を生む（金生水）から、庚子は天干が地支を相生する日といえる。天が地を生むので、「君子が臣下を慈しむがごとき日」というのである。

この保日は、庚子・壬寅《みずのえとら》・癸卯《みずのとう》・乙巳《きのとみ》・丁未《ひのとひつじ》・戊申《つちのえさる》・己酉《つちのととり》・辛亥《かのとい》の八日を指す。これ以外にも甲午や丁丑が、天干が地支を相生する関係になっているが、牛龍犬馬の四種の畜類は用いない（原文は「牛龍犬馬の四畜を得ざるものか」）とあるから、地支のうちの丑・辰・戌・午は、保日には含めないのである。

次に儀日とは、保日の逆の形で、地支から天干を相生する。たとえば甲《きのえ》子は天子が木、地支が水で、水生木と地から天を生じる。地が天を生じるので、「臣下が主君を褒めたたえる」というのである。甲子・丙《ひのえ》寅・丁卯・己巳・辛未・壬申・癸酉・乙亥の八日が、この儀日にあたる。右の保日と同様、牛龍犬馬の四種の畜類の支の日は用いない。

次に専日とは、天干・地支が同一の五行のことで、干支術でいう比和《ひわ》の関係である。この関係のときは、その五行の力が非常に強まる。そこで、運命術の類いでは、必ずしも凶暗示とは見ず、かえって好暗示とするケースも少なくない。しかし、陰陽五行論の立場でいえば、五行は偏らずにバランスがとれた状態を吉とするので、専日のように気が偏ると種々の災いが起こると考える。『簠簋内伝《ほきないでん》』の記述もこの考えにもとづいており、訳文のような禁忌が掲げられている。

八専日とは、壬子・甲寅・乙卯・丁巳・己未・庚申・辛酉・癸亥の八日。第二巻の166ページを参照のこと。なお、ここでも牛龍犬馬は除外されることになる。

次に制日とは、五行の相剋関係のうち、天干が地支を剋す日をいう。たとえば戊子は、戊が土、子が水で、土と水は土剋水の関係になるから制日に該当するわけである。戊子・庚寅・辛卯・癸巳・乙未・丙申・丁酉・己亥の八日が制日となる。

最後の伐日は、制日とは逆に、地支が天干を剋す日で、いわゆる〝下剋上《げこくじょう》〟が、この伐日にあたる。たとえば丙子は、丙が火、子が水で、水剋火の関係になる。そこで伐日にあてるわけである。丙子・戊寅・己卯・辛巳・癸未・甲申・乙酉・丁亥が伐日となる。

【五掟時の事】

右の説は五宝日に準じて考えるとよい。撰日に五宝があり、撰時に五掟《ごてい》がある。相剋と相生によって、この五掟が定まるのである。師の教えによって理解せよ。

「立《りつ》」とは、諸神が国土を建立する時をいう。ゆえに堂塔を造り、柱を立て、棟上げを行うなどのときに、この時を用いる。

「命」とは、諸神が衆生に哀憐《あいれん》の心を発する時である。ゆえに三宝への奉仕、出仕、対面、立願《りつがん》、祈念を始めるには、この時を用いると吉《よ》い。

「罰」とは、諸神が怒りを発する時である。ゆえに善事を為すときにはこの時を厭《きら》い、悪事を為すときにはこの時を用いる。

「刑」とは、諸神が入滅《にゅうめつ》する時である。ゆえに、この時には仏神にものを申し上げてはならない。ただし入仏・遷宮等には用いて吉である。

「徳」とは、諸神が一切の衆生に幸福・天佑をお授けになる時である。ゆえに万事に用いて吉である。

五行	時	日	甲乙	丙丁	戊己	庚辛	壬癸
木	寅	卯	立	徳	刑	罰	命
火	巳	午	命	立	徳	刑	罰
土	丑辰	未戌	罰	命	立	徳	刑
金	申	酉	刑	罰	命	立	徳
水	亥	子	徳	刑	罰	命	立

五掟時表

五宝日の時間版

本文で「五宝日に準じて考えよ」といっているとおり、この五掟時は、五宝日を時間にスライドさせたもので、

○立＝専
○命＝保
○罰＝制
○刑＝伐
○徳＝儀

のように対応する。ただし、両者を読み比べていただくとわかるように、吉凶がひっくりかえっているものすらあり、解釈に整合性を欠いている。三巻には論理性がないといわれるゆえんである。

ここで五掟といっているのは、ある五行が生まれるとき（立）、成長・発展するとき（命）、衰え始めるとき（罰）、滅びるとき（刑）、再生のサイクルに入るとき（徳）のことである。五行のこうした見方自体は、陰陽道に限らず、干支術の根本理論のひとつとなっており、年月日時のすべてにわたってこの法を活用する。ただし、その解釈・応用は一様ではなく、また、右のような簡略なものでも、不整合なものでもない。ここでそれを述べると長くなるので割愛するが、五行関連書には必ず記載があるから、詳しく知りたい方はそちらを参照してほしい。

十二支による時間の読み方

ここで十二支による時間の読み方を、まとめて説明しておく。

旧式の時刻の定め方はかなり複雑で、今とは大いに異なっている。最も厄介《やっかい》なのは、今日の定時法のように一時間が六十分と定まっていたわけではないという点である。定時法が採用される以前は、明け六つと暮れ六つを昼夜の境とし、それぞれ六等分したもののトータルが一日であった。そのため、早く夜が明ける夏と、夜明けの遅い冬では、明け六つと暮れ六つの長さが著しく異なっていた。つまり、一時間はどこまでいっても六十分といった今日の定時法的な観念の通用しない、生活感覚に密着した不定時法の時間が用いられていたのである。

ただし、春分と秋分は昼夜の長さが等しくなる。そこで、この春分と秋分を基準に昼夜を六等分すると、等しい長さの十二等分の時間ができる。古文書の翻訳や時代小説などでは、これを仮に今の時間に当てはめているのである。

十二分された時間は、十二支で呼ばれる。次ページに、この十二支法による時刻の呼称を挙げておく。また、定時法にもとづく時間は、あくまで春分・秋分時の時間である。

表中、「時《とき》」と「刻《こく》」を分けて表記しているのは、両者の意味が違うからである。「時」というのは表にも示したとおり、今日の時間でいう二時間の幅を意味する。また、「刻」というのは、その真ん中にあたる時点（これを正刻《せいこく》という）をいうのであり、著名な丑時の呪咀《じゅそ》も、「丑の時参り」といえば午前一時から二時五十九分までの間の意味になり、「丑の刻参り」といえば午前二時ジャストのことになって、まるで意味が異なる（この場合は正しい用法は丑の時参り）。時代小説などでは時と刻がよく混同されるので注意していただきたい。

五掟時の事の表に出てくる「時」は、当然「時・刻」のうちの「時」のことで、二時間を意味している。したがって、たとえば表の「甲《きのえ》・乙《きのと》日」の「寅・卯の時」は「立」の意味は、甲ないし乙の日には、午前三時から六時五十九分までの四時間は「立」ということである。

なお、江戸研究家の林美一氏によれば、江戸時代の庶民は先に述べた不定時法を用いていたが、旧陰陽寮の管轄である暦法《れきほう》天文家などは一貫して定時法を用いており、一昼夜を百刻に分けて暦をつくっていたという。この方法によれば、十二支法の一時＝二時間は八刻と三分の一、一時間は四刻と六分の一であり、一刻は十四・五分ということになる。

時刻の呼び方表

時	現行の時間	正刻	現行の時間
子時	午後11時〜午前0時59分	子刻	午前0時
丑時	午前1時〜2時59分	丑刻	午前2時
寅時	午前3時〜4時59分	寅刻	午前4時
卯時	午前5時〜6時59分	卯刻	午前6時
辰時	午前7時〜8時59分	辰刻	午前8時
巳時	午前9時〜10時59分	巳刻	午前10時
午時	午前11時〜午後0時59分	午刻	午後0時
未時	午後1時〜2時59分	未刻	午後2時
申時	午後3時〜4時59分	申刻	午後4時
酉時	午後5時〜6時59分	酉刻	午後6時
戌時	午後7時〜8時59分	戌刻	午後8時
亥時	午後9時〜10時59分	亥刻	午後10時

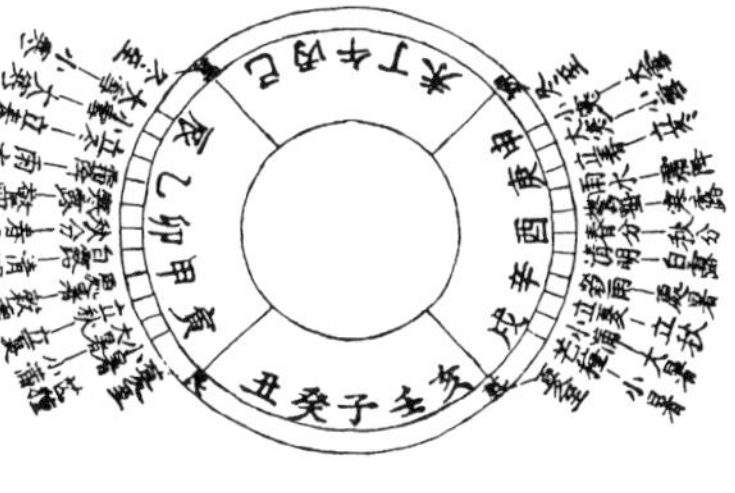

昼夜長短百刻図　『和漢三才図会』

【三宝上吉日の事】

《丙寅《ひのえとら》の日》　舎利弗《しゃりほつ》の誕生日である。舎利弗は、ついに仏門に入って、智慧《ちえ》第一と褒めたたえられるようになった。十四歳のとき、叔父の長爪梵志《ちょうがぼんし》のもとを離れて、仏陀《ぶっだ》の道場に入ったのである。

《壬午《みずのえうま》の日》　釈迦が祇園精舎《ぎおんしょうじゃ》をご造立なさった日である。ゆえに堂塔の建立には吉。この寺は全世界の中でも第一の仏室である。法蔵の建立のときにもこの日を用いる。

《庚寅《かのえ》の日》　釈迦が檀特山《だんどくせん》にお入りになった日である。ゆえに、入学、剃髪《ていはつ》、登山、授戒、願始め、修行始め、弟子の取り初めなどには、もっぱらこの日を用いる。

《甲午《きのえ》の日》　釈迦が雪月八日の寅の一点に等正覚《とうしょうかく》の悟りを開き、成道《じょうどう》なさった日である。ゆえに、座禅、入定《にゅうじょう》、仏法の伝授などには、もっぱらこの日を用いる。

《丁酉《ひのととり》の日》　仏弟子の大迦葉《だいかしょう》の授法の口である。その法流は今の世まで少しも断絶することなく続いている。

《己酉《つちのと》の日》　目連《もくれん》尊者が初めて仏室に入り、神通《じんづう》第一の名誉を賜った日である。ゆえに、入学、授戒、勤行始めなどには最も大吉の日である。

三宝上吉日

三宝とは仏・法・僧のことだが、ここでは仏教を意味している。この項では、その仏教関係の縁日のうち、とくにめでたい日を、上吉日、中吉日、下吉日に分けて説明している。以下、注釈を列挙しておく。

《丙寅》「舎利弗」は、仏弟子の中でも智慧第一と称《たた》えられた釈迦十大弟子の一人。叔父の「長爪梵志」はバラモン僧で舎利弗にバラモン教を教えていたが、舎利弗はこれに飽きたらず、独自の思想を展開したシュラマナ（沙門）の一人のサンジャヤに弟子入りして彼の不可知論《ふかちろん》を学んだ。その後、さらに深奥《しんおう》の教えを求めて釈迦と出会い、親友の目連とともに仏弟子となった。その後、サンジャや教団の信者も相次いで釈迦の弟子になったと伝えられる。

《壬午》「祇園精舎」は須達《しゅだつ》長者が釈迦とその弟子に寄進した寺で、最初の仏寺。この寄進を納受した釈迦は、この寺に二十余年とどまって仏教を広めた。

《庚寅》「檀特山」は、前世の釈迦の一人である須大拏《しゅだいぬ》太子が菩薩の修行を行ったとされる山。

《甲午》「雪月八日」は十二月八日のことで、釈迦が悟りを開いてブッダ（覚者《かくしゃ》）になった日とされ、毎年この日、成道会《え》（臘八《ろうはち》ともいう）の法会が行われた。

《丁酉》「大迦葉」は、仏弟子の中でも頭陀《ずだ》行《ぎょう》第一と称えられた釈迦十大弟子の一人。頭陀行というのは、ボロ布をまとい、食事は施しによって得たもののみを一日一食に限って口にするといったよう

舎利弗　『増補仏像図彙』

大迦葉『増補仏像図彙』

に、衣食住に関するもろもろの欲望を切り捨てる難行である。この行において第一と称せられたのがこの大迦葉で、釈迦入滅後、実質的な後継者として仏教を広めた。

《乙酉》「目連」は、仏弟子の中でも神通第一と称えられた釈迦十大弟子の一人。「神通」とは六種の神通力のことで、自在に移動する能力（神足《じんそく》通）、自在に運命を見通す能力（天眼《てんげん》通）、あらゆることを聴き取る能力（天耳《てんに》通）、他者の心を読み取る能力（他心《たしん》通）、過去世を見通す能力（宿命《しゅくみょう》通）、真理を悟る能力（漏尽《ろじん》通）をいう。この目連と、冒頭の舎利弗はとくに釈迦から厚い信頼を寄せられた弟子で、釈迦の二大弟子ともいう。

【三宝中吉日】

《丙寅《ひのえとら》の日》阿闍世《あじゃせ》王がそれまでの悪逆さを転じて、釈迦の弟子になった日である。

《丁卯《ひのとう》の日》妙荘厳《みょうしょうごん》王が悪心を変じ、王子の徳によって仏の説法の場に詣でた日である。

《辛未《きのとひつじ》の日》釈提桓因《しゃくだいかんいん》が仏法の修行をして、転輪聖王《てんりんじょうおう》の位に上った日である。

《庚辰《かのえたつ》の日》曼陀訶女《まんだかにょ》が仏陀に生衣《すずしのきぬ》を捧げて、福報光明女と成った日である。

《癸酉《みずのととり》の日》吉祥天女《きっしょうてんにょ》の誕生日である。同じく四天王が仏法を擁護する日である。

三宝中吉日

《丙寅》「阿闍世王」とは、父親を幽閉して殺害し、王になったマガダ国王のこと。後に仏弟子となり、仏教を厚く保護した。

《丁卯》「妙荘厳王」とは、『法華経《ほけきょう》』の妙荘厳王本事品《ほんじぼん》に出てくる菩薩のこと。もともとはバラモン教の信者だったが、妻と二人の息子の勧めで法華経の教えを聞き、仏教に帰依した。

《辛未》「釈提桓因」はインドのアーリア人の主神だった軍神インドラで、仏教でいう帝釈《たいしゃく》天のこと。もとは外道神だったが、仏教に帰依して仏法僧を守護する護法《ごほう》の天神になったとされる。「転輪聖王」

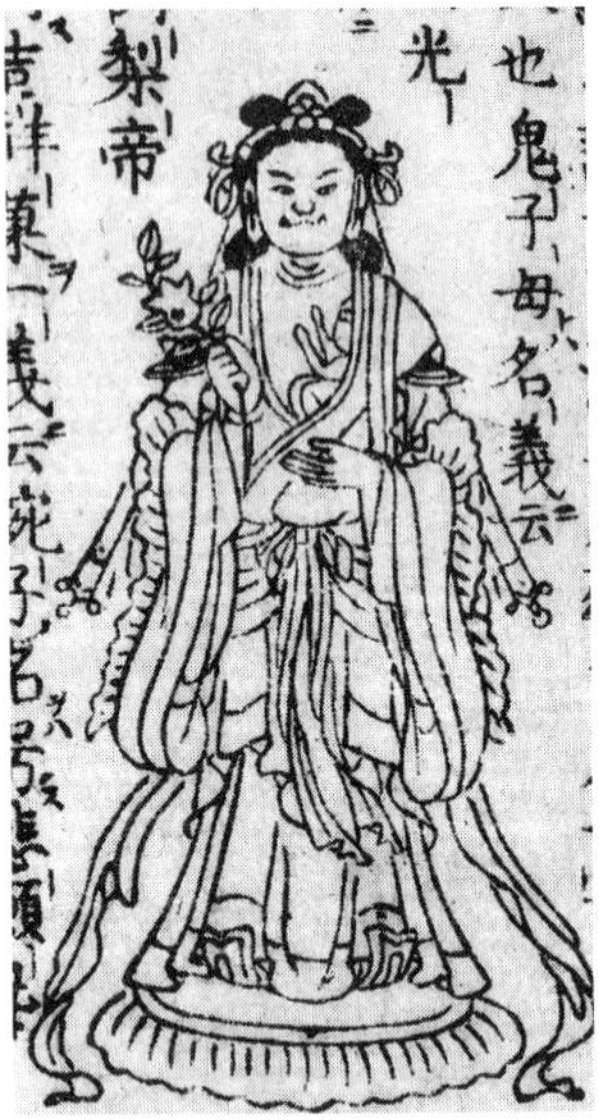
鬼子母神　『増補仏像図彙』

吉祥天　『増補仏像図彙』

とは、世界を支配する王の中の王のこと。帝釈天は出家してブッダ（覚者）になることを目指すのではなく、王として須弥山世界を治める道を選んだ。

《癸酉》「吉祥天」は、鬼子母神《きしもじん》を母に、徳叉《とくしゃ》迦《か》龍王を父に生まれ、四天王の一人である毘沙《びしゃ》門《もん》天の妃になったとされる福徳の女神。この神に天下太平・五穀豊穣を祈る吉祥悔過《けか》法は、奈良・平安を通じて行われ、弁財天信仰にとって代わられるまでは、女神信仰の中心的神格のひとつだった。

【三宝下吉日】

《庚午《かのえうま》の日》　普明王《ふみょう》が八偈文《はちげのもん》を伝授して、班足王《はんぞく》による殺害から遁れた日である。
《丁丑《ひのとうし》の日》　雪山童子《せっせん》が仏法を修行して、半偈文によって蓮華化生《けしょう》したもうた日である。
《辛巳《かのとみ》の日》　大施太子《だいせ》が大海の水を汲んで、真如摩尼珠《しんにょまにじゅ》を手に入れた日である。
《戊寅《つちのえとら》の日》　波羅奈国《はらな》の大王が檀波羅密《だんはらみつ》の行を勤めて、インドの十六大国の尊主となった日である。
《丙午《ひのえうま》の日》　尸毘大王《しび》が檀波羅密を行じて鳩鴿雌鷹《きゅうこうしよう》のために命をなげうった日であり、同じく迦葉仏《かしょうぶつ》の授記をいただいて、釈迦牟尼仏《しゃかむにぶつ》となって顕れた日である。
《辛亥《い》の日》　鹿王《ろく》が初めて六種の波羅密行を行じ、ついに施鹿《せろく》太子のために、子を孕んだ鹿の身替わりとなって、末代に狐狸熊羊《こりゆうよう》の命を保ったことにより、獅子王菩薩と成った日である。

三宝下吉日

《庚午》「普明王」と「班足王」は『仁王経《にんのうきょう》』に登場するインドの王。班足王は邪法に魅せられ、千人の王の首を得ようとして九百九十九人まで獲得したが、千人目の普明王によって改心し、出家したという。

《丁丑》「雪山童子」は釈迦の前世の姿（前身）のうちのひとつ。ヒマラヤで修行していた雪山童子当時の釈迦は、「諸行無常、是生滅法《ぜしょうめっぽう》、生滅滅已《しょうめつめつい》、寂滅為楽《じゃくめついらく》」の雪山偈《せっせんげ》（半偈文）を聞いて往生した。日本のいろは歌は、この雪山偈を歌に詠《よ》んだものといわれ、「色は匂へど散りぬるを（＝諸行無常）、我が世たれぞ常ならむ（＝是生滅法）、有為《うい》の奥山けふ［今日］越えて（＝生滅滅已）、浅き夢みじ酔《ゑ》ひもせず（＝寂滅為楽）」このように偈と対応させられている。

《辛巳》「大施太子」は波羅奈国の王子で釈迦の前身。「真如摩尼珠」は、願いのままに宝物を出すことのできる宝珠で、龍王の宝物。真陀摩尼珠とも、単に宝珠ともいう。生類が生きるために殺生することを悲しんだ大施太子が、海水を汲み干して龍王から真如摩尼珠を得、天下に宝物を降らして施したという。

《戊寅》「波羅奈国」はインド仏教の中心地のひとつ。「檀波羅密」は布施行のことで、檀那波羅密ともいう。布施行は往生のための最も重要な修行法と見なされ、諸王によってさかんに行われた。

《丙午》「尸毘大王」は釈迦の前身のひとつ。かつて釈迦が尸毘王だったとき、神の化身である鷹に追われた鳩が逃げ込んできた。王は鳩を救おうとしたが、鷹は、自分の獲物を奪う権利はあなたにはないといって鳩をよこすよう要求した。そこで王は鳩と同じ分量の自分の肉を与えようと、我が身を刻んだが、鳩が次第に重くなっていったため、ついに我が身のすべてを鷹に施したという、有名な本《ほん》生譚《じょうたん》（釈迦の前世物語、ジャータカ）を踏まえている。「迦葉仏」は釈迦以前の仏の一人。その迦葉仏が、釈迦に「あなたは未来においてブッダになる」と予言することを「授記《じゅき》」という。この予言は必ず実現するとされる。

《辛亥》「六種の波羅密」とは、彼岸に渡るために菩薩が行じなければならないとされる6種の修行。前項の布施波羅密のほか、持戒《じかい》波羅密、忍辱《にんにく》波羅蜜、精進《しょうじん》波羅密、静慮《じょうりょ》波羅密、知恵波羅密をいう。「鹿王」は釈迦の前身のひとつ。釈迦がかつて鹿王だったとき、無益な狩猟によって鹿を殺戮し続けることを好む王がいた。鹿王はその王に、一日一頭、仲間の鹿を犠牲としてくじ引きで捧げるから狩をやめるよう申し出、王も了承した。しかし、あるとき、懐妊中の鹿がくじにあたり、子を生むまで猶予してくれと仲間に頼んだが、だれも聞き入れてくれない。万策尽きて鹿王である菩薩に相談したところ、鹿王が身替わりとなって宮廷の料理人の前に我が身を投げ出した。これを聞いた王は、以後、菜食主義者となり狩猟による犠牲は出なくなったという。この鹿王が、後に「獅子王菩薩」、すなわち釈迦になった。鹿は釈迦とは因縁の獣。釈迦が最初に説法した場所はカモシカの養牧場で、鹿野苑《ろくやおん》という。この鹿野苑にかけた本生譚である。

【神吉日】

神上吉日

《乙丑《きのとうし》の日》　法身《ほっしん》の大日如来が出羽国大梵字川の水上に光を和らげて垂迹《すいじゃく》し、五味薬湯の源に置座《ちざ》して、湯殿権現となって顕現なさった日である。

《己巳《つちのとみ》の日》　辰狐《しんこ》王の三女子がこの国に飛来し、天女は厳島《いつくしま》、赤女は竹生《ちくぶ》島、黒女は江ノ島の三洲に垂迹なさった日である。

《壬申《みずのえさる》の日》　二柱《ふたはしら》の神が高天原から天逆鉾《あめのさかほこ》をさし降ろして自凝島《おのごろじま》を創造し、筑波山に天下って男体・女体と顕れて、鹿島・香取の両大明神と現じられた日である。

《癸酉《みずのととり》の日》　素盞嗚《すさのお》尊が出雲国に行幸し、八俣大蛇《やまたのおろち》を退治なさった日である。かつまた、稲田姫を妻とし、大己汝《おおなむぢ》尊をもうけられた日でもある。

《壬午《うま》の日》　鹿島大明神が阿久留《あくる》王を退治するために、東海の汀《ほとり》に下り、北方に陣舎《じんしゃ》を構えて東北の鬼門の関を塞ぎたもうた日である。

《甲《きのえ》申の日》　天照大神が天岩戸《あまのいわと》を開き、秋津洲芦原国《あきつしまあしわらのくに》の一天に和光し、伊勢国の二見浦《ふたみがうら》に垂迹して、内宮《ないくう》・外宮《げくう》と現れたもうた日である。

《甲午の日》 熊野三所権現が芸日国から我が朝にやってきて、紀伊国の牟漏郡《むろのこおり》音無川の源の屏風が丘に、玉の宝殿を建立なさった日である。

神上吉日

《乙丑》「湯殿権現」は出羽国の修験《しゅげん》霊場の湯殿山に鎮座する権現神。この神のご神体は温泉の吹き出る岩なので、「五味薬湯の源」といっている。参詣者は霊泉である五味薬湯をひと口飲んでから素足でご神体石に登り、参拝するという。

《己巳》「辰狐王」とは霊狐の王で、人肉を食らう夜叉の一種の荼枳尼《だきに》天とも、日本の稲荷神や宇賀神、弁才天とも同一視された本朝屈指の施福神のこと。この辰狐王には三人の娘があり、彼女たちが日本に飛来したという伝説が、この記述のもとになっている。「天女」は厳島の弁才天、「赤女」は竹生島弁才天、「黒女」は江ノ島弁才天。

《壬申》「二柱の神」とは、国生みを行ったイザナギ・イザナミ尊。『常陸国風土記《ひたちのくにふどき》』によれば、天地《あめつち》の初めのとき、高天原に天津神が集まり、地に降した神が香島（鹿島）天之《あまの》大神だという。後に香島天之大神が藤原氏によって建御雷神《たけみかづち》に代位された。香取の神は、斎主《いわいぬし》神ないし経津主《ふつぬし》神。斎主とは神を祭る巫女の王のことだから、鹿島・香取の両大明神とセットにした場合は、男神である香島天之大神と、その大神を斎《いつ》き祭る女性の斎主神ということになる。つまり、鹿島の神がイザナギで男体山となり、香取の神がイザナミでが女体山になったという縁起を語っている。

《癸酉》「大己汝尊」は出雲大社の主祭神で、冥府を総統するオオクニヌシのこと。陰陽道では泰山《たいざん》府君《ふくん》と習合される。

《壬午》東北蝦夷地《えぞち》への進出にあたり、大和朝廷は軍神としての鹿島大明神の力を利用した。「阿久留王」は未詳。蝦夷地の伝説的な首長・悪路《あくろ》王（阿弖流為《あてるい》）の訛伝《かでん》か。悪路王は坂上田村麻呂《さかのうえのたむらまろ》に降伏して河内《かわち》で処刑されたが、以後、悪路王伝説が広まった。

《甲申》「天嶇戸」は天照大神が籠もったとされる天岩戸。「内宮《ないくう》・外宮《げくう》」は伊勢神宮の主祭神である天照大神と豊受《とようけ》大神を祭るお宮。伊勢国の二見浦に垂迹して、内宮・外宮と現れたもうたというのは、皇女の倭姫《やまとひめ》が天照大神の神霊を奉斎して各地を巡歴し、ついに伊勢国に理想的な鎮座地を見いだしたという伊勢神宮成立の次第を伝える倭姫伝説のことをいっている。

《甲午》「熊野三所権現」は紀伊国熊野の本宮（熊野坐《くまのにます》神社）、新宮（熊野速玉《はやたま》神社）、西宮（熊野那智《なち》神社）の三所のこと。本地垂迹説がさかんになって以降の縁起では、インドの摩訶陀国から日本を守護しようとして飛来した喜見《きけん》上人、摩訶陀《まがだ》国王の善財王、善財王の妃の五衰殿《ごすいどの》が三所権現となったとする。ちなみに熊野三所のうちの那智は、晴明伝説では、前世の安倍晴明《せいめい》が行者《ぎょうじゃ》として修行を積んだ地とされている。

神中吉日
《庚午《かのえうま》の日》　神功皇后《じんぐう》が筑紫豊前国宇佐郡の蓮台寺《れんだい》のあたりで、はじめて玉の幣帛《へいはく》を捧げ、金の奴衫《ぬさ》をとって、七日七夜、天神地祇《てんじんちぎ》を祭礼なさった日である。
《乙丑《きのとうし》の日》　大和武尊《やまとたける》が大神宮の勅命をこうむり、東国の夷敵《いてき》を退治なさってよりこのかた、叢雲《むらくも》の剣《つるぎ》の名を改めて、草薙《くさなぎ》の剣と号するようになった日である。
《庚辰《たつ》の日》　伊勢国のご神殿を再興した日である。同じく宝幣を収めたまう日である。
《乙巳《み》の日》　三嶋と若宮の二所の八幡宮を造立した日である。同じく富士権現が芸旦国からやってきて、この国に垂迹なさった日である。
《戊申《つちのえさる》の日》　藤原太政大臣《だじょうだいじん》が春日宮を造営して、その子孫が繁盛し、両国の大王を婿に取った日である。

神中吉日
《庚午》「神功皇后」は仲哀《ちゅうあい》天皇の后。「奴衫」は幣《ぬさ》。夫の仲哀に崇った神を祭るために、群臣百寮に命じて罪を祓い、過ちを改めて、さらに斎宮《さいぐう》（巫女王の居所）を筑紫《つくし》の小山田村に造り、そこで神《かみ》

伊勢神宮　三重県伊勢市

懸《がか》りしたとの記事が『日本書紀』に出てくる。七日七夜の後、まず天照大神が神懸りし、ついで諸神が神功皇后の身に下った。ちなみに、皇后が斎宮に入った日は三月の壬申《みずのえ》の日で、庚午ではない。

《乙丑》「大和（日本）武尊」は景行《けいこう》天皇の皇子。「大神宮」は伊勢神宮。東戎《とうじゅう》の征伐の途次、伊勢神宮に詣でて斎宮の倭姫《やまとひめ》に別れの挨拶をし、姫から「叢雲の剣」を授かった。その後、駿河《するが》に入ったが、そこで賊にだまされ、自分のいる野に火を放たれた。このとき、叢雲の剣が自然に腰の鞘から抜けて周囲の草を薙ぎ払ったので、剣の名を「草薙の剣」と改めたという。

《庚辰》「伊勢国のご神殿」は伊勢神宮。神殿の再興の意味は不明。二十年に一度の式年遷宮は、天武朝のときに定められた。これを指すか。「宝幣《ほうへい》」は朝廷から神宮に捧げられた幣串のこと。神嘗《かんなめ》祭などの重い祭りの際に、勅使《ちょくし》（伊勢使《いせのつかい》）を派遣して供進した。遷宮祭も神嘗祭と重ねて行われ、遷宮の年には神嘗祭は行わない。この遷宮祭のときの幣帛供進のことを指して、宝幣を収めたまう日といったものか。

《乙巳》「三嶋」は静岡県三島市の三島大社、「若宮」は神奈川県鎌倉市の鶴岡八幡宮のこと。『簠簋《ほき》内伝《ないでん》』は「二所の八幡宮」と呼んでいるが、三島と名のつく神社の主祭神はいずれも大山祇神《おおやまつみ》・事代主神《ことしろぬし》などで、八幡神ではない。にもかかわらず、ここで二所の八幡宮としているのは、鎌倉幕府を開いた源頼朝《よりとも》が、源氏の氏神《うじがみ》で武門の神の八幡神と、この伊豆の一の宮である三島の神を厚く崇敬し、三島の神を鶴岡八幡宮に分祀《ぶんし》するなどして伊豆・箱根の二所と呼ばれたからである。

《戊申》「春日宮」は藤原氏の氏神を祭る奈良県春日野町の春日大社。縁起によると、和銅《わどう》三年（七一〇）、藤原不比等《ふひと》が氏神である鹿島の神を春日山に迎えて祭ったのが、春日大社のはじまりだという。不比等は生前は右大臣だったが、死後、正一位《しょういちい》太政大臣を贈られた。

春日大社　奈良市

藤原不比等画像　『集古十種』

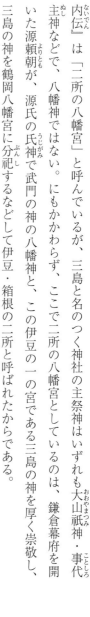

神下吉日

《丁丑《ひのとうし》の日》　菅承相《かんじょうしょう》が筑紫の太宰府《だざいふ》から上洛なさった日である。
《丙午《ひのえうま》の日》　吉田大明神が初めて関白の官を賜り、日本の神の首領となった日である。
《戊午《つちのえ》の日》　藤原鎌足《かまたり》の大臣が多武峰《とうのみね》に天上太神宮を建立なさった日である。
　右の三宝と神の吉日の再編には、深い意味が秘められている。それについては、灌頂壇で明かすこととする。あなかしこ。

神下吉日

《丁丑》「菅承相」（正しくは丞相、中国式の官名）は天神様でおなじみの菅原道真《みちざね》。藤原氏の讒言《ざんげん》で大宰府に左遷され、そのまま任地で没した。大宰府から上洛したというのは、死後、道真の御霊《ごりょう》の祟りがすさまじく、それに脅えた朝廷が道真に詫びを入れて、都の北野天満宮に祀ったことを指している。

《丙午》「吉田大明神」は、京都左京区の吉田山に鎮座する吉田神社のこと。春日大社と並ぶ藤原氏の氏神社で、祭神は春日大社と同じ武甕槌命《たけみかづち》・斎主命《いわいぬし》・天児屋根命《あめのこやね》・比売神《ひめ》の四座。祭祀職は吉田

吉田神社の大元宮　『都名所図会』

家（旧姓は卜部《うらべ》）で、中世以後、日本の神祇界《じんぎかい》を統轄する地位を一貫して保ち続けた。とくに、室町期の吉田兼倶《かねとも》が文明十六年（一四八四）に造営した根本斎場の大元宮《だいげんぐう》は、天照大神をはじめとする日本のすべての神（延喜式内の三一三二座）を祭る宮として崇敬され、ここに詣でると、日本全国の神社に詣でたのと同じ功《く》徳《どく》があるとされた。吉田大明神が日本の神の首領となった云々は、右の兼倶が唱えた吉田神道および大元宮のことを指したものと思われる。

　文中、初めて関白の宮を賜りとあるが、神社が関白の位につくことはなく、祠官の吉田氏も関白ではない。したがって、この関白の意味は不明だが、吉田神社を氏神とする藤原氏は、元慶《がんぎょう》八年（八八四）に藤原基《もと》経《つね》が光孝《こうこう》天皇より関白職を賜って以降、この職を一門で独占し続けたので、あるいはそのことをいったものかもしれない。

藤原鎌足画像『集古十種』

吉田神社の祭儀には陰陽師も深くかかわっており、中世陰陽道の教義の中には、吉田神道が色濃く流れこんでいる。この神吉日でも、たびたび藤原氏の氏神神社や祭神が登場してくるのは、吉田神道と陰陽道との関連の深さを物語っている。

《戊午》「藤原鎌足」は藤原氏の祖。大化改新で中大兄《なかのおおえの》皇子とともに蘇我蝦夷《えみし》を誅伐し、天智《てんじ》天皇より大織冠《だいしょくかん》と藤原姓を賜う。多武峰は、鎌足が中大兄皇子と蘇我氏誅伐をひそかに談《かた》りあったところなので談山《たんざん》とも談武嶺《かたりやま》とも呼ばれるようになったとの伝説がある。鎌足を祭神とする多武峰の談山神社は、鎌足の長子で僧侶となった定恵《じょうえ》が、鎌足の遺骸を改葬して十三塔を建てたことに始まる。天上太神宮は談山大明神（鎌足）の宮の意味だろう。

以上の、三宝吉日、神吉日は、いずれも具注暦から用いられてきた暦注である。村山修一氏は、神吉日十五項目のうち、乙丑、己巳、甲申、庚午、乙巳等の項目は修験者の思想が、癸酉、乙酉はそれに関連して鋳物師《いものし》の信仰が背景になっているものとみられるとし、藤原氏関連のもの（壬申、壬午、戊申、戊午）は、南都（奈良）の宿曜師《すくようじ》の説から出たものではないかと推測している。また、これらの吉日は、伊勢や熊野の御師《おんし》たちが、各地の檀家をめぐる際に広めてまわったことも想像されるとしている。

【五墓日の沙汰の事】

五墓《ごむ》日とは、五帝龍王の生・住・衰・滅の推移を表した十二因縁の道理のことである。この十二の因縁のうち、もっぱら墓の一字を深く厭《いと》う。その理由は何かというと、墓は死骸を埋める塚のことだからである。人間の父母の肉親が朽ち果てるところであるから、これを最も忌むのである。

五墓日とは、戊辰《つちのえたつ》、壬《みずのえ》辰、丙戌《ひのえいぬ》、辛丑《かのとうし》、乙未《きのとひつじ》の五日である。

	木臨	火長	土病	金絶	水病
胎	酉	子	午	卯	午
養	戌	丑	未	辰	未
長	亥	寅	申	巳	申
沐	子	卯	酉	午	酉
官	丑	辰	戌	未	戌
臨	寅	巳	亥	申	亥
帝	卯	午	子	酉	子
衰	辰	未	丑	戌	丑
病	巳	申	寅	亥	寅
死	午	酉	卯	子	卯
墓	未	戌	辰	丑	辰
絶	申	亥	巳	寅	巳

五墓日表

十二因縁

十二因縁は十二運ともいう。本文に掲げられている表がそれで、万物の盛衰、人の一生、四季の推移を十二の相によって説明したものである（『簠簋内伝《ほきないでん》』の校訂本は「墓」に「基」の字を使っているが、すべて墓に改めた。また、生・住・衰・滅の「衰」が「異」になっているが、衰に改めた）。

十二因縁を人の一生になぞらえて説明すると次のようになる。

・胎　母に入胎する。
・養　母胎内で養われる。
・長　母胎内で成長する。
・沐《もく》　出生して産湯《うぶゆ》につかる。沐は沐浴のこと。
・官　一人前となり官位を授かる。官は冠帯《かんたい》ともいう。
・臨　出世して高位に臨む。建禄《けんろく》ともいう。
・帝　人生の頂点に立つ。帝は帝旺《ていおう》ともいう。
・衰　威勢が衰え始める。
・病　老化とともに病が忍び寄る。
・死　死期を迎える。
・墓《ぼ》　墓に入る。葬ともいう。

・絶　遺体も分解して無に還る。

この十二運の時がいつ訪れるかは、五行で決まる。たとえば自分自身の一生を見ようという場合は、まず、自分の出生年月日時から核となる五行（干と支）を求める（その手法を算命学《さんめいがく》とも先天八字《せんてんはちじ》とも四柱推命《しちゅうすいめい》ともいう）。そうして、たとえば自分が木《もく》（実際には甲《きのえ》か乙のいずれか）だとすると、冒頭の表と照らしあわせて、年月日時いずれの場合も、酉にあたっているときは「胎」運であり、寅にあたっているときは「臨」運であると知るわけである。他の五行も同様にして判断する。

次に、『簠簋内伝』が記しているような日の吉凶を調べようという場合は、その年の天干から五行を知り、冒頭の表と照らしあわせる。たとえば丙や丁の天干の年は、五行では火となる。火の欄を見ていくと、子の日が胎運になり、以下、丑は養、寅は長……、というように続いていく。最も忌むところの「墓」の日は、戌の日ということになる。

十二連中の墓の意味と働き

これら十二選のうち、「もっぱら墓の一字を深く厭う」と『簠簋内伝』はいう。同じ主張が室町時代の陰陽頭・賀茂在方《ありかた》の『暦林問答集』にも見え、その論拠として『五行大義』が引かれている。

なぜ墓が忌まれるかというと、墓は五行が死んで葬られるところの十二支だからで、「木は亥に生まれ、午で死に、未で墓に入る。火は寅に生まれ、酉で死に、戌で墓に入る。金は巳で生まれ、子で死に、丑で墓に入る、水は申に生まれ、卯で死に、辰で墓に入る。土は卯で生まれ、戌で死に、辰で墓に入る」と、『五行大義』に説かれている。

このように、五行は、必ず四季土用の四つの十二支である丑・辰・未・戌のどれかで墓に入る。土公神の項その他で見てきたとおり、陰陽道では土に関する神を非常に重く見、土の禁忌を口うるさく説いている。土が直接的に生産にかかわるというのが大きな理由だが、同時に死んで土に帰ることからもわかるように、人の死をつかさどるのも土だからである。

また、土は四季の土用に配当されて季節の巡りを調整し、方位でいえば東西南北の四方の中央に位置して万物の中心と見なされる。漢方理論でも、土は人体の中心であり、外部から取り入れたものを消化し、人体に栄養として巡らす胃を土にあてている。ものを食べないと、どんな人間も生きてはいけない。土＝胃の働きが、人間生存の第一条件であり、五臓の中心にあたるところから、これを「土《ど》王《おう》」と呼ぶ。

土の働きは、このようにきわめて重い。そこで、土のよい働きは善用し、怖い働きはできるだけ敬遠せよと教えるのが陰陽道で、『簠簋内伝』でもその傾向は随所に現れている。この墓運《ぼうん》日もそのひとつである。

とはいっても、丑・辰・未・戌の日は、のべつまくなしに訪れる。十二日のうちの四日は、必ず土の日になる。そこで、とくに重く戒めるべき墓運日を五墓日とし、「戊辰・壬辰・丙戌・辛丑・乙未」

を挙げているのだが、占術の論理に基づいて厳密に定めるのであれば、五墓日は、
甲・乙の年は乙未の日を忌む、
丙・丁の年は丙戌の日を忌む、
戊・己の年は戊辰の日を忌む、
庚・辛の年は辛丑の日を忌む、
壬・癸の年は壬辰の日を忌む、
とするべきだろう。
また、十二運表の五行が、木・火《か》・土《ど》・金《ごん》・水《すい》ではなく、木臨・火長・土病・金絶・水病となっているのは、それぞれの五行が寅の日にどんな十二運になるかを示したものである。
寅は陰陽の交替するときで、寅を境に、陰気から陽気に転じる。寅は物事の始まりの時であり、旧暦正月の新年の地支である。そこで、始まりの時である寅を基準に五行を見た場合、木は運気のピークの「臨運」になり、火は発展・成長の運気の「長運」になり、土は・病み衰える「病運」になり、金は運気が途絶える「絶運」になり、水も病み衰える「病運」になるということを示している。五墓日とは、直接の関係はないので、とくに気にする必要はない。

【十五納音の事】

金《きん》波《は》照《しょう》壁《へき》楼《ろう》

これを上段として、鼠《そ》馬《ば》牛《ぎゅう》羊《よう》の四畜を配当する。十干によって、その納音《なっちん》を察する。

泊《はく》灯《とう》寺《じ》柴《さい》鉤《こう》

これを中段として、虎《こ》猿《えん》兎《と》鶏《けい》の四畜を配当する。十干によって、その納音を察する。

炎《えん》地《じ》樹《じゅ》鐘《しょう》雨《う》

これを下段として、龍《りゅう》犬《けん》蛇《だ》猪《ちょ》の四畜を配当する。十干によって、その納音を察する。

ここに重ねて唱和していわく、

金火木土、金火水土、金木水土、火木水。

これより甲午と甲子《きのえうま》の両畜を一つ越しに配当していく。その意味するところを断っておく。干支が和合するところ、そこに必ず一つの性質が含まれる（が、それが納音である）。よくこの意義を考えるべきである。そうして、旺《おう》・相・死・囚《しゅう》・老の五つの相を計りなさい。

納音の干と支が互いに相生するなら、これを用いてもよろしい。相剋するなら、用いるのは避けるべきである。これについては口伝がある。深い意義があるから、師によって伝授を受けない限り、誰もこれを推《お》し計ることはできないであろう。相剋が反《かえ》って吉ということもある。相生が反って凶ということもあるからである。

納音五行とは何か

これは「納音」というものの割り出し方の説明である。『簠簋内伝《ほきないでん》』の記述は、まるで呪文のようなものなので、よほどこの世界に通じた方でないと、まず意味がとれないと思う。少々長くなるが、一応参考までに以下、納音の割り出し方および意味を説明しておく。

五行の「木《もく》」を「木《き》の性質」、「火《か》」を「火《ひ》の性質」としてみることを、〝正《せい》五行〟の見方という。たとえば「甲子」という干支を五行に還元すると、「甲」は木の兄《え》で「木」、「子」は「水」である。したがって、甲子は五行でいうと木と水の混成態《こんせいたい》ということになる。これが正五行による見方で、陰陽道占術におけるたいがいの判断は、この正五行に則《のっと》って行う。ところが、これとまったく異なった五行解釈が複数ある。そのうち、最も代表的なものがここに出てきた〝納音五行〟で、たとえば甲子というセットをひとくくりにして、五行の「金」と見なすのである。

木の甲と水の子が組合わさると、なぜ金に変容するのかは、中国の音である五音《いん》十二律《りつ》の理論や、断易《だんえき》と呼ばれる易の一種の数秘術《すうひじゅつ》（数字の操作によって森羅万象を読む術）にわたる話になるので省略するが、要するに、ある干とある支が結びついて六十干支ができた場合、個々の干支は、正五行の性質のほかに、もうひとつ別の五行の性質を帯びるのだと考えていただけばよい。この、正五行とは異なるもうひとつの五行のことを、納音五行と呼んでいる。『簠簋内伝』本文に、「干支が和合するところ、そこに必ず一つの性が含まれる」というのは、このことをさしている。

「正五行と納音に関しては、徐子平《じょしへい》（十世紀の四柱推命の大成者）はもっぱら正五行を用いたが、正五行を用いて（人の運命を）推算すると、いつも実際と相違する所があったため、後に納音五行を用いて補充をした。そこで、両者の間の関係は、五行を経《たていと》とし、納音を緯《よこいと》とすると見なすことができる」（『中国算命術』洪不謨《こうふばく》・姜玉珍《きょうぎょくちん》）。

ここに出てくる「正五行を経とし、納音を緯とする」という表現が、この五行の活用法の妥当な表現ということができるだろう。この経と緯によって、運命という布地が織りなされると見なされたわけである。

納音の割り出し方

先の『簠簋内伝』の奇妙な文章は、そのまま読んだのでは、いくら頭をひねっても意味は通じない。これは指を使って納音を繰り出す方法を述べたもので、数ある〝納音繰り出し法〟（納音の割り出し方）のひとつである。これを「納音指掌《ししょう》」という。

『簠簋内伝』で上段・中段・下段とあるのは、各指の三つの節のことを意味している。図を見ながら読み進めていただきたい。

まず、五本指のそれぞれに、左の図のような配当をする。

『簠簋内伝』に出てくる「金波照壁楼《きんぱしょうへきろう》」「泊灯寺柴鉤《はくとうじさいこう》」「炎地樹鐘雨《えんちじゅしょうう》」は、左図および次ページの表に示したとおり、五本の指の第一節から三節までの符丁《ふちょう》であり、かつ納音の符丁になっている。たとえば、親指の第一節・楼は納音五行では木、小指の第三節・炎は納音五行では火というように見る（納音指掌表参照）。「金波照壁楼・泊灯寺柴鉤・炎地樹鐘雨」の三句は、『和漢三才図会』では「金波火壁楼・泉灯上柳銀・烟地樹鐘雨」というように、若干の違いがあるが、意味するものは同じである。

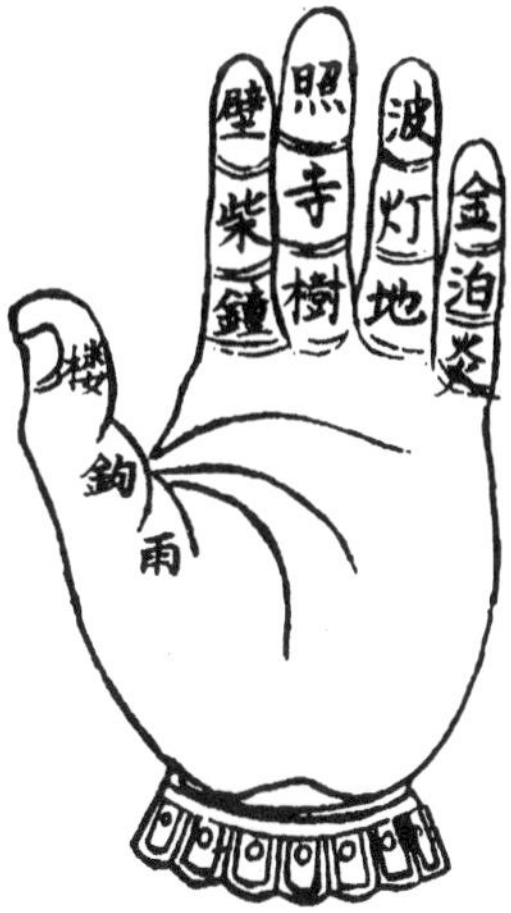

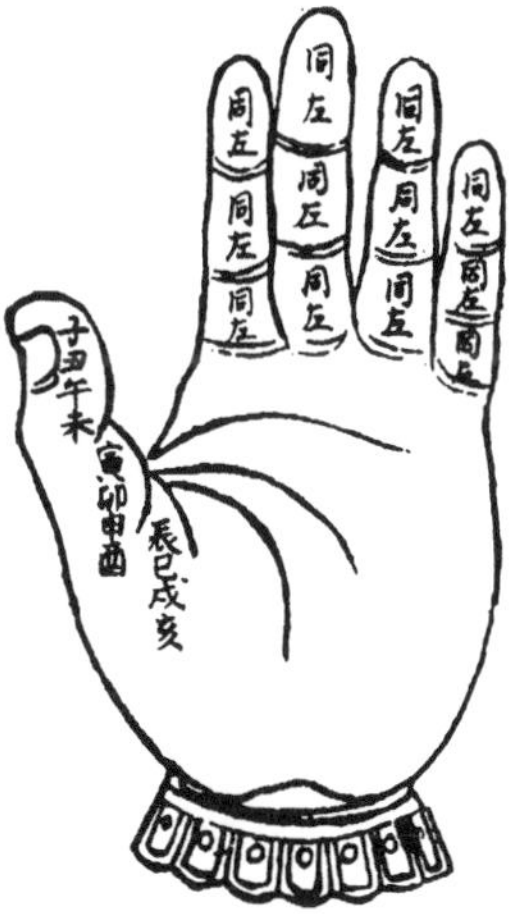

納音指掌。上図は納音の配当、下図は十二支の配当を表す。

指	干	1節	2節	3節	1節	2節	3節
小指	甲・乙	子丑午未	寅卯申酉	辰巳戌亥	金（金）	泊（水）	炎（火）
薬指	丙・丁	子丑午未	寅卯申酉	辰巳戌亥	波（水）	灯（火）	地（土）
中指	戊・己	子丑午未	寅卯申酉	辰巳戌亥	照（火）	寺（土）	樹（木）
人差指	庚・辛	子丑午未	寅卯申酉	辰巳戌亥	壁（土）	柴（木）	鐘（金）
親指	壬・癸	子丑午未	寅卯申酉	辰巳戌亥	楼（木）	釣（金）	雨（水）

納音指掌表

さて、以上の図表をもとに、自分の納音を割り出してみよう。これを割り出すには、自分の生まれ年の十二支と、その年の干（支）を知っていなければならない。

①平成二十九年（二〇一七）の丁酉《ひのととり》年に生まれた赤ん坊は零歳なので、この子の場合は丁酉の納音が、そのまま自分の納音になる。まず丁という干がどこにあるかを「納音指掌表」から探すと、薬指にある。次にその薬指の行を下に見ていって、酉のある位置を探すと、第二節にある。そこで薬指の第二節部分の納音を見ると「灯（火）」になっている。これで、この子の納音は「灯の火」だということがわかる。

②平成十一年（一九九九）の卯年生まれで、平成二十九年に十九歳になる人の納音を探してみよう。まず①と同じように、その年の干の指を見つける。平成二十九年の丁は薬指にあたる。ここから、指一本を一年として、十九年分遡る。つまり、その年（この例では薬指）を一として、小指↓親指↓人差

指↓中指↓薬指……というように、年の数だけ遡るのである。そうすると、人差指が十九にあたる。次に人差指の三つの節の中から、この人の生まれ年の支である卯がどこにあるかを探すと、第二節にある。そこでこの人の納音は、人差指第二節の「柴の木」であるとわかる。

このような方法で、自分の納音を探ることができる。

注意点が二つある。まず、第一は、さかのぼる数――つまり自分の年齢は、必ず数え年で計算すること。たとえば寅年生まれの人は、生まれた寅年を一歳として、次の卯年になったら二歳、辰年になったら三歳というように数える。満年齢で数えると間違うので注意していただきたい。俗にいうエト（十二支のこと）が変われば、一歳年をとると思っていただければまちがいない。

注意点のその二は、年の境目が一月一日ではなく、その年の立春だということである。たとえば平成二十九年のエトは酉だが、酉年になるのは平成二十九年二月四日零時三十四分の立春からで、それ以前に生まれた人は、すべて前年のエトである申になる。つまり歴年というのは、平成二十九年二月四日零時三十四分から平成三十年立春までの一年間で、平成二十九年一月一日から同年十二月三十一日まではないということなのである。

旧暦では、一月一日は立春から始まる。立春から始まるエトが寅であり、であればこそ、すべての始まりを寅というのである。

いつから立春に入るのか、また、自分の生まれ年の、十支が何かは、市販の干支暦に掲載されている。暦で調べれば、納音指事で指を繰らなくても、その年の干支と先の表で、簡単に自分の納音を調べることができる。また、今ではネットでも簡単にわかるので、あえて指を折って数える必要はない。ここでは、陰陽師がどのようにして納音を探っていたのか、その方法をお伝えするために当時の方法を再現しておいた。

唱和の意味

『簠簋内伝』の文中に、「ここに重ねて唱和していわく、金火木土、金火水土、金木水土、火木水」という呪文のような文章があるが、この文の意味は、甲子《きのえね》から始まって癸亥《みずのとい》で終わる六十干支表（174ページ）を頭から順に納音に直していくと、「金火水土、金火水土、金木水土、火木水」となり、これを二度くりかえすと、全三十種の納音五行になるということである。当初は私も文の意味がわからず悩んだが、六十干支表をながめていて、やっとその意味に気づいた。まるで、謎解きのパズルのようなもので、こうした極度に省略された表現が多く、しかもそれが秘伝とされたので、この手の伝書はやっかいなのである。

「金火木土、金火水土、金木水土、火木水」の句点に意味はない。記憶の便のために句点を打ったものと思う。

金波照壁桜の10種納音

金	甲子	乙丑	海中の金	甲午	乙未	沙中の金
波	丙子	丁丑	渓の水	丙午	丁未	天河の水
照	戊午	己未	天上の火	戊子	己丑	雷の火
壁	庚子	辛丑	壁上の土	庚午	辛未	瓦の土
楼	壬子	癸丑	桑の木	壬午	癸未	楊柳の木

泊灯寺柴鈞の10種納音

泊	甲寅	乙卯	山沢の水	甲申	乙酉	井泉の水
灯	丙申	丁酉	山下の火	丙寅	丁卯	爐中の火
寺	戊寅	己卯	城墨の土	戊申	己酉	大沢の土
柴	庚寅	辛卯	松柏の木	庚申	辛酉	石榴の木
鈞	壬寅	癸卯	金箔の金	壬申	癸酉	剣の金

炎地樹鐘雨の10種納音

炎	甲戌	乙亥	山上の火	甲辰	乙巳	灯龍の火
地	丙辰	丁巳	砂中の土	丙戌	丁亥	墓の土
樹	戊辰	己巳	森の木	戊戌	己亥	平地の木
鐘	庚辰	辛巳	白鑞の金	庚戌	辛亥	剣釧の金
雨	壬辰	癸巳	長流の水	壬戌	癸亥	大海の水

納音の配当

次に、金波照壁楼・泊灯寺柴鈞・炎地樹鐘雨の各納音について説明しておく。この三句で表された納音は全部で十五だが、納音は実際には三十種ある。つまり、句の文字には、すべて二種の納音が含まれているわけである。それを表にすると上のようになる。

この三十種納音には、それぞれに意味と働きがある。民間で行われた通俗解釈が『万暦大成』に掲げられている。陰陽道占術などと命名した雑占が用いているのはこの説で、本来の納音活用法とは異なる稚拙なものであり、五行解釈も随所に恣意的な部分が見られるが、歴史的な意味合いはあるので、以下、三十種のすべてを文を補って訳出しておこう。自分の納音を右の一覧表から探し出し、該当項目を読むと、自分のもっている隠された運命傾向がわかるという趣向である。

三十種納音の意味

《金　甲子・乙丑＝海中の金》　甲乙は金気の初めなので、まだ幼く稚《わか》い。子・丑がつかさどる北方の陰水の中にあって、幼く稚い金気が水底に沈んでいるという意味がある。ゆえに海中の金というのである。

この年の生まれは、心は正しいけれども、短気である。物事を急《せ》いてはいけない。時の至るのを待つがよい。海や川で漁を行うことはよくない。

《金　甲午・乙未＝沙中《しゃちゅう》の金》　甲乙は前にも述べたとおり、金気の力がいまだ十分ではない。午・未は南をつかさどり、火の性である。金気は火に剋されて溶かされるので火に勝てず、火を恐れ隠れるので、その意をとって沙（砂）中の金と名づける。

この年生まれの人は、才能はあるとはいえ、内気で進み出ることができない。一生懸命に心を奮いたたせて熱心に努力し、学んでいけば、末には名をあげるであろう。

《波　丙子・丁丑＝澗《たにま》の水》　丙丁は水気の活動力がさかんになるところであり、子・丑は北に位置して水の源にあたっている。水がさかんな姿というのは、山から流れ落ちる澗の水をもって第一とする。ゆえに澗の水というのである。

この年生まれの人は心が騒がしく、料簡《りょうけん》が狭い。人と争って逆らう癖があり、よろしくない。よくよく学問をして、心を落ち着かせるように心がけていけば、末には大いに発展する。

《波　丙午・丁未＝天河の水《あまのがわ》》　丙丁は水気の活動力がさかんになるところであり、午・未は南をつかさどる先天の円（天のこと）であって、八卦《はっけ》では乾《かん》とする。乾は天である（通常の方位では乾はイヌイの北西だが、ここでは先天八卦《せんてんはっか》と呼ばれる説をとって南方にあてている）。水が天上にあるから、天の河の水とするのである。

この年の生まれは心が広く、気高い。人に敬われる生まれつきである。けれども、常に心にあれこれの思いを抱き、休まる間がない。また、色欲に溺れる癖があるので、その点をよく慎めば、やがて富貴に至るであろう。

《照　戊午・己未＝天上の火》　戊己は土であり、土は火を生むので、戊己は火気の変化ということになる。また、午・未は南方の火に属している。前に説明したように、先天八卦でいえば南が乾になる。乾天の上にある火とは太陽のことである。ゆえに、天上の火とする。

この生まれの人は、大いに威勢があり、人の頭《かしら》となる。けれども、勢いを恃んで奢《おご》る心があるので、老いて落ちぶれる憂いがある。よく慎めば問題はない。

《照　戊子・己丑＝雷の火》　丙丁は火気のさかんになった状態である。一方、子・丑は北方で水気がさかんになっている状態であり、水剋火《すいこくか》の相剋の理によって、水が火を剋そうとするところを、壮火《そうか》がこれと戦い争う。ゆえに、雷の火とするのである。

この年に生まれた人は知恵や策謀に優れており、夢も大きい。その夢は実現しないではないが、身の危険をともなう。また、人と不和になりやすい。この心を慎めば、大いに発展する。

《壁　庚子・辛丑＝壁上の土》　康辛は土気が成就した状態である（相生の理で土が金を生むのを、土気が成就するといったもの）。また、子の水と丑の土が混じり合っている。水と土が混じるのは泥土であり壁土であって、これには万物を生み出すという土の功徳がない。ゆえに壁の上の土とする。

この年に生まれた人は才芸つたなく、人の下について世を渡る。機転がきかず、不精である。よく学問して自らを高めなければならない。

《壁　庚午・辛未＝瓦の土》　庚辛は土気が成就した状態である。また、午と未は南の火をつかさどる。火は火生土《かしょうど》の相生によって土を生み、よく土を乾かす。ゆえに瓦の土とする。この土には五穀を生み出す力はないが、よく水を防ぐという働きがある。

この年の生まれは才気煥発《さいきかんぱつ》の知恵者であり、武家ならば大いに発達する。武家以外でも、その身は安楽である。

《楼　壬子・癸丑＝桑の木》　壬癸は木が最も衰える末期の相であり、老木とする。子・丑は北方をつかさどり、水を見ると勢いを増す。また、水は相生で木を生むので、木の母にもあたる。木が北方の母に養われて繁茂し、やがて老樹となったのが、これである。ゆえに桑の木とする。

この年生まれは心が静かで落ち着いていて、度量が大きい。ただし、人と同意することを好まない欠点がある。よく慎んで、人のいうことにしたがうと運が開ける。

木という のである。

《楼　壬午・癸未＝楊柳《ようりゅう》の木》　壬癸は木気の終焉《しゅうえん》の地で老木であり、午未は南方の火をつかさどる。つまり老木が火気のために消耗させられ、中が空虚になって、枝もなよなよしている。ゆえに楊柳の木というのである。

この年生まれの人は、男は柔弱であって心が定まらず、とかく迷ったり恐れたりしてばかりいる。心を正直に保ち、人にしたがうようにすればよい。

《泊　甲寅・乙卯＝山沢《さんたく》の水》　甲乙は水気の初めであり（水生木《すいしょうもく》の相生理論にしたがえば、甲乙の木は水の最初の変容態だという意）、寅は山、卯は木である。水が寅卯の山中にあって、いまだ流れ出る勢いがない。ゆえに山沢の水とする。

この年に生まれた人は心静かで、思慮深い。ただ、人と親しむことをしないため、訪ねてくる人はまれで、いつも閑静《ちんせい》に暮らすことを好むのである。

《泊　甲申・乙酉＝井泉《せいせん》の水》　甲乙は水気の稚く幼い状態であり、申・酉は坤《ひつじさる》の方位、五行の金の母の地である。稚く幼い水が、金母《きんぼ》の地にいて養われ、他に流れることがない。ゆえに井泉の水とする。

この年の生まれは、心静かで正直である。勤め人になれば、上司に重用され、出世していく。何事につけても、目上の者の力を恃《たの》めば、よい方向に運が開ける。

《灯　丙申・丁酉＝山下の火》　丙丁は火気がさかんな状態にあるものだが、申・酉は金気であり、季節では秋にあたる。ゆえに火気が燃え上がろうとしても、秋の陰気に抑えられて、激しく炎上することができず、退き伏せる。ゆえに山下の火とする。
　この生まれは、万事、こうしたいと思ったことが咋わず、悶々《もんもん》と内に引き籠もるので、運気に発展性はない。ただし、医者になるか出家すれば、大いに人に尊《とうと》ばれる。

《灯　丙寅・丁卯＝爐中《ろちゅう》の火》　この丙丁は、火気がやや成長したものである。また、寅・卯は東の木の地にいて、木生火の相生の理により、火の母にあたる。火が木という母の地にいるところから、爐中の火というのである。
　この年に生まれた者は、酒食を欠くということはないが、なかなか発達することはできない。とはいえ、人のために親身に尽くす気性なので、人に用いられて一生を安楽に暮らすことができる。

《寺　戊寅・己卯＝城塁の土》　戊己は土気の化したものである。また、寅は山であり卯は山林である。戊己の土が山と山林にあるのだから、これを山に築かれた城塁の土とする。この土には、五穀その他の万物を生み出す働きはない。
　この年に生まれた人は、その気位が高く高潔《こうけつ》なので、武士などの場合は発達する。しかし町人・百姓は心にかかることが絶えず、はた目には楽な暮らしのように見えるが、内実は心労が多い。

《寺　戊申・己酉＝大沢《おおさわ》の土》　戊己は土気の化したものである。また、申・酉は西をつかさどり、西は八卦では兌《だ》の卦にあたるので、これを沢とする。土気の化した戊己が、同じ性質の沢に遊んでいるので、これを大沢の土とする。

この年に生まれた人は柔和で、知恵があり、人と争うことなく、分に安んじて心豊かである。学問に励むなら、大いに名をあげるに違いない。

《柴　庚寅・辛卯＝松柏《しょうはく》の木》　庚辛は、木の敵にあたる金気の勢いがさかんである。一方、寅と卯は東をつかさどり、東は木の支配する地である。その地にいて、金の殺気にも負けることなく一人秀《ひい》でており、霜や雪も恐れずにいるところから、これを松柏の木というのである。

この年生まれの人は、心正しく、人と約束したことを破るということがない。女性の場合は貞女であり、男の場合は勇気があって指導者の地位に立ち、人々に尊敬される。

《柴　庚申・辛酉＝柘榴《ざくろ》の木》　庚辛は木気が成就して実を結ぶところである。申・酉は西をつかさどるので、この木は金気の地にいる。金剋木《こんこくもく》の相剋の理からいえば、木は死絶の地にいるということになるが、金は秋であり、秋は果実が熟すときである。ゆえに、実が多いという意をとって、柘榴の木とする。

この年生まれは人に愛され、子の数も多いが、財産の蓄えが乏しい。神仏に祈れば富むであろう。

《鉤　壬寅・癸卯＝金箔《きんぱく》の金》　壬癸は金気の終わりにあたる相であり（五行相生説では金から水が生まれる）、金を鍛え終わり、刀剣などの道具として使う段階にあたる。けれども、東をつかさどる寅・卯が、金気にとっての死絶の地にあたっている。そのため金を活用しようと思っても、力が薄い。そこで金箔の金とするのである。

この生まれの人は、正直であり、人に愛され、重宝される。ただし生まれつきの虚弱である。よくよく養生して、信心をするべきである。

《鉤　壬申・癸酉＝剣の金》　壬癸は金気の終わりにあたる相であり、鍛え上がった金である。そこに鍛え上がった金がいるのだから、金気が非常に旺《おう》じる。酉は秋をつかさどり、万物を枯らし、死に追いやる。そこでこの金を剣の金というのである。

この年の生まれは、気立ては激しく、心も真っすぐである。ただ、短慮なところがあり、争いを好む。喧嘩や口論を慎むようよくよく心がければ、人の上に立つ資質の生まれである。

《炎　甲戌・乙亥＝山上の火》　甲乙は火気の始まるところであり、戌・亥は金気が休息する地にあたっている。（火は金を剋し、金を鋳溶《いと》かして有用の道具に作り替える働きをするが、金気が休息しているため）火は有用の働きをする対象をもたず、いたずらに燃え上がる。ゆえに山上の火とする。また、戌・亥は八卦では乾であり、乾は尊貴のものであって、地でいえば高い地を意味するので、ここからも山上という象意《しょうい》が出てくる。

この年に生まれた人は、奢《おご》り高ぶる気性の人で、無用のことにも財を散らし、浪費する。また、わずかのことにも腹を立てる性質である。これらを慎めば、末に運気がよくなるであろう。

《炎　甲辰・乙巳＝灯籠《とうろう》の火》　甲乙は火気の始まるところであり、辰・巳は東南の方位で木の母にあたる。その木母に養われているのが甲乙の火気なのだが、辰巳は八卦では巽《そん》で、風を意味する。火は風に吹き消されるものだから、巽の地にある火の力は弱く、風を恐れる。ゆえに、灯篭の火というのである。

この年生まれは学問や文筆の才能があるが、生まれつき虚弱であり、臆病である。商人や職人には向いていない。医者か僧侶の道を選べば発達するだろう。

《地　丙辰・丁巳＝砂中の土》丙丁は、火生土で気を土に送るので、土の気の勢いがさかんになる。しかし、辰・巳は木と火がじっくりと養われる地にあたるため、そこにある土は火によって乾かされ、潤いがない。これは五穀のためにならない。ゆえに砂中の土という。

この年に生まれた人は才気に乏しく、人と交わることを厭《いと》い、隠遁《いんとん》の心がある。出家するか医者を職業とすればよいだろう。

《地　丙戌・丁亥＝墓《ぼ》の土》丙丁は火生土で気を土に送るので、土の気の勢いがさかんになる。一方、戌と亥は金の休息するところであり、戌は五行の墓（十二運で墓にあたる、229ページ参照）でもある。また、亥は十二運の絶である（戌を墓とすれば、戌の次の十二支である亥は必然的に絶になる）。ゆえに墓の土とするのである。

この年生まれは、前向きに進むことを好まず、退き隠れることを好む。とはいえ、誉《ほま》れは高く、人から尊敬されるものをもっている。だから儒者や医者などになれば、出世するだろう。

《樹　戊辰・己巳＝森の木》戊己は木剋土で木に養分を与えて木気に化するものであり、辰・巳は方位でいえば東南で、木が長養する地である。木が長養の地を得てしっかり根を張りめぐらすので、森の木という。

この年生まれは、知恵のめぐりがよく、人に愛される。親族も多く、家業はよく繁盛する。よく神に仕え、仏を守ればよりよい運気となる。

《樹　戊戌・己亥＝平地の木》　戊己は木気に化するもの、戌・亥は金気が休息する場所である。金気が休息して、木をきつく剋す働きを止める（斧《おの》や鋸《のこ》などで木を切り倒すなどの働きが止《や》む）。ゆえに木は静かな地に安んじることができるので、これを平地の木というのである。

この年生まれの人は、他人とは争わず、心が平静である。家督を継ぐと発展する。住居を変えるのはよくない。

《鐘　庚辰・辛巳＝白鑞《はくろう》の金》　庚辛は西をつかさどり、金気本来の方位にあたっている（金は西を正位とする）。色でいうと白である。辰・巳は五行では木で、火を相生する。金は火に出会うと、鍛えられて役立つ道具に姿を変える。また、溶けて軟らかになるので、白蝋の金というのである。蝋というのは鉛のことである。

この年の生まれは、心は柔和で、よく人と睦み交わる。ゆえに人もまた、この人を愛す。ただし色欲に迷うことがあるので、その点は慎むべきである。

《鐘　庚戌・辛亥＝釵釧《さいせん》の金》　庚辛は金気が成就したものであり、戌・亥は金気が休息する地である。

つまり金が休息の地にいて、金本来の鋭さを出さずにくつろいでいる相がこれである。戌亥は（八卦では乾卦で、乾卦は八卦の首位にあたる）貴い方位であり、人体でいえば頭部に相当する。ゆえに釵釧（カンザシの意）の金と呼ぶのである。

この年の生まれは芸能の才があり、人に愛されて人の上に立つ。賢明で、かつ福運ももっている。ただし、名が上がるがゆえに人に妬まれることもあるので、高慢にならないよう慎むことである。

《雨　壬辰・癸巳＝長流の水》壬癸は水気の終わるところである。また、辰・巳は東南をつかさどる。地相では、東南の地を低地とする（中国風水の説で中国の地理上のことをいっている）。そこで、水はおのずから低地の東南に流れ、少しも休息しない。ゆえに長流の水とする。

この年に生まれた人は、心が広く、よく人と交わる。けれども、人のために使われ、苦労することが多い。ただし家業は栄えるであろう。

《雨　壬戌・癸亥＝大海の水》壬癸は水気の終わるところで、老水である。また、戌・亥は金気が休息する地である。老水が休息の地にいて、河川のように流れたり、滝のように落ちたりすることがない。ゆえに大海の水とする。

この生まれの人は心が広く、少々のことでは怒ることもなく、柔和である。もし怒るようなことがあれば、諸人が驚くほどの激しい怒りを発する。非常に大きな勇気の持ち主であり、最も富貴になる人である。

【万通十二星】

よろづに通じる十二星のうち、四、六、九、十二の星は、もっぱら吉をつかさどる星と考えるべきである。いわゆる四星を名づけて、吉慶《きっけい》・幽微《ゆうび》・万徳《ばんとく》・活幽《かつゆう》という。そのおのおのに百千万億のすぐれた徳がある。

月	正月	二月	三月	四月	五月	六月	七月	八月	九月	十月	霜月	雪月
殺星	午	亥	申	丑	戌	卯	子	巳	寅	未	辰	酉
禍星	未	子	酉	寅	亥	辰	丑	午	卯	申	巳	戌
凶気	申	丑	戌	卯	子	巳	寅	未	辰	酉	午	戌
吉慶	酉	寅	亥	辰	丑	午	卯	申	巳	戌	未	子
嘉星	戌	卯	子	巳	寅	未	辰	寅	午	亥	申	丑
幽微	亥	辰	丑	午	卯	申	巳	戌	未	子	酉	寅
死気	子	巳	寅	未	辰	酉	午	亥	申	丑	戌	卯
天却	丑	午	卯	申	巳	戌	未	子	酉	寅	亥	辰
万徳	寅	未	辰	酉	午	亥	申	丑	戌	卯	子	巳
凶星	卯	申	巳	戌	未	子	酉	寅	亥	辰	丑	午
口舌	辰	酉	午	亥	申	丑	戌	卯	子	巳	寅	未
活幽	巳	戌	未	子	酉	寅	亥	辰	丑	午	卯	申

万通十二星表

よろずに通じる十二星

中国から移入した禁忌日だが、この十二星が、どのようなルールにもとづいて割り出されたのかは未詳。『万暦大成』では、「今の暦《こよみ》に漏らしたる日」の撰日の中に、吉慶・幽微・万徳・活幽の四星が入れられている。江戸時代の暦本《れきほん》ではすでに大部分が採用されていない。

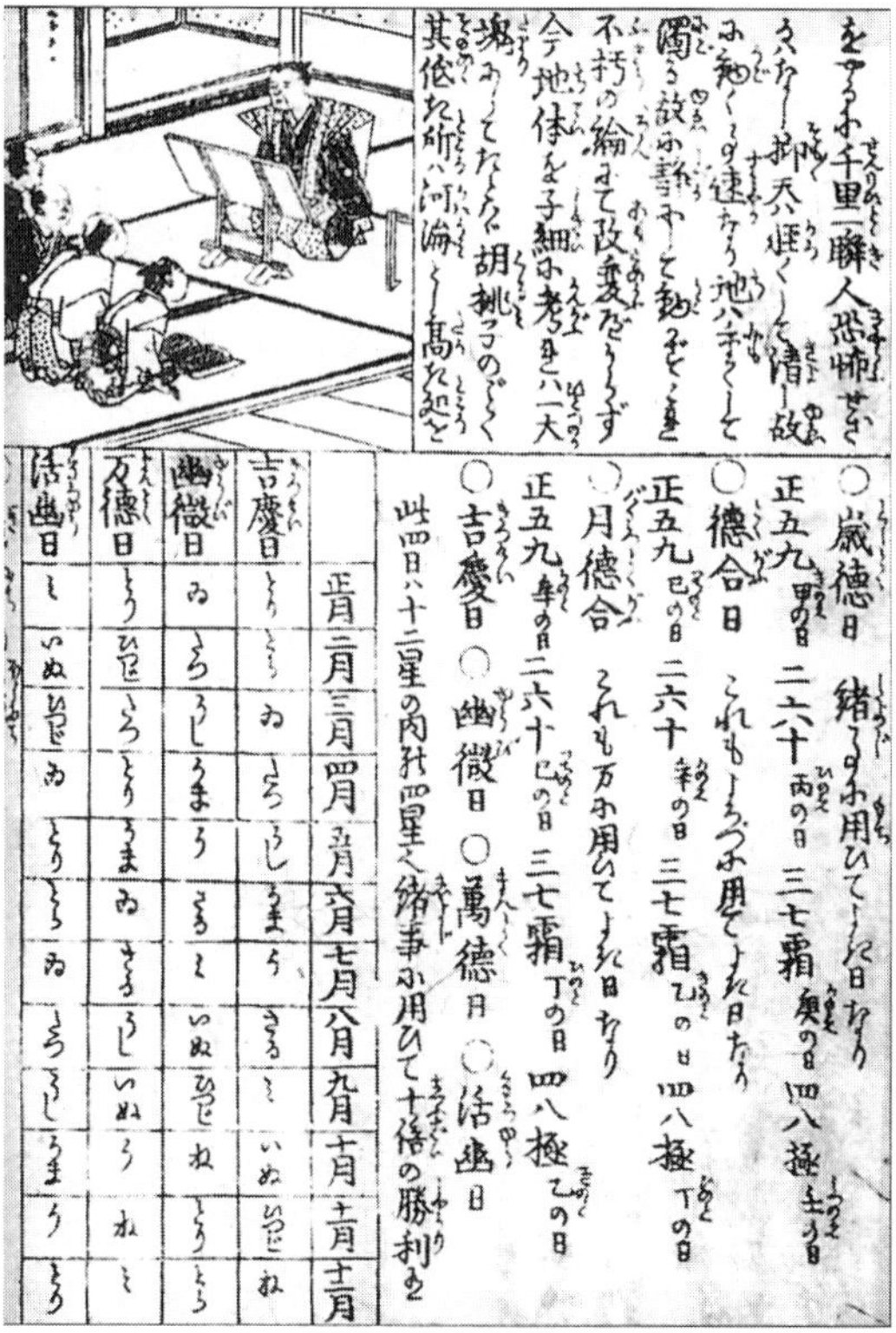

『万暦大成』の中の四吉星が記されたページ

【五離日】

春の甲申《きのえさる》・乙酉《きのととり》日は天地離別の日、耕作は凶。
夏の丙申《ひのえ》・丁酉《ひのと》日は日月離別の日、耕作は凶。
土用の戊申《つちのえ》・己酉《つちのと》日は国家離別の日、税金徴収に凶。
秋の庚申《かのえ》・辛酉《かのと》日は山河離別の日、乗船に凶。
冬の壬申《みずのえ》・癸酉《みずのと》日は人民離別の日、和合に凶。

一切離別の日

五行の金の申・酉と、十干を組み合わせたもの。金（申・酉）は殺気の五行であり、伐事《ばつじ》や傷害を主どることは、あちこちで述べておいた。五行の金が万物を切り離すと見て、離別日と名付けたものである。

『簠簋内伝《ほきないでん》』では、耕作や乗船などをわずかに凶意を挙げるのみだが、『万暦大成』では、天地離別の日は種蒔き、耕作、乗船、国入り、和合などに悪く、日月・国家・山河の離別日は万事に凶であり、人民離別日は婚礼・嫁取りや和合・相談に忌むべきだと述べて、解釈が拡大している。

なお、甲乙は陽気の最初に兆すところであり、万物の初めなので天（甲）地（乙）とし、丙丁は火なので太陽（丙）と月（丁）とし、戊己は土であり国土そのものなので国家とし、庚辛は金で金は山岳中に造られ、また金は水の母で水を生むので山（戊）河（己）とし、壬癸は水で万物を生む生命の母に当たるが、母なる水から生み出されるものの筆頭は人なので、人民としたものだろう。

五離日は、次の五合日の対になる。

【五合日】

春の甲寅《きのえとら》・乙卯《きのとう》日は天地和合の日、耕作は吉。
夏の丙寅《ひのえ》・丁卯《ひのと》日は日月和合の日、耕作は吉。
土用の戊寅《つちのえ》・己卯《つちのと》日は国家和合の日、税金徴収に吉。
秋の庚寅《かのえ》・辛卯《かのと》日は山河和合の日、乗船に吉。
冬の壬寅《みずのえ》・癸卯《みずのと》日は人民和合の日、和合に吉。

一切和合の日

前項の五離日が、物事の離反する日なのに対し、この五合日は物事が和合する日。五行の木である寅・卯と、十干を組み合わせている。

木（寅・卯）は生気《しょうき》の五行であり、ものごとが生まれ、発展に向かうというように、前項の金とは対照的な働きをつかさどる。そこで吉日としたものである。別本には、「五合日は嫁取り、結婚など万事に吉。五離日は、大悪日」とある。

【大最後日】

一日一夜を大最後日《だいさいご》に宛てる。　朔日《ついたち》　九日　十七日　二十五日

この大最後日というのは、太歳神の宮の北門の奉公人のことである。奉公人は八人いる。いわゆる毒祖神《どくそ》、毒霊神《どくれい》、禍害神《かがい》、禍厄神《かやく》、絶命神《ぜつみょう》、絶対神《ぜったい》、厭魅神《えんみ》、魍魎神《もうりょう》がそれである。このうち、第一の毒祖神は、三界《さんがい》の衆生のために四百四病の病患をつくって、人々の五体を惑乱させる。ゆえに、最もこの日を厭《いと》うべきである。

毒祖神の支配日

陰陽道占術では、セットになった神々を順に一日から配当し、一日ごとに支配神が交替していくとする類いの説（番神の説）が、よく行われた。赤舌日・赤口日などがそれであり、この大最後日もそのひとつである。太歳神宮の北門は、陰気や死気をつかさどる。その門につとめている奉公人の八神のうち、筆頭の毒祖神は月の一日目を支配する。二日目は毒霊神、三日目は禍害神というように順に支配していき、九日目にはまた毒祖神の日になる。毒祖神は諸病の元凶の神なので、太歳北門の八神のうちでも、とくにこの神の支配日を嫌ったのである。なお、本文の「一日一夜」は一昼夜のこと。

【小空亡日】

一日の昼、四日の夜、八日の昼、十一日の夜、十五日の昼、十八日の夜、二十二日の昼、二十五日の夜、二十九日の昼。

この小空亡日《しょうくうぼう》というのは、太歳神の宮殿の南門の番をしている神々である。蕃神は七人いる。いわゆる諸恙鬼《しょようき》、諸災鬼《しょさい》、諸患鬼《しょかん》、諸悩鬼《しょのう》、諸苦鬼《しょく》、諸病鬼《しょびょう》、諸疾鬼《しょしつ》である。第一の諸恙鬼は悪鬼である。両の角は鋭く尖っており、まるで夜叉のようだ。人家の墻壁《しょうへき》の下に潜んで、よろずの障碍《しょうげ》をもたらす。ゆえに、最もこの鬼を厭《いと》う。諸恙鬼とは魔王のことである。

小空亡日とは何か

ものごとが空しく滅ぶ日のことを空亡日という。その空亡日のうち、比較的ダメージの小さい悪日のことを、小空亡月と名づけたものである（空亡については次項参照）。

先の大最後日と対になった悪日で、大最後日のように一日まるごとを忌むのではなく、日中だけ、夜だけというように半日のみの禁忌になっている。昼というのは明け六《むっ》（朝方の六時ごろ）から暮れ六（夕方の六時ごろ）まで、夜というのは暮れ六から明け六までの時間をいうが、季節によって異なる。

三毒大魔王

『簠簋内伝《ほきないでん》』別本の小空亡日の項には、太歳神の東西南北の門神をまとめて、次のような説明がされている。

「右、今明らかにした三種の悪日とは、三毒大鬼王のことである。これはすなわち太歳神の眷属である。太歳神の南門の使者は八人いる。いわゆる阿毘羅鬼《あびら》、頗邮羅鬼（未詳）、悉多羅鬼《しったら》、倶毘多羅鬼《くびたら》、疾利鬼《しつり》、魔訶蘭鬼《まからん》、彼帝利鬼《ひていり》、阿提利鬼《あだいり》で、これらは皆、一日一夜を支配する番神である。人間の住む娑婆世界に下って彼らの行うことを見ているが、第四番目の倶毘多羅鬼は、極悪忿怒の姿をしており、人間のなすことに罰を与える。この鬼のまたの名を赤口神《しゃっく》というのである。

次に、東門には使者が六人いる。いわゆる阿闍鬼《あじゃ》、吒土鬼《だど》、阿魔羅鬼《あまら》、勾盧利鬼《くるり》、彼帝鬼《ひてい》、魔悩羅《まのうら》鬼で、これらは皆、一日一夜を支配する番神である。娑婆世界に下り、人間のなすことに罰を与える。中でも第三番目の阿魔羅鬼は、八つの顔と十六本の腕を持ち、全身が赤く、怒りの激しさでは最もはなはだしい性質をしている。これがすなわち、赤舌神《しゃくぜつ》である。大いに忌避すべきである。

次に、北門には八人の番神がいる。毒祖神《どくそ》、毒霊神《どくれい》、禍害神《かがい》、禍厄神《かやく》、絶命神《ぜつみょう》、絶対神《ぜったい》、厭魅神《えんみ》、魍魎神《もうりょう》がそれである。また、太歳神の西門には、七人の使者がいる。いわゆる諸悩鬼《しょのう》、諸災鬼《しょさい》、諸苦《しょく》鬼、諸患《しょかん》鬼、諸愁《しょしゅう》鬼、諸病《しょびょう》鬼、諸恙《しょよう》鬼である。これらは皆、大悪神である。中でも、西門の第七の諸恙鬼は、その形が虫のようで、二本の角を生やしているところは鬼に似る。つねに人家の壁の下に潜んでおり、一切衆生の憂いや悲しみや苦悩を食べている。（この鬼の障害があると）縦のものを横にすることも、横のものを縦にすることも困難で、一切の事業は成就しない。そこで諸恙鬼は、仏から寸善尺魔《すんぜんしゃくま》という名をたまわったのである。大いに凶《い》むべきである」

この別本のいう三毒大鬼王とは、太歳神の南門の番神で赤口日をつかさどる赤口神、北門の番神で赤舌日をつかさどる赤舌神、西門の番神で小空亡日をつかさどる諸恙鬼のことをいう。赤口と赤舌は二巻にも出ているが、配当されている鬼神が違っている。これに、東門の番神で大最後日をつかさどる毒祖神を加えて四毒大鬼王とすべきところだが、仏教では根本の煩悩を貪《とん》・瞋《じん》・痴《ち》の三毒としているので、東門を省いて数を整えたのである。

【同じく空亡の事】

甲子《きのえね》より旬日、酉《とり》に至る、十干足りて戌《いぬ》・亥《い》に干の配当なし。ゆえに空亡時《くうぼうじ》とする。
甲戌より旬日、未《ひつじ》に至る。十干足りて申《さる》・酉に干の配当なし。ゆえに空亡時とする。
甲申より旬日、巳《み》に至る。十干足りて午《うま》・未に干の配当なし。ゆえに空亡時とする。
甲午より旬日、卯《う》に至る。十干足りて辰・巳に干の配当なし。ゆえに空色時とする。
甲辰《たつ》より旬日、丑《うし》に至る。十干足りて寅・卯に干の配当なし。ゆえに空亡時とする。
甲寅《とら》より旬日、亥《い》に至る。十干足りて子・丑に干の配当なし。ゆえに空亡時とする。

空亡とは何か

空亡は占術上の重要概念の一つで、晴明《せいめい》もその著『占事略決』に記載している。『簠簋内伝《ほきないでん》』の説明はわかりづらいので、六十干支表によって説明する。

次ページに掲げた六十干支表のうち、最下段の二つの支のことを、空亡という。十干は十種だが、十二支は十二種で二つ多いため、干と支を順に組み合わせていくと、十日（旬日）ごとに支が二つ余ることになる。それが最下段の二つの支で、これを空亡と呼んでいる。

六十干支表（空亡表）

1 甲子	2 乙丑	3 丙寅	4 丁卯	5 戊辰	6 己巳	7 庚午	8 辛未	9 壬申	10 癸酉	戌亥
11 甲戌	12 乙亥	13 丙子	14 丁丑	15 戊寅	16 己卯	17 庚辰	18 辛巳	19 壬午	20 癸未	申酉
21 甲申	22 乙酉	23 丙戌	24 丁亥	25 戊子	26 己丑	27 庚寅	28 辛卯	29 壬辰	30 癸巳	午未
31 甲午	32 乙未	33 丙申	34 丁酉	35 戊戌	36 己亥	37 庚子	38 辛丑	39 壬寅	40 癸卯	辰巳
41 甲辰	42 乙巳	43 丙午	44 丁未	45 戊申	46 己酉	47 庚戌	48 辛亥	49 壬子	50 癸丑	寅卯
51 甲寅	52 乙卯	53 丙辰	54 丁巳	55 戊午	56 己未	57 庚申	58 辛酉	59 壬戌	60 癸亥	子丑

干支は、天の気である干と、地の気である支が一体となって、はじめて働きを起こす。しかし、組み合う相手のない空亡にあたると、天の気が得られないわけだから、その地支《ちし》は〝空しく亡ぶ〟というのが空亡の考え方なのである。

空亡は単純な日の吉凶では用いない。たとえば、自分の生まれ年が六十干支表の初旬（一番の甲子から十番の癸《みずのと》酉まで）中にあるとすると、この人の空亡は戌と亥ということになる。そこでこの人は、戌と亥にあたる年や月や日が巡ってくるごとに、空亡の影響を受けると見る。また、生まれ年が三旬（二十一番甲申から三十番癸巳まで）中なら、午と未が空亡になるというように見ていくのである。

空亡の吉凶

算命術《さんめいじゅつ》でいう天中殺《てんちゅうさつ》というのが、この空亡にあたる。ほかにも、晴明ら陰陽師が用いた六壬《りくじん》占術でも空亡を解釈のひとつのポイントとして用いるが、いずれにせよ、もとになる干支があり、次にそれと対照しながら調べなければならない干支があるとき、はじめて空亡は意味をもってくる。

つまり、他の吉日・悪日のように単純な素人判断ができるものではなく、他の干支との関係で吉にも凶にもなる。高度にプロ的な判断が要求されてくるので、『簠簋内伝』では、判断法その他は示さず、ただ空亡の出し方のみを記しているのである。

空亡という文字やその意味からは、凶暗示の印象を受けるが、単純に空亡だから凶ということはいえない。

【大赤・小赤時の事】

甲《きのえ》・乙《きのと》の月、丑日・丑時は赤口の時、未日・未時は赤舌の時。

丙《ひのえ》・丁《ひのと》の月、申日・申時は赤口の時、酉日・酉時は赤舌の時。

戊《つちのえ》・己《つちのと》の月、亥日・亥時は赤口の時、子日・子時は赤舌の時。

庚《かのえ》・辛《かのと》の月、寅日・寅時は赤口の時、卯日・卯時は赤舌の時。

壬《みずのえ》・癸《みずのと》の月、巳日・巳時は赤口の時、午日・午時は赤舌の時。

この五種の日取り、時刻取りにあたるときは、もっぱらこれを厭《いと》うべきである。いずれも、物事が不成就になる時日である。

大赤・小赤
本文にあるように、これは151ページに登場した赤口、赤舌の異説である。赤口、赤舌については、該当ページを参照していただきたい。
この五種の日取り、時刻取りは、いずれも月の干が日時の支を剋す相剋関係になっている。その日や時間の十二支が、天干によって傷害されるわけで、そこをとって悪日・悪時としたものと思われる。

第四巻　家相・風水編

第四巻では、おもに建築関係の陰陽道説が並べられている。今日の家相《かそう》・風水にあたるものだが、日本は風水のさかんな中国や韓国ほどには、墓地に対するこだわりはない。風水は、もともと陰宅《いんたく》風水といって、墓所（陰宅）の選定が第一の眼目《がんもく》であり、第二に生きている者の家（陽宅《ようたく》）の風水がある。なぜ陰宅が重要なのかというと、死んだ肉親の魂魄《こんぱく》のうち、陽気に属する魂《こん》は天に帰るが、陰気に属する魄《はく》は遺骸《いがい》に止《とど》まる。そこで、遺骸をよい地に葬らないと、肉親の魄が災いをもたらし、逆なら地位・財産・子宝など、あらゆる福をもたらしてくれると信じられたからである。

日本では、死んだ肉親は、やがては祖霊と一体化して、漠然とした集合的な霊になるとの観念が一般的であり、死後も永遠に個性が存続し、子孫に禍福をもたらすという観念はなかった。そのため、陰宅風水より陽宅風水が主流になり、その風水も、本式の風水のように気の流れを読み、五行・十干・十二支などの複雑なからみを総合して判断するというものではなく、はるかに簡便なものが用いられた。

『簠簋内伝《ほきないでん》』のこの巻は、中世日本でどのような家相説が行われていたかを知る絶好の材料になる。ここに出てくる諸説は、ほぼそのまま江戸時代まで踏襲され、暦本に使われることになる。

【地判の形の事】

五龍地

東が低く西が高いのは青龍の地。
南が低く北が高いのは赤龍の地。
西が低く東が高いのは白龍の地。
北が低く南が高いのは黒龍の地。
中央が低く周囲が高いのは黄龍の地。
周囲が低く中央が高いのは四龍の地。

住む人の五行による五龍地の吉凶

青龍地は、木性人《もくしょうじん》は貧《ひん》、火《か》性人は富《ふ》、土《ど》性人は病《びょう》、金《ごん》性人は災《さい》、水《すい》性人は栄《えい》。
赤龍地は、木性人は栄、火性人は貧、土性人は富、金性人は亡《ぼう》、水性人は患《かん》。
白龍地は、木性人は没《ぼっ》、火性人は患、土性人は栄、金性人は貧、水性人は富。

太保相宅図　『欽定書経図』

黒龍地は、木性人は楽《らく》、火性人は没、土性人は患、金性人は栄、水性人は貧。黄龍地は、木性人は半《はん》、火性人は楽、土性人は貧、金性人は吉《きち》、水性人は病。

五行いずれの性の人も、四龍地（周囲が低く中央が高い土地）は避けたほうがよい。この地のことを主《あるじ》無き地ともいう。この地に住居する人は、身代《しんだい》を覆し、命を断つことはなはだしい。常に言い争いが生じて、喧嘩が絶えず、火や風の難が繁くやってきて家屋を破壊し尽くし、水害や盗賊に襲われて財産を失うこと甚大なのである。あえてこのような地に住むべきではない。

地判とは何か

地判《ちはん》とは、地の形状を判断することで、その状態によって五行・五龍の別がある。無条件で凶地となるのは四龍の地だが、それ以外は自分の五行の性によって吉凶が変わるので、地判だけで土地のよしあしは判断できない。

なお、周囲が低く中央が高い四龍の地がなぜ凶悪の地になるかというと、この地形では、せっかくの大地の生気が、風などによって散らされてしまうと考えるからである。風水では、エネルギーは「穴《けつ》」と呼ばれるエネルギースポットに集まると考えられる。穴という文字からもわかるように、これは落ち窪んだ地形部分を指している。ところが、周囲が低く中央が高いと、コップから水があふれ出すように、生気《せいき》はプールされずにどんどん外部に逃げ出してしまう。そこで『簠簋内伝《ほきないでん》』は、「身代を覆す」といっているのである。

自分の五行の性の求め方

自分の五行の性《しょう》を知るにはどうしたらよいのか。厳密な意味での五行は、算命術（四柱推命）などによって割り出すことになるのだが、陰陽師はより簡便な納音《なっちん》五行によって五性を判断した。納音五行の出し方は236ページ以下で詳説したが、ここでは、もう一つの方法を紹介しておこう。

①まず、80ページの年干支一覧から、自分の生まれ年の干支を知る。

②次に、その干と支を、左の干支数にあてはめて数字に直し、足し合わせる。

甲《きのえ》・乙《きのと》＝1　丙《ひのえ》・丁《ひのと》＝2　戊《つちのえ》・己《つちのと》＝3　庚《かのえ》・辛《かのと》＝4　壬《みずのえ》・癸《みずのと》＝5

子・午・丑・未＝1　寅・申・卯・酉＝2　辰・戌・巳・亥＝3

たとえば、生年の干支が甲子なら1＋1＝2、戊申なら3＋2＝5、壬辰なら5＋3＝8となる。

図1

図2

図3

＊五行の性の求め方
図1は干支、図2は十二支、図3は五行の数表。図1と図2を加え、合計数が6以上の場合は、5を引く。こうして得た数と同じ数にあたる五行を図3から求める。これで自分の五行の性がわかる。

③足した数字によって五性が次のように決まる。

1＝木性、2＝金性、3＝水性、4＝火性、5＝土性

合計数が6以上になる人は、5を引いた数が自分の納音になる。右の壬辰の人なら、8から5を引いた3、すなわち水性が自分の納音五行になる。これによって、自分の性を知ったら、あとは住んでいる土地がどの龍に属するかを調べ、土地と自分の五行の相性を探ればよいのである。

「貧」は、住んでいる者を貧困に導く土地。「富」は財産をもたらす土地であり、財は配偶者も含めるので、俗にいう結婚運もよくなると見る。「病」は衰運の土地であり、住む者は生気が衰えて病気がちになる。「災」は土地からの恵みを受けにくく、災いの多い土地。「栄」は子孫繁栄の土地。「亡」は家が滅びる土地。「患」は憂患の多くなる土地。「没」は没落の土地。「楽」は喜び楽しみが多く、僥倖《ぎょうこう》を得る土地。「半」は吉凶が半々の土地ということである。

【四神相応の地】

東に流水がある地は青龍《せいりゅう》の地。

南に沢畔《たくはん》がある地は朱雀《すざく》の地。

西に大道があるのは白虎《びゃっこ》の地。

北に高山があるのは玄武《げんぶ》の地。

この四つともがそなわった地のことを、四神相応《しじんそうおう》の地という。最も大吉の地である。もしこれらの要素が一つでも欠けていれば、その欠けた方位から災禍《さいか》が侵入してくる。

大聖文殊がこういっている。

「東には鱗魚《りんぎょ》がいる。青龍をもって、鱗魚の筆頭とする。青龍は常に水底《みなそこ》にいる。ゆえに、東に流水がある地は、青龍の地というのである。もし流水がない場合は、柳を九本植えるべきである。柳は水辺の木だからである。

南には鳥類がいる。鳳凰《ほうおう》（朱雀）をもって筆頭とする。常に田辺《でんぺん》にいる。ゆえに南に沢畔がある地は、朱雀の地というのである。もし沢畔がない場合は、桐《きり》を七本植えるべきである。桐は鳳凰が巣を営む木だからである。

西には走獣《そうじゅう》がいる。白虎をもって筆頭とする。常に道をならすほど走り回っている。ゆえに、西に大道がある地は、白虎の地というのである。もし大道がないのであれば、梅の木を八本植えるべきである。梅は虎の棲居《せいきょ》する木だからである。

北には甲《よろい》をもった虫がいる。鼈亀《べっき》をもって筆頭とする。常に山岳に住む。ゆえに、北に高山がある地は、玄武の地というのである。もし山がないのなら、槐《えんじゅ》を六本植えるべきである。槐は山頭の壮木だからである。

中央には甲をもたない裸の虫がいる。人間をもって筆頭とする。人間が中央に居て、東西南北の四面が、彼を安んずれば、これを四神のそなわった土地という。こうした土地に住むなら富貴は自在であり、子孫は繁盛する」

四神相応の地

平安京（京都）が四神相応の地の理にかなっているということは、しばしば言及されているとおりだが、一部の人たちが必要以上に四神相応ということを強調してきたため、風水の吉地《きっち》は四神相応しかないといった誤解を植えつけている。実際には、四神相応は数ある吉地の一つに過ぎないし、遷都のすべてが四神相応をふまえて選定されたとする説も確たる根拠はない。ともあれ、この地が吉相《きっそう》の地とされてきたということは間違いない。

中国式の風水における四神相応の地は、北方に生気を送ってくれる山（主山《しゅざん》）があり、南にエネルギースポットの「穴《けつ》」（前項参照）と呼ばれる気の噴出点があることが、第一の要件となる。こうした地形で、東西に気の拡散を防ぐ山があり（これを「砂《さ》」という）、南には山か川や池などの水場があれば、四神相応の地となるのである。

『簠簋内伝《ほきないでん》』が述べている説は、いわば日本流に様式化された四神相応地であって、風水の本来の意味は、主山から受けた生気を風などによって散らさず（そのために東西の砂と呼ばれるガードの山が尊重される）、南方の水にためて活用することにある。山からの生気の流入が第一の要件であり、次に気をとどめる働きをもつ水を活用するのが第二の要件なので、杓子《しゃくし》定規《じょうぎ》に東の流水、西の大道《だいどう》……、などといっていると、肝心《かんじん》かなめの気の道（龍脈）のことが忘れられ、風水本来の意味が見失われてしまう。

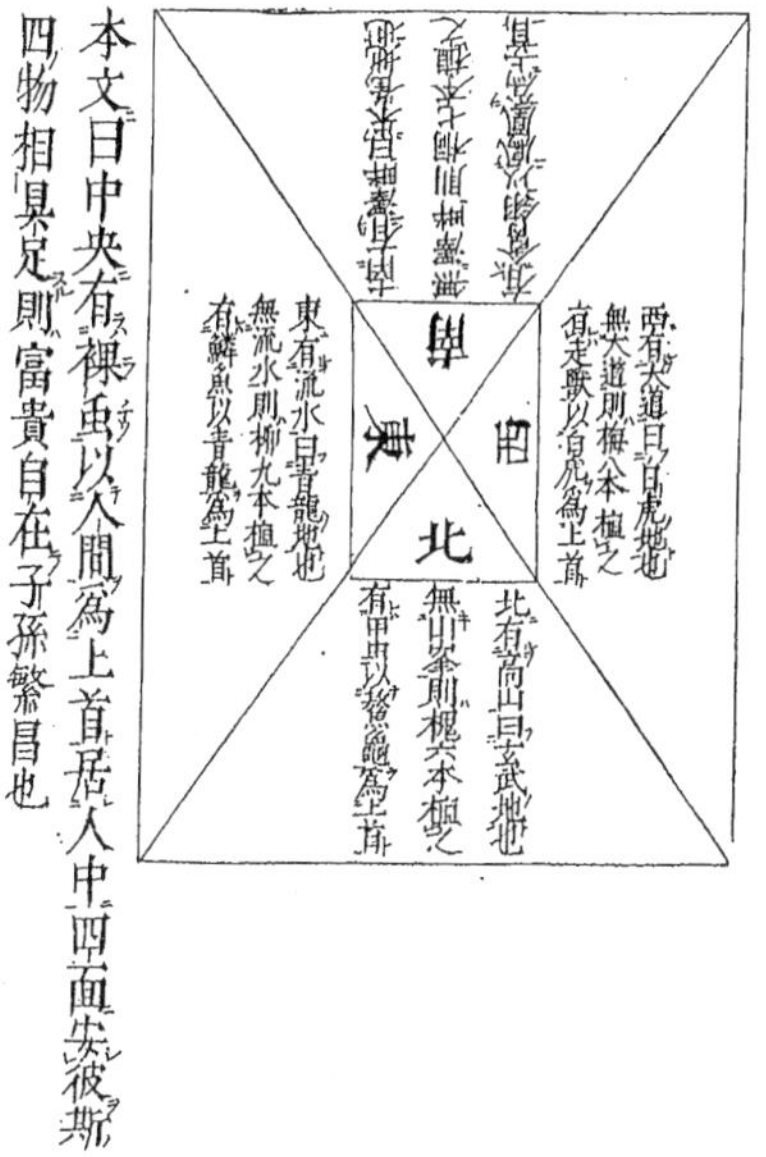

四神相応地の解説　『簠簋秘訣伝』

四神の欠損に対する防御法

ある土地が、四神相応に欠ける部分がある場合の対処法が、文殊の教えとして述べられている。青龍の場合は九本の柳、朱雀の場合は七本の桐、白虎の場合は八本の梅、玄武の場合は六本の槐を植えるというのがそれだが、この本数は、

〈水＝1・6、火＝2・7、木＝3・8、金＝4・9、土＝5・10〉

という五行の数（108ページ以下を参照）のうち、壮数（6〜10）を採ったものと考えられる。木の青龍と金の白虎の数は入れ替わっているが、これはおそらく誤記だろう。五行の数には、右の壮数、生数（1〜5）のほかに、

〈水＝5、火＝3、木＝9、金＝7、土＝1〉

とする老数《ろうすう》（納音数《なっちん》）があり、この生・壮・老が種々組み合わされて、複雑な体系ができてくるのだが、『簠簋内伝』の掲げた本数は、木の青龍以外は老数とも一致しない。誤記と考え、柳は八本、梅は九本とするのが正しいとしておく。

植える樹木にはほかにも説があり、青龍には柳や桃、朱雀には梅や棗《なつめ》、白虎には桑、玄武には杏《あんず》と『万暦大成』には出ている。同書の「仮の四神相応の地の事」が実践的な教えを述べているので、以下に訳出しておく。

「およそ町家《まちや》などの小さく狭い場所では、四神相応の地は選びがたく、あるいは先祖から伝わった土

地などは、四神が相応していないからといってどうできるものでもない。また、場所によっては樹木を植えることもかなわない。そこで、地鎮祭《じちんさい》を終えて、地曳祭《じびき》（敷地中央に祭壇を設け大工の棟梁が祭主となって行う祭祀）を行うとき、敷地の中央および東西南北に清浄な土を置けばよい。その土は、以下のように方位によって色分けする。

・中央＝黄土
・東＝青土
・西＝白土
・南＝赤土
・北＝黒土

さて、その土の色に応じて五色の幣をつくり、同じ色の土のところに立て、お神酒《みき》を供えて祭り、祭祀が終了したら、五色の土をそれぞれの方位のところに埋めるのである。こうすれば、その敷地はおのずから四神相応の地となる。四神相応の土を取り寄せる吉方《きっぽう》は左表のとおり。左の方位の土をとって用いるときは、その土地が大将軍や金神《こんじん》はいうにおよばず、それ以外の凶方にあたる場合でも、殺気を降伏《ごうぶく》して家業は繁盛し、子孫は長久《ちょうきゅう》するのである」

四神相応の土を取り寄せる吉方表

月	位	方
1	丙	丁
2	坤	甲
3	癸	丙
4	辛	庚
5	乾	丙
6	甲	丙
7	癸	壬
8	艮	庚
9	丙	辰
10	乙	甲
11	巽	壬
12	庚	乙

【屋敷二十二相】

屋敷二十二相

屋敷二十二相の図文に、こう述べられている。
凹凸《おうとつ》のない四角と円形の屋敷は願いが意のごとくかなう相（四角円形は如意相《にょいそう》）。
きれいな八角形にまとまっている屋敷は富貴の相（八角団形は富貴相）。
東西に長い屋敷は貧窮の相（東西増長は貧窮相）。
南北に長い屋敷は財産が豊かに増える相（南北増長は豊饒《ほうじょう》相）。
東南が欠けている屋敷は幸の多い相（東南不足は吉祥相）。
西南が欠けている屋敷は憂い煩《わずら》いの多い相（西南不足は憂患相）。
西北が欠けている屋敷は貧賤の相（西北不足は貧賤相）。
東北が欠けている屋敷は家内安全の相（東北不足は息災相）。
東方が欠けている屋敷は願いが意のごとくかなう相（東方不足は如意相）。
南方が欠けている屋敷は災いの消える相（南方不足は消災相）。

西方が欠けている屋敷は口論の絶えない相（西方不足は口舌《くぜつ》相）。
北方が欠けている屋敷は貧窮の相（北方不足は貧窮相）。
家の前部が広く後部が狭いのは困窮の相（前広後狭《ぜんこうこうきょう》は困窮相）。
家の前部が狭く後部が広いのは富貴の相（前狭後広は富貴相）。
東方が半月のように張り出しているのは不吉の相（東方半月は不吉相）。
南方が半月のように張り出しているのは凶悪の相（南方半月は凶悪相）。
西方が半月のように張り出しているのは幸の多い相（西方半月は吉祥相）。
北方が半月のように張り出しているのは富貴の相（北方半月は富貴相）。
右側が短く左側が長い屋敷は貧窮する相（右短左長は貧窮相）。
右側が長く左側が短い屋敷は喜びの満ちあふれる相（右長左短は歓喜《かんぎ》相）。
敷地が五行の理《ことわり》にかなっていれば大吉相（五行判体は大吉相）。
まとまりのない乱雑なつくりの屋敷は滅亡の相（無作無形《むさくむけい》は滅亡相）。

屋敷八神の扱い方

屋敷には八神がいる。東方は天尼《てんに》神、東南は三障《さんしょう》神、南方は祖毒《そどく》神、西南は歓喜《かんぎ》神、西

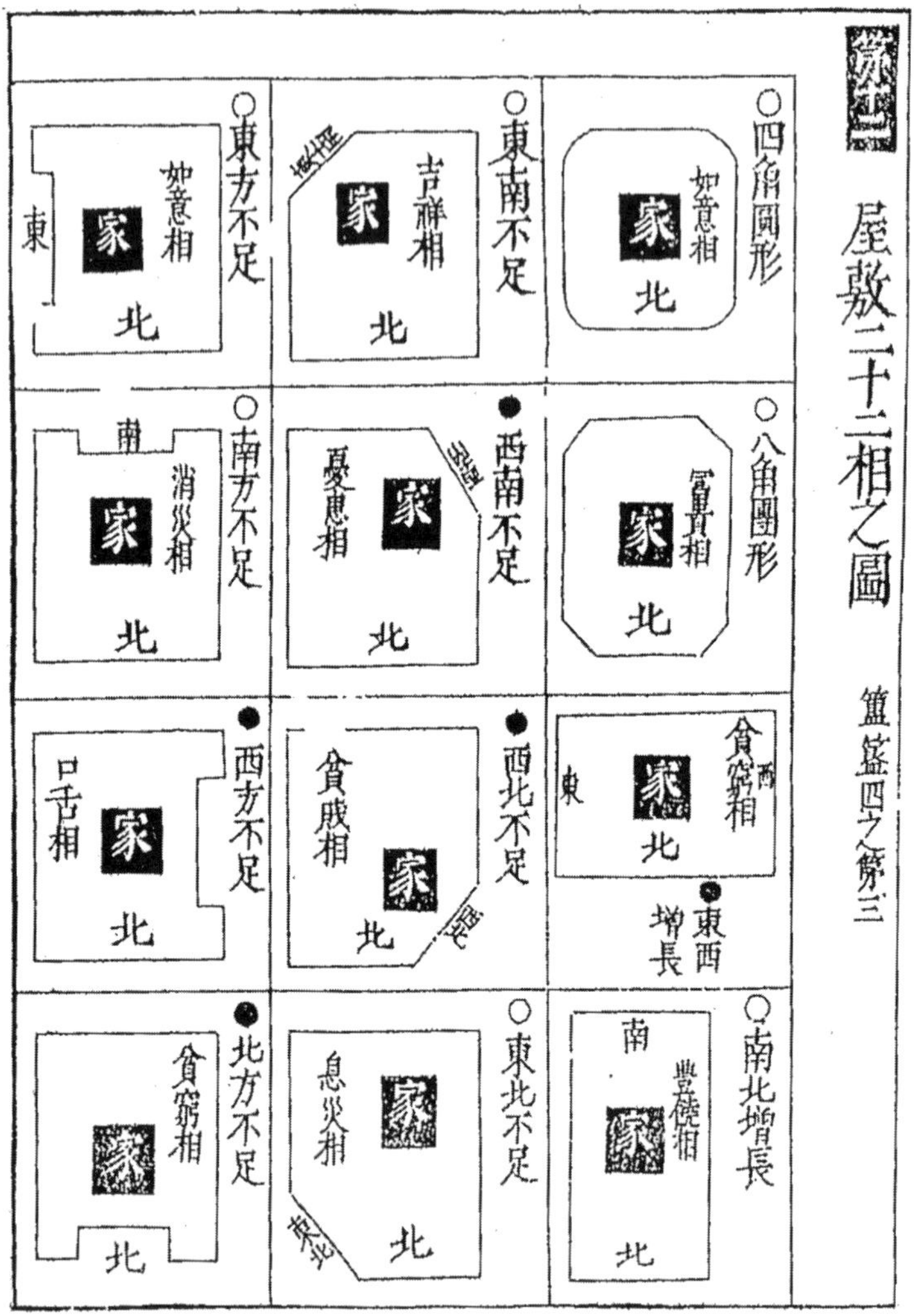
屋敷二十二相之圖
簠簋四之第三
○四角圓形
如意相
○東南不足
吉祥相
○東方不足
如意相
○八角圓形
富貴相
●西南不足
憂患相
○南方不足
消災相
●東西增長
貧窮相
●西北不足
貧賤相
●西方不足
口舌相
○南北增長
豊饒相
○東北不足
息災相
●北方不足
貧窮相

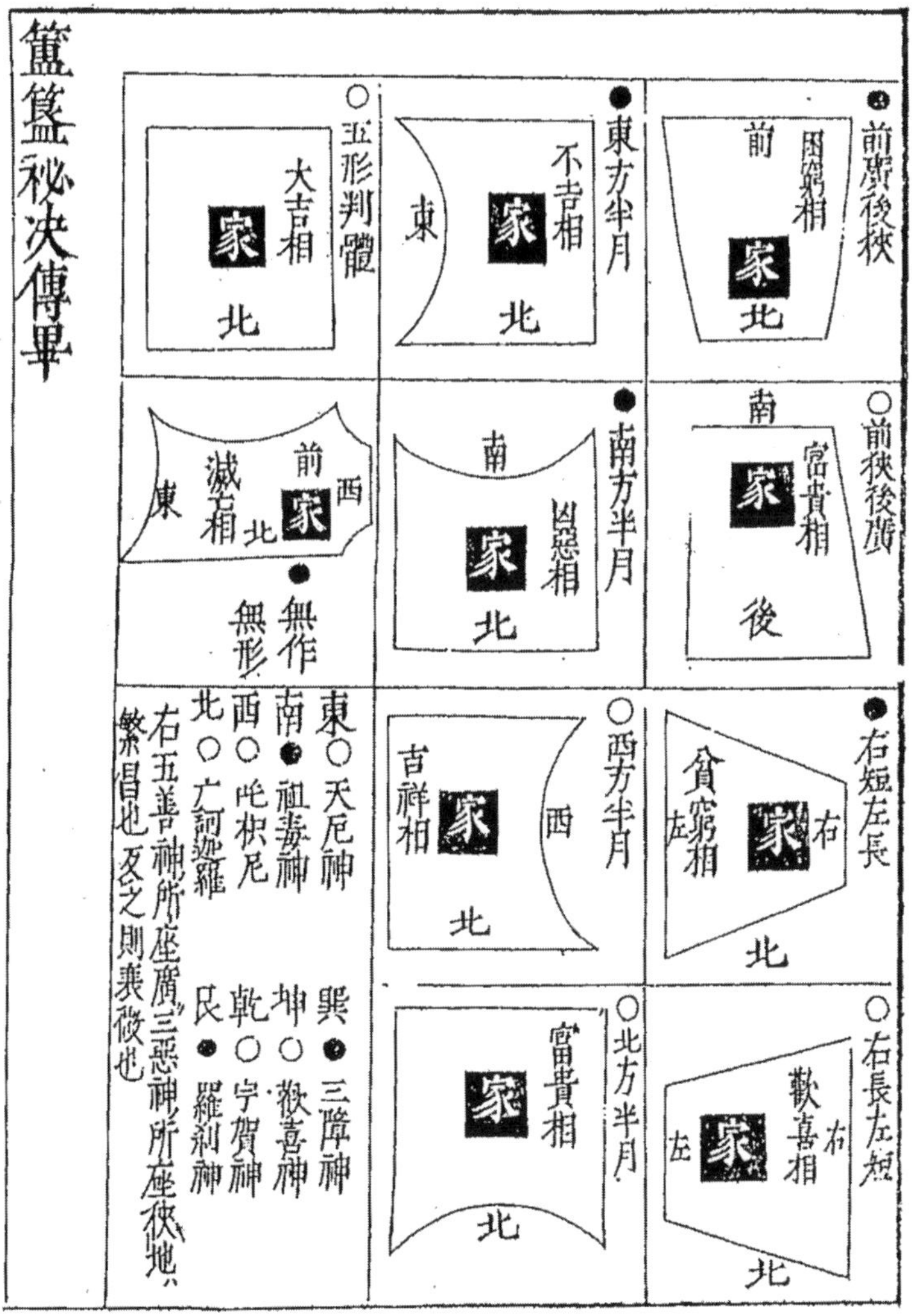

屋敷二十二相図　『簠簋秘訣伝』

方は荼枳尼《だきに》神、西北は宇賀《うが》神、北方は摩訶迦羅《まかから》神（大黒天）、東北は羅刹《らせつ》神を忌むのである。
この八神には神威と神徳がそなわっている。この神々の扱いを考えるべきであるが、師の印可《いんか》がなければ、それを明かすことはできない。

屋敷八神の扱い方

『簠簋内伝《ほきないでん》』は屋敷八神の扱い方を隠しているが、善神の所座は広く、悪神の所座は狭くなるように屋敷を構えるというのが、その秘密のようである。また、善神の所座が広く、悪神の所座が狭い土地は繁盛地、その逆なら衰退地だと『万暦大成』に出ている。

屋敷八神の善悪は以下のとおり。

・善神——天尼神、歓喜神、荼枳尼神、宇賀神、摩訶迦羅神
・悪神——三障神、粗毒神、羅刹神

なお、天尼神は、天老《てんろう》神としてある別本もある。天老神なら五行の水神の異名だが、水神は北方をつかさどる。その神を、東方に配する理由がわからない。

【五性の人の家造りの吉凶の事】

木性人《もくしょうじん》

子年は没身《ぼっしん》（沐《もく》）　丑年は昇進（官《かん》）　寅年は半吉（臨《りん》）　卯年は富貴《ふうき》（帝《てい》）　辰年は不吉（衰《すい》）
巳年は逢厄《ほうやく》（病《やまい》）　午年は豊饒《ほうじょう》（死《し》）　未年は大吉（墓《ぼ》）　申年は得病《とくびょう》（絶《ぜつ》）　酉年は出世（胎《たい》）
戌年は福来《ふくらい》（養《よう》）　亥年は繁盛《はんじょう》（長《ちょう》）

火《か》性人

子年は出世（胎）　丑年は福来（養）　寅年は繁盛（長）　卯年は没身（沐）　辰年は昇進（官）
巳年は半吉（臨）　午年は福来（帝）　未年は不吉（衰）　申年は逢厄（病）　酉年は大吉（死）
戌年は豊饒（墓）　亥年は得災《とくさい》（絶）

土《ど》性人

子年は富貴（帝）　丑年は不吉（衰）　寅年は逢厄（病）　卯年は大吉（死）　辰年は豊饒（墓）

巳年は得災（絶）　午年は出世（胎）　未年は富貴（養）　申年は繁盛（長）　酉年は没身（沐）
戌年は昇進（官）　亥年は半吉（臨）

金《ごん》性人
子年は大吉（死）　丑年は豊饒（墓）　寅年は得災（絶）　卯年は出世（胎）　辰年は福来（養）
巳年は繁盛（長）　午年は没身（沐）　未年は昇進（官）　申年は半吉（臨）　酉年は富貴（帝）
戌年は不吉（衰）　亥年は逢厄（病）

水《すい》性人
子年は富貴（帝）　丑年は不吉（衰）　寅年は逢厄（病）　卯年は大吉（死）　辰年は豊饒（墓）
巳年は得災（絶）　午年は出世（胎）　未年は富貴（養）　申年は繁盛（長）　酉年は没身（沐）
戌年は昇進（官）　亥年は半吉（臨）

このように考えて、悪い年にわざわざ家を造るようなことはすべきではない。五行の性の見分け方については口伝がある。師からの相承によってこれを知るべし。

家を建てるべき年

ここでは、いつ家を建てるべきかについて説明している。まず自分の納音《なっちん》から五行の性を出し、自分の性とその年の十二支の相性によって、建築に吉の年と凶の年を割り出すのである。『簋簠内伝《ほきないでん》』は、五行の性の見分け方は口伝だといっているが、納音による五行の性の繰り出し方は、本巻の「地判の形の事」のところで紹介しておいたので、そちらを参照していただきたい。

たとえば、西暦一九八〇年生まれの人の性を求めてみよう。一九八〇年の年干支は庚申《かのえさる》で、庚の数は4、申は2。両者を足すと6だが、6以上は5を引くから、6引く5で納音数は1。1の納音は木なので、この人は木性人となる。

この木性人の人が、西暦二〇〇一年の巳年に家を建てようとした場合、運気は「逢厄（病）」となり、厄に逢う年巡りで好ましくない。大吉は、それから二年後の未年なので、そこまで待ったほうがいい、というように占うわけである。

訳文中のカッコは、229ページ以下に記した十二運を表す。また、原文では水性人の項目はなく、「水土は同じ」と注記がある。水性人は土性人と同じということだが、訳では水性人のほうも掲げておいた。

【五星神の有無の事】

五星神の所在月《しょざいつき》に犯土・造作を行えば、日々福徳が消滅し、夜々に災難が到来する。何をさておいても慎むべきである。

大聖文殊のこんな言葉がある。

「もし人が木神《もくしん》の所在の月に犯土・造作を行えば、その家内に常に疫霊《えきれい》がやってきて、熱病に陥《おちい》ることしきりである。それだけではない。その家の者九人までが死ぬ。

また、もし火星神の所在の月に犯土・造作を行えば、ひっきりなしに火災が起こり、日夜、やかましい騒動事が生じる。それだけではない。その家の者九人までが死ぬ。

もし土星神の所在の月に犯土・造作を行えば、呪咀が家に満ち、水難によって頻繁に壁が壊される。それだけではない。その家の者五人までが死ぬ。

また、もし金星神の所在の月に犯土・造作を行えば、風の災いが常にやってきて、棟を折り、柱を砕くことはなはだしい。それだけではない。その家の者七人までが死ぬ。

水星神は土星神と同じと考えればよい。

ゆえに、右の諸月は深く慎まねばならないのである。末代の衆生はこの法を知らないため、幸福や天佑を他に追いやり、家内に災恙《さいよう》を招いているのである」

子年	二月＝木神	四月＝土神	六月＝水神	八月＝火神	十月＝木神	雪月＝金神
丑年	正月＝土神	三月＝金神	五月＝水神	七月＝火神	九月＝土神	霜月＝木神
寅年	二月＝土神	四月＝水神	六月＝火神	八月＝水神	十月＝火神	雪月＝木神
卯年	正月＝水神	三月＝火神	五月＝火神	七月＝水神	九月＝金神	霜月＝土神
辰年	二月＝木神	四月＝火神	六月＝土神	八月＝金神	十月＝木神	雪月＝土神
巳年	正月＝水神	三月＝土神	五月＝金神	七月＝金神	九月＝木神	霜月＝火神
午年	二月＝火神	四月＝土神	六月＝金神	八月＝木神	十月＝木神	雪月＝水神
未年	正月＝土神	三月＝金神	五月＝金神	七月＝木神	九月＝土神	霜月＝火神
申年	二月＝土神	四月＝金神	六月＝木神	八月＝土神	十月＝木神	雪月＝火神
酉年	正月＝土神	三月＝金神	五月＝木神	七月＝土神	九月＝木神	霜月＝火神
戌年	二月＝金神	四月＝木神	六月＝土神	八月＝水神	十月＝火神	雪月＝土神

五星神表

家を建てるべき月

前項では、造作を行う年の吉凶が占われているが、この項目では、月の吉凶が述べられている。ただし、表に記された五星神の所在月を避けて造作せよというのか、自分の五行の性との相性で判断せよというのか、具体的な活用法は不明。

【八神吉凶の事】

朱雀、白虎頭《あたま》、白虎脇、白虎足、玄武、青龍首、青龍脇、青龍足の八神の吉凶は、造屋と外出の両方に用いる。吉日は白虎頭日と白虎脇日で、これらは最上の吉日である。もし、これ以外の日を造屋と外出に用いるなら、災妖《さいよう》が天から下り、孽難《げつなん》が地から涌き出るので、大いに忌むのである。

もし、どうしても白虎頭と白虎脇以外の日を用いなければならないのであれば、玄武日か青龍足日を用いるべきである。世間の人が小八神と呼んでいるのは、この日のことである。

	日	吉凶
朱雀日	一　九　十七　二十五	大凶
白虎頭	二　十　十八　二十六	吉
白虎脇	三　十一　十九　二十七	吉
白虎足	四　十二　二十　二十八	凶
玄武日	五　十三　二十一　二十九	吉凶半々
青龍首	六　十四　二十二　晦日	凶
青龍脇	七　十五　二十三	凶
青龍足	八　十六　二十四	吉凶半々

八神表

家相関係の方位八神

東西南北の四方に、東北、東南、西北、西南の四維《しい》を加えた八方位を八神とし、日に配当していったものだろうが、一日がなぜ朱雀の日なのかは明らかではない。陰陽道祭祀で四神《しじん》を礼拝《らいはい》するときには、まず朱雀からはじめるので、朱雀が月の筆頭にきているのか。あるいは、月の区切りは太陽の動きを基準とするので、最初に太陽＝火である朱雀をもってきて、以下、方位図を左回りに、白虎頭（坤方《ひつじさるのかた》＝西南）、白虎脇（酉方＝真西）、白虎足（乾方＝西北）、玄武（子方＝真北）、青龍首（艮方《うしとら》＝東北）、青龍脇（卯方＝真東）、青龍足（巽方《たつみ》＝東南）としたものか未考。

なお、『簠簋内伝《ほきないでん》』では造屋と外出に用いるとしているが、『吉日考秘伝《きちじつこうひでん》』（賀茂在盛《ありもり》）では、転居・転宅（移徙《わたまし》）に用いるとしている。吉凶の取り方はほぼ同じだが、青龍足日は子どもや六畜（鶏・犬・羊・豚・牛・馬）が死ぬとして、『簠簋内伝』のような吉凶半々ではなく、凶日としている。また、大吉は白虎頭で富貴・財物を得るとし、白虎脇日でも移徙後、一年以内に思いのままに富をつかめるとしている。

蘖難

文中、「蘖難」とあるのは地の怪異の一種。『漢書』五行志《ごぎょうし》に、地の怪異現象を分類して、「妖《よう》・蘖《げつ》・禍《か》・痾《あ》・眚《せい》・祥《しょう》」の六種を数える。妖は植物に現れる怪奇現象のこと、蘖は動物に現れる怪奇現象、

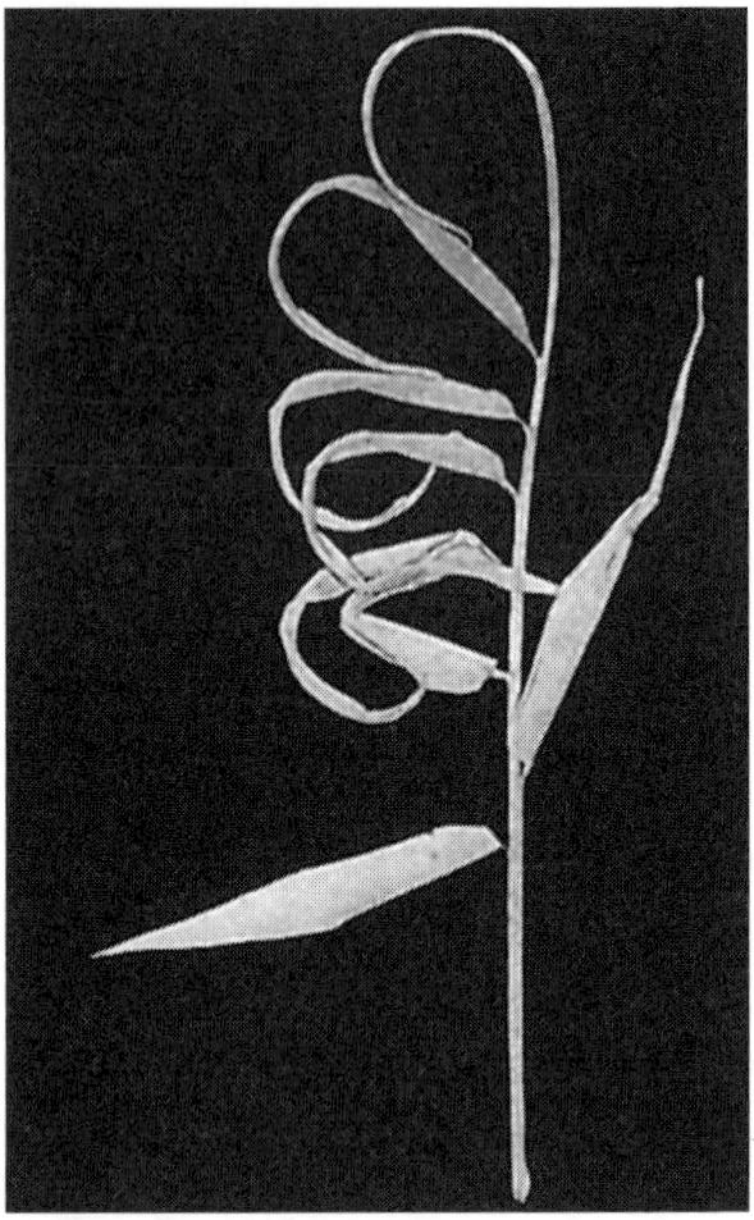

植物の妖異の一種、片葉の葦　『植物怪異伝新考』

禍は動物の中でも六畜に現れる異常、痾は人間に現れる病気、眚は気のバランスが崩れて異形《いぎょう》のものが生まれ出ること、祥は外部から異形のものが襲ってくることで、地に現れる異常な前兆現象のうち、妖が最も軽微の〝初期症状〟で、祥に近づくほど異常の度合いが強くなる。

ただし『簠簋内伝』のいう蘖難は、地の災いの総称だろう。

【四火日の事】

四火《しか》日とは、造作・犯土・耕作・堂塔建立のいずれにも大悪日にあたる日のことである。正月、五月、九月は除いてあるが、それはこれらの月が火の位にあたる月だからである。四火日に配当されていないからといって、これらの月を用いてはならない。

月	二月	三月	四月	六月	七月	八月	十月	霜月	雪月
天火	卯	子	卯	子	子	戌	巳	巳	丑
地火	午	卯	酉	辰	酉	酉	未	戌	戌
人火	子	申	戌	卯	未	午	午	酉	酉
雷火	未	未	巳	午	午	巳	亥	酉	午

四火日表

火事をもたらす日

正月、五月、九月が火の位というのは、火が寅（正月）に生まれ、午（五月）で活動が極点に達し、戌（九月）で死んで墓《ぼ》に入るからである。造屋では、何よりもまず土神に対する十分な配慮がいる。次に恐ろしいのが、火事をもたらす火神なので、五行の火の働きを細かく見ていって、天火・地火・人火・雷火に分類し、各月に配当したのである

【十三箇の悪日】

最初の地徴《じげき》日から五番目の土府《どふ》日までは、犯土に忌む日とすべし。
また、残り九個の悪日は、家造りに避けるべき日とすればよい。

月	地徴日	地破日	地賊日	地謝日	土府日	天燭日	地燭日	乱火日	落火日	龍口日	八風日	棟折日	天下滅亡日	地火日
正月	寅	午	亥	寅	丑	丑	巳	戌	寅	午	卯	卯	丑	巳
二月	巳	酉	子	卯	巳	子	辰	戌	亥	午	午	卯	卯	午
三月	申	亥	丑	巳	酉	亥	卯	戌	申	午	酉	巳	申	未
四月	亥	卯	亥	亥	寅	戌	寅	酉	巳	巳	子	巳	酉	申
五月	卯	辰	卯	子	午	酉	丑	午	寅	巳	卯	未	丑	酉
六月	午	戌	辰	辰	戌	申	子	丑	亥	巳	午	未	卯	戌
七月	酉	辰	巳	酉	卯	未	亥	丑	申	辰	酉	酉	申	亥
八月	子	未	午	辰	未	午	戌	丑	巳	辰	子	酉	酉	子
九月	辰	辰	未	戌	亥	巳	酉	亥	寅	辰	卯	亥	丑	丑
十月	未	戌	申	午	辰	辰	申	巳	亥	寅	午	亥	卯	寅
霜月	戌	巳	酉	巳	申	卯	未	寅	申	寅	酉	丑	申	卯
雪月	丑	辰	戌	亥	子	寅	午	未	巳	寅	子	丑	酉	辰

十三箇の悪日表

よくよくこの日取りを見て検討すること。どうしてもこれらの日でないと事欠くことが起きるという場合であっても、これらの日は用いるべきではない。

ことに八風《はっぷう》日と地火《じか》日は、種蒔きには絶対に用いてはならない日である。

近世に消えた悪日

すでに読者もお感じのことと思うが、とにかく悪日が多い。ここまで悪日を並べられると、もうどうでもよいという気分になるに違いない。もし、陰陽師のいうとおり、日や方位の吉凶を忠実に守ろうとしたら、まともな生活は不可能になる。

平安時代の貴族が、暦《こよみ》の吉凶にがんじがらめにされて、やたら物忌《ものいみ》や方違《かたたが》いなどに明け暮れたのは、彼らが下からの収奪で暮らせる優雅な身分だったからで、実際に額に汗して働くものは、このような禁忌など守れるわけもない。そこで、江戸時代までには、多くの悪日説が捨て去られた。

風を鎮める行者　『万暦大成』

この十三箇《か》の悪日では、火にまつわる地火日や乱火日、風にまつわる棟折《とうせつ》日や八風日が生き残った程度で、あとは顧みられていない。

なお、見出しは十三箇だが、実際には十四の悪日がある。本来の十三箇悪日は天下滅亡《てんかめつもう》日までの十三種で、表の最後にある「地火日」は、元来、ここに含まれていなかった。中村璋八氏の校訂本文の注によれば、この地火日があるのは続羣書類従本だけのようなので、最後に付加されたものだろう。

【七箇の悪日】

三隣亡日《さんりんぼう》、宅蛇日《たくじゃ》、八十二神滅して穴に入る悪日、飛鹿三殺日《ひろくさんせつ》、鬼神屋造日、保呂風日《ほろぶ》、四季八風日の七箇の悪日は、かりに吉日と重複していたとしても、用いるべきではない。ただし、布洒星合《ふしゃ》、四吉星、七箇の善日などにあたる場合は、その結集した力の具合によって考えるべきである。

大聖文殊は、こういっている。

「昔、北方に珍財国《ちんざい》という名の国があった。大王がおり、名を守宅神《しゅたく》といった。彼には五人の子があった。天老《てんろう》、大破《たいは》、句《こう》（勾）陳《ちん》、金貴《きんき》、大徳《だいとく》がそれである。これらの神は、いずれも家屋の主神としている。守宅神は十月丁酉《ひのととり》の日に病を受け、丁亥《い》日に死去し、辛亥《かのと》の日に塚（墓）に埋めた。ゆえに、これらの日は最大の悪日である。また、その后《きさき》を鎮家女《ちんかじょ》という。丁巳《み》の日に病を受け、丁丑《うし》の日に死し、辛未《かのとひつじ》日に塚に葬った。たとえ大吉の日と重複していても、これらの日はあえて用いるべきではないのである」

月	正	二	三	四	五	六	七	八	九	十	霜	雪
三隣亡日	亥	寅	午	亥	寅	午	亥	寅	午	亥	寅	午
宅蛇日	丑	辰	戌	丑	辰	戌	丑	辰	戌	丑	辰	戌
八十二神滅穴入悪日	未	申	酉	戌	亥	子	丑	寅	卯	辰	巳	午
飛鹿三殺日	辰	巳	午	未	申	酉	戌	亥	子	丑	寅	卯
鬼神屋造日	申	申	申	寅	寅	寅	巳	巳	巳	亥	亥	亥
保呂風日	辰	亥	未	未	戌	寅	寅	寅	寅	丑	巳	丑

七箇の悪日表

季節	春	夏	秋	冬
日	丁巳　己丑	甲辰　甲申	辛亥　丁未	甲申　甲辰

四季八風日表

家・屋敷の悪日

三隣亡は、火の災いをつかさどるとされる日で、この日に造屋を行うと三軒隣まで焼き滅ぼすといわれる。宅蛇日も蛇は巳で火月の十二支なので、火の災いの懸念される悪日だろう。八十二神滅して穴に入る悪日は諸神の働きが滅ぶ悪日、飛鹿三殺日は造屋の悪日だが、これとまったく同じ地支の配当になる飛符《ひふ》という悪日は官災《かんさい》（仕事上のトラブル）や口舌の悪日としている。鬼神屋造日は鬼神が家を建てる悪日、保呂風日は滅ぶ日、四季八風日は風の災いが懸念される悪日である。

この悪日説の中で、後々まで忌まれたのは、三隣亡、保呂風日、飛鹿日、四季八風日で、とくに三隣亡は、建築関係者に忌み嫌われ、今でも民間暦に記載されている。

布洒星合

訳文中に「布灑星合」という言葉が出てくる。これはおそらく宿曜道でいう鬼宿《きしゅく》のことだろう。宿曜専門家の羽田守快氏（天台寺門宗）にもご意見をうかがったが、やはり鬼宿だろうとのことだった。鬼宿はインドではプシャといい、中国では布灑、富沙、弗沙などと音訳した。釈迦がこの日に生まれたという伝説があり、「この日は一切の事柄がみな速やかに成就する」（『護摩法略鈔《ごまほうりゃくしょう》』）最吉祥日とされている。

四吉星は第三巻に出る吉慶・幽微・万徳・活幽のこと。七箇の善日は第二巻112ページ参照。また、天老《てんろう》、大破《たいは》、勾陳《こうちん》、金貴《きんき》、大徳《だいとく》の五神は五行神の異名で、天老は水神、大破は火神、勾陳は木神、金貴は金神、大徳は土神である。

なお、暦関係の事典の中には、「三隣亡という大凶日は……『簠簋《ほき》』『暦林問答集』といった多くの歴注解説書にも記載されていない」とし、江戸時代の雑書に「三輪宝《さんりんぼう》」と書いてあるので元は吉日だったものを、「よし」を「あし」と写し間違え、江戸時代のいつかの悪日に切り替わったのだろうと書いているものもあるが、今見たように、『簠簋内伝』にはちゃんと三隣亡が出ており、しかも建築関係の悪日として扱っている。

【追加地曳の吉日の事】

十二直《ちょく》のうちの除《のぞく》・平《たいら》・定《さだむ》・収《おさむ》・開《ひらく》。この五日は大吉日である。これ以外はさし障りがある。

春の甲子《きのえね》日は凶。乙丑《きのとうし》日、丙寅《ひのえとら》日、丁卯《ひのとう》日、戊辰《つちのえたつ》・戊寅・戊子・戊戌《いぬ》日、己酉《つちのととり》・己巳《み》日、庚《かのえ》辰・庚寅・庚子・庚戌日、辛《かのと》卯・辛未・辛亥《い》日、壬《みずのえ》子・壬寅日、癸《みずのと》卯日は吉日。

これらは吉日の内ではあるが、犯土悪日と重なる場合は吉日として用いない。

その他の吉日

悪日ばかりが多いので、『簠簋内伝《ほきないでん》』に出てこない建築関係の吉日を補っておく。左表の地徳《ちとく》日、生家《せいか》日、柱立家造吉《はしらたてやづくりきち》日は建築関係のすべてに吉。国家和合日（256ページ参照）もよい。

月	一	二	三	四	五	六	七	八	九	十	十一	十二
地徳日	巳	午	未	申	酉	戌	亥	子	丑	寅	卯	辰
生家日	亥	子	丑	寅	卯	辰	巳	午	未	申	酉	戌
柱立家造吉日	甲子・甲寅・甲辰／乙未・乙酉　戊申　庚子・庚午・庚戌／辛卯　壬子・壬丑・壬寅／癸丑・癸卯											

その他の吉日表

【杣山入りの吉日】

甲辰《きのえたつ》日、丙午《ひのえうま》・丙子《ね》・丙辰・丙寅《とら》・丙戌《いぬ》日、丁未《ひのとひつじ》日、戊寅《つちのえ》・戊申《さる》・戊巳《み》・戊酉《とり》日、庚辰《かのえ》・庚戌《かのえ》日、辛酉《かのと》日、壬申《みずのえ》・壬寅日、癸未《みずのと》・癸丑・癸巳日。

右の十九日は杣山《そまやま》入りの吉日ではあるが、以下の山神腹立《やまがみはらだち》日、山鳴日、木鳴日や、日食・月食日、また、臘日、滅日、没日など、四季の悪日と重複する場合は、使用を深く忌むべきである。

建材切り出し日

杣山入りとは、材木を切り出す山に入る日のことをいう。建築には材木が必要不可欠なので、用材切り出しのために山に入る日にも吉凶が立てられ、山では山神のために種々の祭祀が行われた。『簠《ほ》簋内伝《きないでん》』には、この杣山関係の日取りが多数収められている。

鎮宅《ちんたく》（家を鎮め守るための呪法・祭祀）は陰陽師の重要な職掌《しょくしょう》のひとつであり、陰陽師は大工などの建築関係者と深い関係をもっていた。大工の中には陰陽道の呪法も多数入り込んでいる。そうした関係から、杣山関連の日取りが集められているのだろう。

【山神腹立ちの日・山鳴日・木鳴日・水鳴日】

《山神腹立日》正月・寅、二月・申、三月・巳、四月・亥、五月・未、六月・辰、七月・戌、八月・子、九月・午、十月・卯、霜月・酉、雪月・丑。

《山鳴日》大月（三十日の月）十一日、二十六日、二十七日
小月（二十九日の月）五日、七日、十八日

《木鳴日》正月・辰、二月・丑、三月・戌、四月・未、五月・辰、六月・丑、七月・戌、八月・未、九月・辰、十月・丑、霜月・戌、雪月・未。

《水鳴日》大月（三十日の月）五日、十三日、十六日、二十八日
小月（二十九日の月）五日、十八日、二十八日

山神関係の忌日

山神腹立日以下、水鳴日までの四種の悪日は、『簠簋内伝《ほきないでん》』の最古の写本（室町中期）である前田家尊経閣文庫蔵本にも、寛永六年（一六二九）に龍玄《りゅうげん》なる人物によって写された天理図書館内吉田文庫蔵本にも、同じく吉田文庫蔵の楊憲本（室町末期）にも、元和《げんな》七年（一六二一）に高野山で書写

山林草木の神　『中国神仙図案集』

された高野山持明院《じみょういん》蔵本にもなく、版本としては最も古い慶長《けいちょう》刊本にもないという（中村璋八『日本陰陽道書の研究』）。してみると、山で材を選び、切り出すなどの仕事に従事した人々と接点のあった修験者なり僧侶なり陰陽師が、後に挿入したものに違いない。

山神腹立日は、この日に杣山入りすると山神が腹を立てる日、山鳴日は、山が怒って鳴動する日、木鳴日は、木々がザワザワと騒いで、切られるのを嫌っているように思われる日、水鳴日は水が騒ぐ日ということだろうか。未詳。

【材木取りの吉日】

丙寅《ひのえとら》・丙午《うま》日、庚子《かのえね》・庚寅・庚辰《たつ》・庚午日、辛丑《かのとうし》・辛卯《う》・辛巳《み》・辛亥《い》・辛酉《とり》日、
壬申《みずのえさる》・壬子日、癸《みずのと》酉日、

材木取りには、第一にこれらの日を用いるべきである。ほかの日取りを用いてはならない。ことに、甲《きのえ》乙《きのと》と戊《つちのえ》己《つちのと》の天干の日は、断じて木を切るべきではない。よくよく注意せよとの口伝がある。

いつ材木を取るのか

掲げられた日取りには、五行の木神の日である甲乙と、土神の日である戊己がない。また、十二支では土神である未と戌がない。これらの日は、木神の眷属である木を切ることを忌み、土神が養い育てている木を切ることを憚ったものだろう。

また、吉日の中では、金の庚と辛を天干とする日が最も多く選ばれている。用材を切り出すには金物を使う。そこで金物（五行の金）の神である庚と辛の日が、とりわけ重視されたのである。撰日の背景には、五行を用いたアニミズムがある。

【巧匠が木を導き招き置くべき吉日】

甲子《かのえね》（ただし春は凶）、乙卯《きのとう》・乙酉《とり》、丙午《ひのえうま》・丙辰《たつ》・丙申《さる》・丙戌《いぬ》、丁酉《ひのと》、庚子《かのえ》・庚辰・庚申（ただし春の庚子は凶）、辛酉《かのと》・辛卯・辛亥《い》・辛巳《み》、壬申《みずのえ》・壬子、癸丑《みずのとうし》・癸酉・癸亥などが吉日である。

吉日の意味

巧匠《たくみ》は大工のこと。山から切り出した材木を現場に運び、建築前に祭祀場に安置する吉日という意味なのだろうか。未詳。

日取りを見ると、やはり木神の甲と、土神の戊《つちのえ》・己《つちのと》の干の日が避けられている。ただし、この項では、同じ木神でも乙の日は吉日に含まれている。前項の切り出しの日は、甲・乙ともに避けられていたが、すでに切り出された材木は、大工の手で加工されるので、同じ木神でも陰に属して他に従う性をもつ乙は使えるということか。同じ木の五行でも、甲は生木《せいぼく》、乙は用材（死木《しぼく》）を表している。

前項同様、吉日でとくに目立つのは、庚・辛や酉・申の金神《こんじん》である。これは、庚辛などの金神が刃物をつかさどり、金剋木で木を切り倒したり削ったりして、有用の材に変える五行だからである。大工の間で伝承される撰日があったのだろう。

家造り最初の儀式である釿初め（ちょうなはじめ）を行っている大工。大工道具といっしょに用木も祭る『万暦大成』

【礎居・柱立ての吉日】

甲寅《きのえとら》日、乙卯《きのとう》日、
丙子《ひのえね》日、
庚申《かのえさる》・庚午《うま》・庚戌《いぬ》・庚辰《たつ》日、辛酉《とり》日
壬寅《みずのえ》・壬午・壬子日、癸卯《みずのと》・癸酉・癸亥《い》・癸丑・癸巳日。

これらの吉日は礎石を据える日に用いるとよい。柱立てのときには、とくにこの日を選んで行うべきである。家造りの吉日選びには、とくに柱立ての日が肝要だからである。

礎居と祭祀

礎居《そきょ》は柱の土台石を据えることをいう。礎石の敷設（礎敷《いしずえしき》）にも、陰陽道からきたものと思われる呪術的作法があった。『万暦大成』より引いておく。

「礎石を敷く際の手順は、その月の生気の方から敷き始め、以後順々に右回りに据えていくべきである。また、礎石のほかに、敷地の東・西・南・北・乾・坤《ひつじさる》・巽《たつみ》・艮《うしとら》の八方位に清浄な石を置くこと。これを神石《かみいし》という。生気の方の礎石と、この神石に幣《ぬさ》を立て、八足《はっそく》の机《き》を置いて、お神酒《みき》、洗米、餅などの供物をそなえて祭り、祭が終わったらその月の生気の方の礎石から、順番に石を突き固めていくのである。

生気の方とは、以下の方位である。

　　正二三四五六七八九十霜雪
○生気方　北艮南東巽西南坤北西乾東」

柱立てと祭祀

礎居を終えると、次にその土台石の上に柱を立て据える。これを柱立てという。柱立てについては、『万暦大成』はこう説明している。

「春には南から立て始め、東・西・北と立てていく。

夏には北から立て始め、南・西・東と立てていく。

秋には東から立て始め、西・北・南と立てていく。

冬には西から立て始め、東・南・北と立てていく。

柱に仮くさびを打ち込むときも、右の順序で行うのである。

右の手順にそって立てていくのであるが、最初に立てた柱のかたわらに、その年の玉女神《ぎょくじょ》のいる方位に向けて、拝礼を行う。

机を設け、三本の幣を立てて三玉女神と見立て、お神酒や供物をそなえ、その後に七本の幣を立てて北斗七星に象《かたど》り、造営成就と永久安全を玉女と北斗七星に祈り、柱を順々に立てていくのである。すべての柱を立て終えたら、また先のごとく神々を拝する。柱立てのときには次の文と歌を三度ずつ唱えるものとする。

南無《なむ》阿加度《あかど》　阿羅漢《あらかん》
動《ゆる》ぎなき下津磐根《したついわね》のふとばしら、身をたつる世のためしなりけり」

柱立ての儀礼に三玉女神（77ページ）や北斗七星が出てくるのは、明らかに陰陽道の影響である。三玉女神の方位に礼拝する作法は、安倍晴明《せいめい》の時代ころから始まったとされる呪術的歩行法および鎮めの儀礼（反閇《へんばい》）に見られる。それについては、第二部の陰陽道呪術「反閇」の項（378ページ）を参照してほしい。玉女神への拝礼は、本巻の「棟上げの吉日」にも見られる。

撰日について

この「礎居・柱立ての吉日」にも、土《ど》神の戊《つちのえ》己《つちのと》の日は一切含まれていない。陰陽師や、その占術の影響下にあった者が、いかに土神を犯すことを怖れ、崇敬したかが、ここからもうかがわれる（本書では犯土を「はんど」と読ませているが、暦書では「つち」の訓《くん》がふられている）。

もうひとつの興味深い点は、木を切る日や材木選びの撰日では用いられていた火神《かしん》の丙丁《ひのえひのと》が、この礎居・柱立ての吉日ではほぼ忌避され、唯一、丙子日だけが選ばれている点である。丙丁の日を嫌ったのは新築する家屋の火事を恐れたためで、丙子日だけが含まれているのは、丙子日の子が水をつかさどるため、丙の火を制御できるからである。

礎居・柱立てに際し、火を嫌い、火を制する水を重んじたことは、水神の壬《みずのえ》癸《みずのと》の日が、吉日中に大量に選ばれていることからもわかる。

このように、建築という大事業にあたっては、古人は細心の注意を払って五行を駆使した。建築にまつわるこれら様々な儀礼や次第は、中身は迷信とはいえ、家というものに対する古人の敬虔《けいけん》な思いの反映といっていい。土地や用材から、釘や鎹《かすがい》などの小物の一つ一つに至るまで心を配り、建築作業の節目節目で神の加護を祈るという姿勢は、俗信として捨て去るには惜しい造屋の際の人のとるべき心がけではなかろうか。業者任せで金だけが問題という現代の建築事情を見たら、古人はさぞや興ざめすることだろう。

足場を組んで、礎石を打ち固めているところ　『万暦大成』

【柱立ての龍伏の口伝】

春三月《みつき》　頭は西三　腹は南一　足は東四　背は北二
夏三月　頭は東三　腹は北一　足は西四　背は南二
秋三月　頭は南三　腹は東一　足は北四　背は西二
冬三月　頭は北三　腹は西一　足は南四　背は東二

龍伏《りゅうふく》については、大聖文殊がこういっている。

「この大地の底に、一匹の大蛇がいる。その大きさははかり知れない。ところで、この大蛇は、四季ごとに伏し方が大いに異なっている。もし最初に、この大蛇の頭に柱を立てるようなことがあれば、父母や師君が死亡する。また、足に立てるようなら、眷属・使用人が没亡し、背に立てると、妻子も自分も死んでしまう。しかし、最初に龍の腹に立てれば、よろずの福が求めなくてもやってきて、七種の妖異《ようい》は知らぬ間に退き、子孫は増え栄え、家内は安全におさまるのである。ゆえに、柱立てのときには、まず腹、次に背、頭、足の口伝を専一《せんいつ》にすべきである。世間の暦《こよみ》に、この口伝を明かしておく」

龍伏とは何か

第三巻の189ページでも解説したように、これは宅地に伏せているという龍の災いを除《よ》け、福を招くための柱立ての口伝である。柱は、①腹、②背、③頭、④足の順に立てるが、地下の龍が動き回るので、四季により立てて始める方位が異なる。春の場合なら、南↓北↓西↓東と立て、夏なら北↓南↓東↓西と立てるようにと、口伝は教えている（方位の下の小さな数字は順番を表す）。

地に龍が伏しているというのは、風水でいう龍脈《りゅうみゃく》（地の気の流れ道）の日本流の解釈かもしれないが、管見では、日本陰陽道に龍脈という観念そのものが見当たらない。龍脈が云々《うんぬん》されるようになったのはごく最近のことで、陰陽師が龍脈を読みつつ、種々の風水を行ったなどという話は、一種の俗説だろうと私は考えている。

『簠簋内伝《ほきないでん》』の続羣本には、春の項の「頭西」の横に「未申角立《ひつじさるのかどにたてる》」、「腹は南」の横に「辰巳角立」、「足は東」の横に「丑寅角立」、「背は北」の横に、「戌亥角立」の小文字の傍注がある。西に柱を立てる場合は、真西ではなく未申（坤＝西南）の角に、南に立てる場合は、真南ではなく辰巳（巽＝東南）に立てるといった意味と思われる。

この龍伏について、『万暦大成』は「跡形もない妄説である。ゆめゆめ信じてはならない」としている。わざわざ信じるなと断っているくらいだから、江戸時代まで、まだこの俗信が庶民の間で行われていたわけである。

上：セーマン（晴明桔梗印）
下：ドーマン（九字印）

御流神道の柱立ての大事

嵯峨《さが》天皇から空海《くうかい》に伝えられたという御流《ごりゅう》神道の江戸期の秘伝書『御流神道類聚集《るいじゅしゅう》』に、「柱立ての大事」の一項がある。陰陽道との交流が如実に現れているので、ここに紹介しておく。

柱立ての儀式に臨む僧侶は、まず、護身法《ごしんぼう》を行い、内縛《ないばく》印を組んで「帰命《きみょう》ア」と真言を唱え、次に八葉《はちよう》印を組んで「帰命バン」と唱え、次に地結《ちけつ》印を組んで「帰命ウン」と唱える。ついで金剛合《こんごうがっ》掌《しょう》し、「南無《なむ》梵天《ぼんてん》帝釈《たいしゃく》増長《ぞうじょう》広目《こうもく》多聞《たもん》持国《じこく》、皆来《かいらい》集会《しゅうえ》影向《ようごう》」と唱えてから散供《さんぐ》を打ち、次に親指で龍伏柱《りゅうぶせばしら》に図のような五芒星《ごぼうせい》の符《ふ》と九字印の符を書くのである。

柱に書かれたこの両符は、前者が安倍晴明《せいめい》の考案になるとされる晴明桔梗《ききょう》印で、通称を「セーマン」といい、後者の四縦五横印は道教から陰陽道や仏教、修験道などに取りこまれた、通称「ドーマン」と呼ばれる符である。ドーマンの名は晴明の宿敵の芦屋道満《あしやどうまん》からとられたと思われるもので、この両符は、陰陽師が頻用した。その符が、このように柱立ての儀式でも使われているということは、建築に対する陰陽道の影響力の強さを物語るものである。

なお、この両符は、建物をさまざまな障害・災いから除けるためのものである。

詳しくは第二部を参照のこと。

【棟上げの吉日】

甲午《きのえうま》・甲辰《たつ》・甲子《ね》日、乙卯《きのとう》・乙酉《とり》・乙亥《い》日、
庚申《かのえさる》・庚辰・庚戌《いぬ》・庚子・庚午日、辛《かのと》酉・辛丑《うし》・辛亥日、
壬子《みずのえ》・壬午・壬申日、癸《みずのと》酉・癸亥・癸丑日

これらは棟上《むねあ》げの吉日ではあるが、棟折《とうせつ》日と重複している場合は、絶対に棟上げに用いてはならない。

以上で屋造り編を終わる。

棟上げと祭祀

柱や梁《はり》を組み上げた後、その上に、屋根の骨格にあたる棟木《むなぎ》を上げて水平に据えることを、棟上げという。このときの作法を、おもに『万暦大成』にしたがって記しておく。

まず家の中央に三本の御幣《ごへい》を立て、お神酒《みき》など供物《くもつ》をそなえる。御幣の中央は天御中主《あめのみなかぬし》尊・天照大神（日）・月読《つくよみ》尊（月）の三尊合座《さんそんごうざ》のしるしとし、左の御幣は罔象女《みずはのめ》命、右は五帝龍王神の合座のしるしとする。

また幣《ぬさ》のうしろには扇車《おおぎぐるま》（扇三面を要《かなめ》を中心に組み合わせたもの）二本、あるいは一本を立て、同じくその左右に破魔弓《はまゆみ》一張《はり》ずつを立てる。そうして、幣串《ぬさぐし》の根元のところに木綿の綱をかける。また、柱の根元にも神壇《しんだん》を設け、大貴巳命《おおなむち》（大国主命《おおくにぬし》）を祭って供物を供えるのである。

罔象女命は水神で、家を最も恐ろしい火災から守護していただくために祭る。また、五帝龍王神は第二巻に登場した磐牛《ばんご》王の子の五行神、青帝青龍王・赤帝赤龍王・白帝白龍王・黒帝黒龍王・黄帝黄龍王のことであり、地鎮祭などでは五色五本の幣を立てて祭るが、ここでは右側の幣にまとめて五龍を祭っている。

吉田流神道の「柱立て次第」

吉田流神道の『唯一神道伝授記《ゆいいつしんとうでんじゅき》』の「柱立て次第」では、陰陽道式の色彩がさらに強く、まず、洗米やお神酒を五杯ずつ土器に盛って祭壇に供える。これは五帝龍王にお供えするためである。ついで生気の方位（春は東、夏は南、秋は西、冬は北）に向かって礼拝し、祝詞《のりと》を奏上したあとで、五帝龍王を祭場に勧請《かんじょう》するのである。

次に、棟木の前にはその年の三玉女《さんぎょくじょ》の方位に壇を設け（三玉女のうちの天皇玉女《てんのうぎょくじょ》の方位を用いる）、玉女を拝礼する。

以上が終わると、次に槌打《つちう》ちの儀に移る。槌打ちは「一の槌、二の槌、三の槌」と打って打ち納める。一の槌は「寿命」を、二の槌は「長遠《ちょうえん》」を、三の槌は「福徳自在」を呼びこみ、打ち固めるための呪術らしい。

ついで、一同は中央の幣を正座に直して拝礼し、退く。

「そもそも、造屋は、最初の五色の土取りから始めてこの棟上げの日に至るまで、当主は身を清浄にし、造営成就、古不壊《こふえ》の義を、右に掲げた諸神に深く祈らねばならない」と『万暦大成』は記している。

【栗華落入り日の事】

甲乙年《きのえきのと》　二番目の水曜に入る。
丙丁年《ひのえひのと》　二番目の木曜に入る。
戊　己年《つちのえつちのと》　二番目の金曜に入る。
庚辛年《かのえかのと》　二番目の土曜に入る。
壬　癸年《みずのえみずのと》　二番目の日曜に入る。

栗華落とは何か

栗華落《つゆり》は栗華墜とも書く難読文字で、梅雨入《つゆい》りのことをいう。栗の開花を入梅のしるしとする地方は多く、栗の花の咲きが悪いと雨が少ないともいう。これはその年の入梅《にゅうばい》を七曜で示したもので、おそらく甲乙年は栗の花が開いてから、二番目の水曜に梅雨入りするという意味だろう。農事の目安と、その年の作柄の占いに用いたものだろうが、それにしても、これだけがポツンと挿入されている理由はわからない。第四巻の著者ないし伝承者が、備忘《びぼう》のために書きこんだものなのかもしれない。

第五巻 文殊宿曜経

籃盤巻第五

文殊曜　經一

夫以曜者過去七佛全體也故所謂七曜者

之相

欲上界樂不染下界墜不淨而天真獨

世涅槃色心巳宛竟歌

更昭

世明了要或人問曰七

内日月二憶現成火水木金土五形歌實體

解日月二憶現成火水木金土豈不顯耶是則決

不具五體五輪也去來

五大

日月二一相和

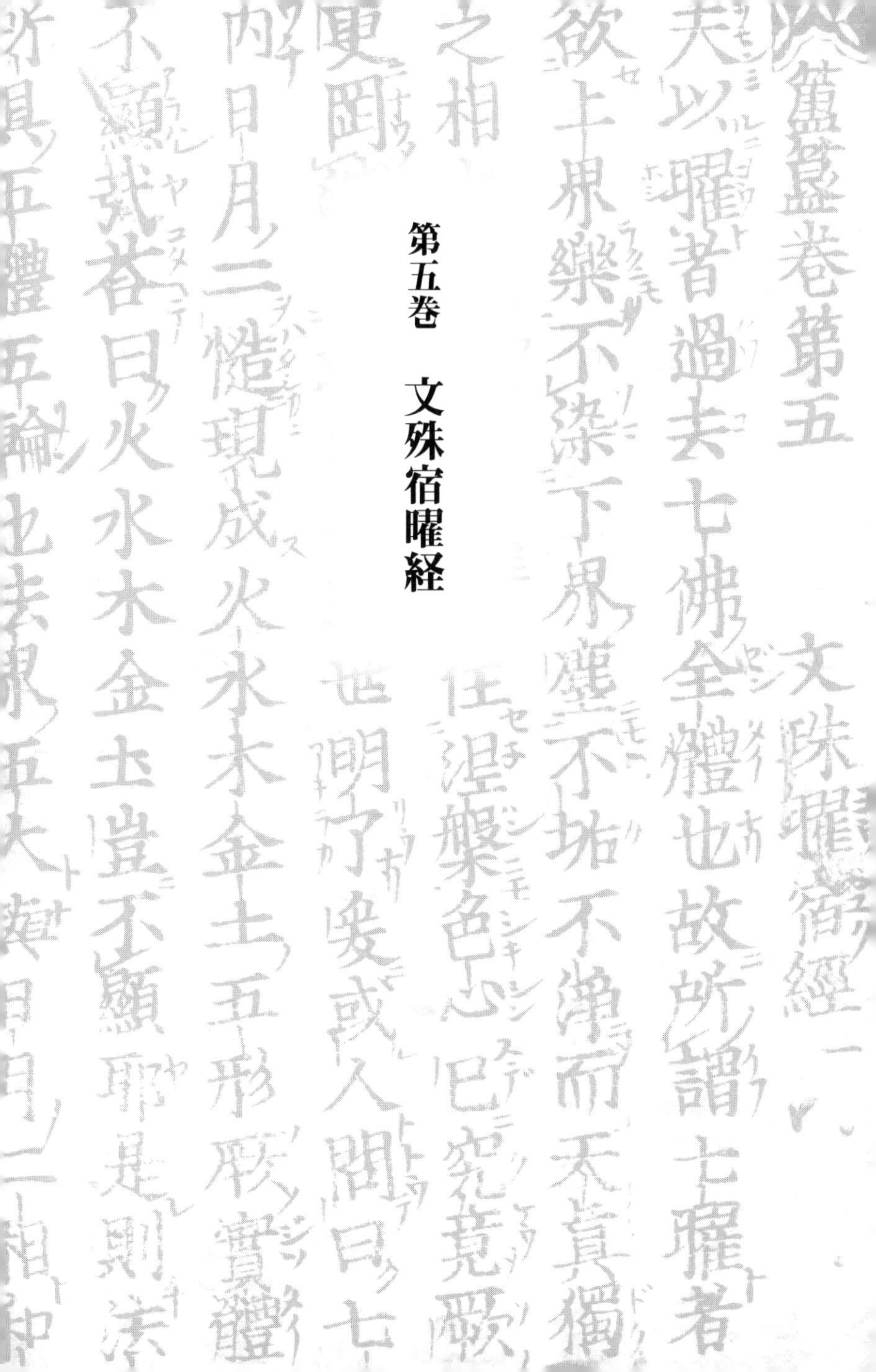

【文殊宿曜経】

考えてみるに、七つの曜とは過去七仏《かこしちぶつ》の総体のことである。ゆえに、いわゆる七曜《しちよう》とは、天上界の悦楽も欲せず、下界の塵《ちり》にも染まらず、不垢不浄《ふくふじょう》にして、ただ独りなんのとらわれもない真実の境地にある相のことなのである。

生き死にのことにかかわらず、涅槃《ねはん》に安住することもない。色心《しきしん》はすでに究極の境地に達しており、その相が滅することはさらにない。法界《ほっかい》を周遍《しゅうへん》し、その運行によって、過去・現在・未来の三世《さんぜ》の因縁を明らかに体現しつくしているのである。

ここにある人が、「七曜のうち、日月はたしかに天空に現存しているが、水火木金土《すいかもくごんど》の五行は、その実体がどうして顕《あきら》かではないのか」と質問を発した。

答えよう。水火木金土が、どうして顕れていないということがあろうか。この五行とは、すなわち法界が備えているところの五体・五輪のことである。法界の五大が日月の二つの相と和合して、七曜を顕すのである。

また、質問していわく、「過去七仏とは何者か」。

答えよう。七仏とは、毘婆尸《びばし》仏、尸棄《しき》仏、毘舎浮《びしゃふ》仏、拘留孫《くるそん》仏、拘那含《くなごん》仏、迦葉《かしょう》仏、釈迦牟尼仏《むに》である。

「いま名を明かしたところの七仏は、何をもって出世の本懐《ほんがい》としているのか」。

答えていわく、『法華経《ほけきょう》』をもって出世の本懐としている。ゆえに二十八宿とは、『法華経』の二十八品《ぼん》のことをいうのである。

また質問していわく、「七曜はすでに日月五星《にちげつごせい》として運行しているのに、別に二十八宿というものを立てるのは、何のためなのか」。

答えよう。過去七仏が、『法華経』開題《かいだい》の品から二十八品まで、順番に修行していくという道理のゆえである。

ここに次のことを知る。一切衆生《いっさいしゅじょう》は、みな過去七仏から生まれたものである。それゆえ、二十八宿を一年三百六十日に配当し、生まれ日の宿をもって、誕生から死去までの一期《いちご》の吉凶を占うべきである。

二十八宿には命《みょう》・業《ごう》・胎《たい》の三宿がある。三宿はこの経で最も肝要な教えである。この道に明るい師について、伝授を受けよ。

また、質問していわく、「何をもって宿を命・業・胎となすのか」。

答えてこういう。生まれ日にあたる二十八宿をもって命宿とする。次に、命宿から数えて十番目にあたる宿を業宿とする。この業宿から数えて十番目にあたる宿を胎宿とするのである、と。
宿は二十八宿あるが、そのうちの牛宿は除いて考えよ。もしその人の前世の宿因がつたなくて、悪宿に生まれあわせた場合は、愛染明王《あいぜんみょうおう》の法によって、七曜凌逼《りょうはく》の難を撃退することである。日の光が顕現《けんげん》すれば、諸星は光を失って陰没《おんもつ》するという道理である。

宿および宿曜について

宿とは「月の宿」のこと。「月が二十七・三日で恒星《こうせい》上を西から東へと一周することから、一日ごとに月が宿る明るい恒星を『宿』と呼んだ」（矢野道雄『密教占星術』）。ただし、これについては、「二十八宿は、月が全天をめぐる日数から生じた（朔望《さくぼう》月二十九・五三日と恒星月二十七・三二日との平均値）とか、土星の恒星周期と会合周期との関係（恒星周期二十九・四六年×回帰年《かいきねん》三百六十五・二五日／会合周期三百七十八日〜二十八・四六）から生みだされたとか推測されているが、説得性に欠ける」（橋本改造『中国占星術の世界』）との異見もあり、そのルーツは、必ずしも明らかではない。

宿曜占星術の根本テキストを『文殊宿曜経《もんじゅすくようきょう》』（正式には『文殊師利《もんじゅしり》菩薩《ぼさつ》及《および》諸仙《しょせん》所説《しょせつ》吉凶《きっきょう》時日《じにち》善悪宿《ぜんあくすく》

曜経《ようきょう》』）という。この本は、かの弘法大師《こうぼうだいし》空海《くうかい》が唐から持ち帰って日本に伝えた。インドで書かれた占星術書を中国で密教僧の不空《ふくう》が翻訳し、七六四年に訳がなったもので、完全なインド占星術、密教占星術である。『簠簋内伝《ほきないでん》』第五巻の著者も、この『宿曜経』に依拠《いきょ》している。

宿の違い

『簠簋内伝』本文には、「宿は二十八宿あるが、そのうちの牛宿は除いて考えよ」と書かれている。なぜ牛宿を除くのかというと、古代中国が牛宿を含む二十八宿体系を立てているのに対し（東西南北の四方に七つずつの宿で4×7＝28宿になる体系）、インドは牛宿のない二十七宿体系と二十八宿体系の二種の体系があり、『文殊宿曜経』は、そのうちの二十七宿体系を中核として書かれているからである。

インドと中国の違いは、宿の数だけではない。宿の範囲も、そこに属する恒星も、必ずしも一致しているわけではなく、「インドの二十七宿名が、牛宿をのぞいた中国の二十七宿の名前に置き換えられていても、それは翻訳のために名前を借りただけ」（矢野前掲書）という事情があるからである。

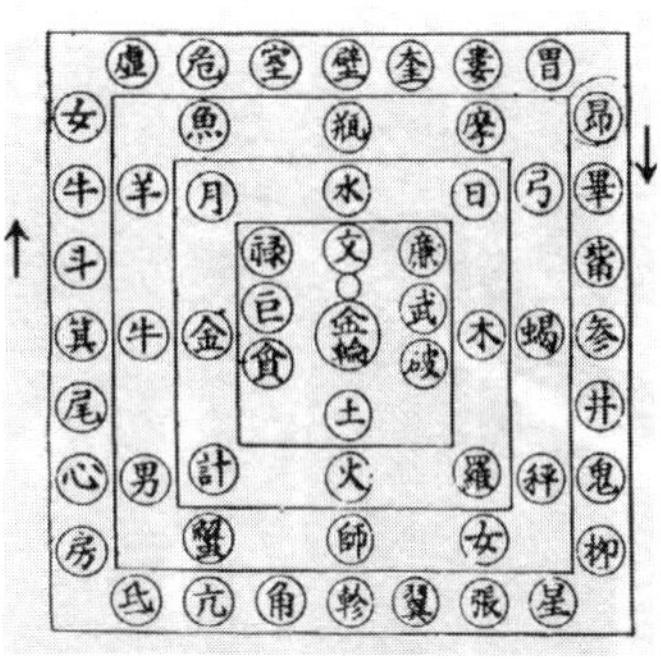

真言宗系の北斗曼荼羅。最外郭が二十八宿、その内側が十二宮、次が八曜星、最内陣が一字金輪（北極星）を中尊とした北斗七星および土星。

『簠簋内伝』が依拠しているのは、このインド流の二十七宿体系宿曜占星術で、陰陽道の占術とは異なる。個々人の誕生日の星座の配置のうち、眼目になる三つのポイントの命・業・胎の三宿から因縁を読みとる占星術上の技法も、密教占星術にもとづく。

このように、宿曜占星術は、陰陽道ではなく密教のものであり、陰陽道の中核をなした干支術とは、明らかに異質のものである。

先の序文以下に含まれるのは、『神道大系』本では以下の十一項目である（ただし、本書では、第五巻に限り『続群書類従』本を用いた。内容が『神道大系』本より詳細で、宿曜法をよく伝えているとの考えからである）。

・二十八宿姓の事
・歳の宿の事
・四季の宿の事
・十二月の宿の事
・潤月の宿の事
・三百六十日の宿
・時の宿の事
・七曜姓の事
・嘉辰縁会時《かしんえんねじ》の事

・曜宿七種三重《ようしゅくしちしゅさんじゅう》
・命業三宿《みょうごうさんしゅ》の事

ちなみに、『宿曜経』にもとづく二十七宿体系は、八六二年から一六八四年まで施行された宣明暦《せんみょうれき》の中で一貫して継承され、暦本には二十七宿の宿名が記載された。『万暦大成』も、「昔は『宿曜経』の説にしたがって牛宿を除いて二十七宿を一日に一宿ずつ配当した」と述べている。『簠簋内伝』の時代は、いうまでもなくインド流の二十七宿体系時代だった。現行のような二十八宿体系にとってかわったのは、貞享《じょうきょう》の改暦《かいれき》の時（一六八四年）だという。

宿の配当法には種々の説があり、一定していない。いずれにせよ、機械的に一日一宿に配当するので、占星術とはいっても実際の天体の動きとはまったく連動しない。

曜について

宿曜の曜は曜日のこと。どの曜日に生まれたかで、さまざまな吉凶や傾向が説かれる。

一日を支配する惑星神＝曜神という思想は、古代メソポタミアで生まれ、ギリシアを経て、紀元一世紀には早くもインドに伝えられた。曜日の並び順が、今日も用いられている「日月火水木金土」になっているのは、西方ヘレニズム天文学の影響とされる。一方、「日月木火土金水」という並びの七曜もある。これは、陰陽の二大原理に相生の木火土金水の五行をつなげた形で、陰陽五行思想がベースになっている。

問題の『宿曜経』はどうかというと、今日と同じ「日月火水木金土」の順で、ヘレニズム天文学の影響下に置かれたものであることがわかる。そもそも中国では、曜日にもとづく一週間という概念は、西方から伝えられたにもかかわらず定着しなかった。したがって、曜日占いの類いも、密教占星術が背景にあるといっていいだろう。

最後に、『万暦大成』に記載された曜日による吉凶の判断法を列挙しておく。

《日曜》火に属す。大吉。太陽という。この曜日の日には、神を拝し、仏事作善《ぶつじさぜん》をいとなみ、元服・婚礼・隠居をはじめ、移転、遠出、薬の調合、金銭の納付、入学、橋架け、厠《かわや》造り、井戸掘り、竈《かまど》塗り、裁縫《さいほう》などによい。家の普請はよくない。

五月五日が日曜に当たる年は五穀豊年になる。

この星にあたる日に生まれた人は知恵があって、容貌も麗《うるわ》しい。ただ、短命になることがあるので、健康などに留意しなければならない。

《月曜》水に属す。吉。太陰《たいいん》という。この曜日の日には、功徳をほどこしたり、出家するのによく、裁縫、洗髪、爪切り、衣服の新調、家造り、移転などもよい。もし、この曜日に下人や下女が出奔《しゅっぽん》したら、捕らえることは難しい。

五月五日が月曜に当たる年は病気が多く、秋は霜が降り、冷え込みが早い。

この星にあたる日に生まれた人は知恵があり、姿かたちもよい。とくに女性は大変な器量よしである。

《火曜》　火に属す。半吉。熒惑《けいこく》という。この曜日の日には、盗賊を捕らえに行ったり、武芸を習ったり、馬に乗るなど、激しく活動的なことを行うのによい。薬の調合、種蒔き、家造り、嫁取りなどには凶。

この星は夏の七十二日をつかさどる。昼に熒惑が見えると火災が多い。

この星にあたる日に生まれた人は、心がいやしく、姿かたちもよくない。

《水曜》　水に属す。半吉。辰星《しんしょう》という。この曜日の日には、入学、外出、移転、火防ぎ、家固《やがた》め、屋敷祭、廐《うまや》造り、仏などによい。

この星は冬の七十二日をつかさどる。昼に辰星が見えると水にからむ災いが多い。

この星にあたる日に生まれた人は、知恵はあるが病気がちである。また、財物に関する妨げがあるが、財宝には縁がある。

《木曜》　木に属す。大吉。歳星という。この曜日の日には、知識の僧に布施をするといい。寺社への参詣、入学、衣服の新調や着初め、洗髪、草木の刈り取り・裁断、牛馬の購入、奉公人の採用、袴着、婚礼、隠居をはじめ、移転、お宮造り、家の造作、蔵建て、廐建て、竈造りなど、すべてめでたいことには大いによい。ただし、訴訟や争論には大いに悪い。

五月五日が木曜に当たる年は、五穀大豊年になる。この星は春の七十二日をつかさどる。昼に歳星が見えると、その国では縁談にまつわることが多くなる。

この星にあたる日に生まれた人は、高い位まで出世する。

《金曜》金に属す。大吉。太白《たいはく》という。この曜日の日には、貴人や目上の人に面会するとよい。洗髪、冠衣の着用、婚礼、親求め、人のもてなし、宮室に入るなどのことも吉。下人の出奔は捕らえがたい。狩猟や漁には悪い。

この星は秋の七十二日をつかさどる。昼に太白星が見えると、火災や水災がある。

この星にあたる日に生まれた人は、多くは短命である。ただ、善を好むので、人々が皆喜び慕う。よく信心すれば長命となる。

《土曜》土に属す。大吉。鎮星という。この曜日の日には、田宅《でんたく》の売買、薬の調合、造寺《ぞうじ》、竈造り、厠造りによい。また、婚礼、柱立て、土動かし、井戸掘り、耕作初めにも吉。

五月五日が土曜に当たる年は、土功《どこう》が多い。この星は四季の土用の七十二日をつかさどる。昼に鎮星が見えると、旱魃《かんばつ》がある。

この星にあたる日に生まれた人は、友人に信用があつく、その名は四方に聞こえ、誉れ高く、幸運である。

以上が七曜占いの中身だが、オリエント占星術の解釈とは大きく異なって、西方の曜日占い（七惑星占い）と陰陽五行説との折衷《せっちゅう》になっている。

【七曜姓の事】

日月火水木金土を七曜という。日は火、月は水の性で、以下の火から土までは名の姓にしたがう。これは『宿曜経』の説くところである。

姓は性（性質）のこと。七曜の由来、性格などについては前の解説を参照していただきたい。ここでは『宿曜経』に説かれる七曜の応作事《おうさじ》（その曜日を選んで為すべきこと）と、不応作事（その曜日にはなすべきでないこと）を現代流に解釈し直して掲げておく。七星の五行の性格が、よく反映されている。

《日曜》応作事＝即位式、就任、武術の鍛練、学道始め、新築、旅立ち、布施・善事の実行、礼拝祈祷、療治・服薬など。

不応作事＝競争、契約、部下や社員などの採用、弔問《ちょうもん》、病気見舞い、開戦など。

《月曜》応作事＝布施・善事の実行、友人らとの交友会食、土木・修築・補修、生活環境（とくに食関連）の見直しと整理整頓、財物の売買など。

不応作事＝戦争、婚姻、引っ越し、私的な旅行、殺傷など。

《火曜》応作事＝戦争、人を裁き罪すること全般（提訴、制裁、断罪など）、武器の制作、貴重で珍しい物品の購入など。

不応作事＝婚姻、引っ越し、交友、祭祀、葬式、服喪《ふくも》始めなど。

《水曜》応作事＝入学、習い事始め、営繕《えいぜん》、旅行、債務《さいむ》の徴収など。

不応作事＝誓約、開戦など。

《木曜》応作事＝上に立つ者による計画・方針の立案、師事・入門、目上や上位者との面会、交友、婚姻、部下等の採用、引っ越し、植樹や種蒔き、神社仏閣へのお詣りなど。

不応作事＝盟約、争論、弔問、病気の検査、亡霊の祭祀、送葬など。

《金曜》応作事＝貴人や上司などとの交わり・面談、交友、制服の着初《きぞ》め、引っ越しなど。

不応作事＝戦争、狩猟、逃亡など。

《土曜》応作事＝仏壇や祠の造作・安置、家の補修・修築、田畑の整備、土地や家の購入、家畜の売買、送葬、怨敵の降伏など。

不応作事＝婚姻、旅行、祭祀など。

【命業胎、三宿の事（三九秘要法）】

命業胎と八種の好悪日

右の命業胎《みょうごうたい》の三宿に就いて説明しよう。

「栄」は繁昌《はんじょう》の義、「衰」は疲れたり病んで衰えること、「安」は心身に苦痛などが全くなくて安楽だということ、「危」は七難（『法華経』では火難・水難・羅刹《らせつ》難・刀杖《とうじょう》難・鬼難・枷《か》鎖《さ》難・怨賊《おんぞく》難）の到来、「成」はあらゆることがらが成就すること、「壊」は一切が壊れてしまうこと、「支」は問題や障害などがそこから起こること、「親」は親しく交わり契盟を結ぶことの意味である。占事に応じてこれらを用いよ。八種の好悪日（栄・衰・安・危・成・壊・支・親）は以上のとおりである。

三宿＼八種好悪日		栄	衰	安	危	成	壊	支	親
命　過去	室	壁	奎	婁	胃	昴	畢	觜	参
業　現在	井	鬼	柳	星	張	翼	軫	角	亢
胎　未来	氐	房	心	尾	箕	斗	女	虚	危

（この八種の好悪日を率いるのが三宿だが、そのうちの）「命宿」は、その宿の性質に従って、今生における寿命の長短や吉凶を授ける宿である。「業宿」は、

その宿の性質に従って、過去につくりあげた宿業《しゅくごう》・因果《いんが》を授ける宿である。「胎宿」は、その宿の性質に従って、入胎時に背負ってきた業の胎内での展開を授ける宿である。

三宿の働き

以上がいわゆる三宿だが、その働きは以下のようになる。

まず命宿をふくむ九宿は、功徳を積むこと、善根を積むこと、多くの土地を耕作すること、仏事、堂塔建立、経典の書写などに大吉である。ただし、合戦、山野での狩猟、漁猟など、悪事や殺生にかかわることは凶になる。もしあえて殺生や悪行をなせば、寿命が短縮する。また、業宿をふくむ九宿は、怒声をあげてなじること、生け捕ること、夜討ち、窃盗、狩猟・漁労など、一切の殺生や悪業に吉である。ただし、善根を成すようなことがあれば子孫は絶え、往生《おうじょう》はかなわない。

残る胎宿をふくむ九宿は、半吉半凶なので、わざわざ用いなくてもよい。ただし病気の療養には吉である。

（この文章に続いて撰述者による私案・解説が数行続くが、文意・用語に不明点があり、翻訳が困難なので省略する）

命宿は生日の宿であり、業宿は前生の造業日《ぞうごう》、胎宿は来世における入胎当日である。

問いて曰《いわ》く、なにゆえに愛染明王法によって七曜凌逼《りょうひつ》を除くのか。答えよう。愛染王が燃え盛る日輪に住することを思うべきである（注＝愛染明王は日輪の強烈な光によって凌逼する七曜を制圧すると信じられていた）。

命宿は命の長短を授ける。もし寿命の延長を望むなら、命宿の法を修せねばならない。次に業宿は日々の仕事や用務を授ける。もし諸芸の成就を望むなら、業宿の法を修すべきである。次に胎宿は五臓の調製を授ける。もし五体を堅固にしたいのであれば、胎宿を修すべきである。それゆえ曜宿に相応する日を占って、修行であれ他の万事であれ、その日から始めるべきなのである。

問う。どうしたら命業胎の三宿を知ることができるのか。

答えよう。自分の三宿がいずれであるかは、人によってまちまちである。そこで二十八宿から牛宿を除いて二十七宿とし、三九二十七（3×9＝27）の法をもって三宿を割り出すのである。

第一に割り出すのは命宿で、遊山、翫水《がんすい》、娯戯《ごぎ》、酒・茶湯・飲食・蘇味《そみ》（精製したバターを味わうこと）などを行うときはこの宿を用いる。これらは命宿の日にふさわしい行いなので、寿命を損なったり止めたりすることはなく、辛苦を受けず、有害な食物を口にすることもない。

　第二の業宿は、芸事・職分など、その家の仕事の一切をつかさどる。そこで応弓法、兵法、殺生、悪行などにはこの宿の日を用いるべきである。

（注＝第三の胎宿に関する記載はない。先にあえて用いる必要はないという文章が出ているので、日取りの際には胎宿は外すということで記載が省かれたものと思われる）


　命宿とは自分が生まれた日の宿で本命宿といい、業宿は前生の造業日、胎宿は前世に自らがつくってきた業の応報として入胎した日にあたる宿とされる。宿曜道の運用の妙が最もよく発揮されるのが、この三宿および八種の好悪日による解釈で（これを三九秘要法という）、自己一身のことを前世から来世にわたって占うだけではなく、他者との相性・因縁の判断などにもフルに活用する。真言宗阿闍梨で宿曜法の大家だった森田龍僊は、八種の好悪日についてこう説明している。

> 三宿に配属する八宿とは何ぞやというに、即ちこれらを扶翼して盛栄ならしむると（栄宿）、抑制して萎衰せしむると（衰宿）、支柱となって平安ならしむると（安宿）、力を与えずして傾危せしむると（危宿）、有利の資縁を加えて達成せしむると（成宿）、不利の地に導いて破壊せしむる

と（壊宿）、同気相求めて友愛親密ならしむる（友宿・親宿）との利害関係を有するもの（『密教占星法』上編）

実地の活用法を述べるのは本書の役割ではないので、それについては専門書を参照していただきたい。

訳文中、「七曜凌逼」という用語が出てくるが、これは日曜から土曜までの七星が、イレギュラーな動きなどによってある宿に肉薄することをいう。どのくらいの接近を凌逼というかについては、肉眼による観察で三尺（約0・9ｍ）とも七寸（約21㎝）ともいい、定まっていない。七曜と宿では七曜の威力のほうが勝《まさ》るとされるため、吉宿が凌逼されると吉が凶に変じ、凶宿が凌逼されると凶が吉に変じると解釈された。愛染明王は凌逼など星宿の難を除去する神として信仰されたため、ここに登場している。

夫命業胎三元之圖以本文起例配當之謂六月九日誕生人則於圖六月横行有九日以其上段氐室井三宿爲三元三行首冠並之自其初宿順讀氐房心尾箕斗女虚危等九七宿連行如之於宿曜經曰之三九之法

命宿　過去	○氐	○房	◐心	○尾	◐箕	○斗	◐女	◐虚	○危
業宿　現在	●室	◐壁	●奎	◐婁	●胃	◐昴	●畢	●觜	◐参
胎宿　未来	◐井	○鬼	●柳	○星	●張	○翼	◐軫	●角	○亢

○命九宿　功德善根堂塔造立經卷書寫大吉殺生凶
●業九宿　嚴刑漁獵一切殺生惡業用之善根凶之
◐胎九宿　諸事業作半吉半凶但療病用之

命業胎図　『簠簋秘訣伝』

なお、本文テキストの八種の好悪日の「支」は「友」が正しい。「問題や障害などがそこから起こる」という「支」の解釈も疑問で、右の森田氏の説明にもあるとおり、通常は友愛など吉の働きをする宿として解釈される。「友」字を「支」と誤読したものと思うが、あるいは宿曜師の一部でこうした解釈が行われていた可能性もある。

【二十八宿と各宿の属性】

室《しつ》・木	猪	過去・現在・未来	／肝・心・脾・肺・腎	獅子吼菩薩	不信宿
壁《へき》・土	貐	過去	／肝・腎	宝積菩薩	寿命宿
奎《けい》・木	狼	過去・現在・未来	／肝・心・脾・肺・腎	観世音菩薩	寿命宿
婁《る》・火	狗	現在・未来	／肝・心・脾・肺・腎	薬王菩薩	田業宿
胃《い》・金	雉	未来	／肝・心・肺・腎	薬上菩薩	田業宿
昴《ぼう》・水	鶏	未来	／脾・肺	日光菩薩	敬信宿
畢《ひつ》・土	烏	未来	／脾・肺	跋陀波羅菩薩	悪性宿
觜《し》・水	猴	現在	／肝・心・脾・肺・腎	竜樹菩薩	慚愧宿
参《さん》・火	猿	現在	／肝・心・脾・肺・腎	提婆菩薩	炭富宿
井《せい》・水	鷹	過去	／肝・心	宝積菩薩	遇寝宿
鬼《き》・木	羊	過去・現在・未来	／肝・心・脾・肺・腎	不空菩薩	訴訟宿
柳《りゅう》・火	獐	過去・現在・未来	／肝・心・脾・肺・腎	妙音菩薩	財宝宿
星《せい》・金	馬	過去	／肝・心・腎	千手観音	諂曲宿

張《ちょう》・金	鹿	過去	／肝・心・腎	金光菩薩	音楽宿
翼《よく》・水	蛇	過去	／肝・心	馬頭観音	無家宿
軫《しん》・木	蛆	未来	／肝・心・脾・肺・腎	解脱菩薩	巨富宿
角《かく》・木	魚	現在	／肝・心・脾・肺・腎	文殊師利菩薩	妻子悪宿
亢《こう》・火	龍	過去	／心・肺・腎	地蔵菩薩	業有宿
氐《てい》・火	狢	現在	／肝・心・脾・肺・腎	得大勢至菩薩	富性宿
房《ぼう》・水	兎	過去・現在・未来	／肝・心・脾・肺・腎	日光菩薩	富貴宿
心《しん》・火	狐	現在	／肝・心・脾・肺・腎	如意輪観音	貴多宿
尾《び》・火	虎	過去・現在・未来	／肝・心・脾・肺・腎	大明星菩薩	富智宿
箕《き》・金	豹	未来	／肝・心・脾・肺・腎	虚空蔵菩薩	無財宿
斗《と》・木	蟹	過去	／心・脾・腎	陀羅尼菩薩	不家宿
女《じょ》・木	犲	未来	／心・腎	吉祥天	眷属宿
虚《こ》・土	鼠	過去	／心・脾・肺・腎	虚空蔵菩薩	富貴宿
危《き》・土	燕	（三世なし）	／脾	越三界菩薩	無性宿

五行をベースに二十八宿の属性を分類した一覧表。各宿の五行、関係する動物（三十六禽）、三世、五臓、菩薩、宿の性格がまとめられている。ただし配当には諸説があり、絶対的なものではない。また、見出しは「二十八宿」となっているが、牛宿は除かれて二十七宿になっている。

西七				
奎 水 狼	三世	五形	宿業宿。觀世音菩薩	衣裳求。嫁娵等用之
婁 火 狗	現在	五形	宿業宿。藥王菩薩	四壁構造作嫁娵吉
胃《イ》 金 雉	未來	肝心	宿業宿。藥上菩薩	裿著官位嫁娵吉
昴 [illegible] 雞	未來	脾肺	敬信宿。月光菩薩	求衣裳收衣吉。種子蒔凶之
畢《ヒツ》 土 烏	未來	脾肺	惡性宿滅跋陀婆羅卄	神事祭禮日天修吉
觜 [illegible] 猿	現在	五形	慚愧宿。龍樹菩薩	入學造舍。柵入等吉
參 火 猿	現在	五形	炭富宿倍提婆菩薩	求財。養子定取吉
北七				
井 [illegible] 鷹	過去	肝心	遏猥宿寶積菩薩	井掘神事。種子蒔吉
鬼《キ》 木 羊	三世	五形	諍論宿。不空菩薩	萬事大吉。但嫁娵凶之
柳《リウ》 火 獐	三世	五形	財寶宿。妙音菩薩	棚開剛揺柵入吉
星 金 馬	過去	胆腎	諂曲宿。千手觀音	廐造馬乘始。療病吉
張 金 鹿	過去	胆腎	音樂宿金光明菩薩	出陣拜官。宮仕等吉
翼 [illegible] 蛇	未來	肝心	無家宿。馬頭觀音	嫁娵結婚。納婦出陣吉

二十八宿の属性の一部　『簠簋秘訣伝』

【歳の配宿・四季の配宿・月の配宿と異説・閏月の配宿と異説】

歳の配宿

子年＝女宿　丑年＝斗宿　寅年＝尾宿　卯年＝房宿　辰年＝亢宿　巳年＝翼宿

午年＝星宿　未年＝鬼宿　申年＝参宿　酉年＝昴宿　戌年＝婁宿　亥年＝室宿

四季の配宿

春＝奎宿　夏＝婁宿　土用＝壁宿　秋＝張宿　冬＝房宿

月の配宿と異説

正月＝室（尾）宿　二月＝奎（房）宿　三月＝胃（亢）宿　四月＝畢（翼）宿

五月＝参（星）宿　六月＝鬼（鬼）宿　七月＝張（参）宿　八月＝角（昴）宿

九月＝氐（婁）宿　十月＝心（室）宿　霜月＝斗（女）宿　雪月＝虚（斗）宿

＊カッコ内は月の配宿の異説

閏月の配宿と異説

正月＝婁（壁）宿　二月＝昴（婁）宿　三月＝觜（昴）宿　四月＝井（觜）宿
五月＝柳（参）宿　六月＝張（鬼）宿　七月＝角（張）宿　八月＝房（角）宿
九月＝尾（氐）宿　十月＝斗（尾）宿　霜月＝危（女）宿　雪月＝壁（危）宿

＊カッコ内は月の配宿の異説

【三百六十日の宿の配当】

		朔日	二日	三日	四日	五日	六日	七日	八日	九日	十日	十一日	十二日	十三日	十四日	十五日
正	寅	室	壁	奎	婁	胃	昴	畢	觜	参	井	鬼	柳	星	張	翼
二	卯	奎	婁	胃	昴	畢	觜	参	井	鬼	柳	星	張	翼	軫	角
三	辰	胃	昴	畢	觜	参	井	鬼	柳	星	張	翼	軫	角	亢	氐
四	巳	畢	觜	参	井	鬼	柳	星	張	翼	軫	角	亢	氐	房	心
五	午	参	井	鬼	柳	星	張	翼	軫	角	亢	氐	房	心	尾	箕
六	未	鬼	柳	星	張	翼	軫	角	亢	氐	房	心	尾	箕	斗	女
七	申	張	翼	軫	角	亢	氐	房	心	尾	箕	斗	女	虚	危	室
八	酉	角	亢	氐	房	心	尾	箕	斗	女	虚	危	室	壁	奎	婁
九	戌	氐	房	心	尾	箕	斗	女	虚	危	室	壁	奎	昴	胃	昴
十	亥	心	尾	箕	斗	女	虚	危	室	壁	奎	婁	胃	觜	畢	觜
十一	子	斗	女	虚	危	室	壁	奎	婁	胃	昴	畢	觜	参	井	鬼
十二	丑	虚	危	室	壁	奎	婁	胃	昴	畢	觜	参	井	鬼	柳	星

十六日	十七日	十八日	十九日	二十日	廿一日	廿二日	廿三日	廿四日	廿五日	廿六日	廿七日	廿八日	廿九日	三十日
軫	角	亢	氐	房	心	尾	箕	斗	女	虚	危	室	壁	奎
亢	氐	房	心	尾	箕	斗	女	虚	危	室	壁	奎	婁	胃
房	心	尾	箕	斗	女	虚	危	室	壁	奎	婁	胃	昴	畢
尾	箕	斗	女	虚	危	室	壁	奎	婁	胃	昴	畢	觜	参
斗	女	虚	危	室	壁	奎	婁	胃	昴	畢	觜	参	井	鬼
虚	危	室	壁	奎	婁	胃	昴	畢	觜	参	井	鬼	柳	星
壁	奎	婁	胃	昴	畢	觜	参	井	鬼	柳	星	張	翼	軫
胃	昴	畢	觜	参	井	鬼	柳	星	張	翼	軫	角	亢	氐
畢	觜	参	井	鬼	柳	星	張	翼	軫	角	亢	氐	房	心
参	井	鬼	柳	星	張	翼	軫	角	亢	氐	房	心	尾	箕
柳	星	張	翼	軫	角	亢	氐	房	心	尾	箕	斗	女	虚
張	翼	軫	角	亢	氐	房	心	尾	箕	斗	女	虚	危	室

【時宿と牛宿の因縁について】

時宿とは、その日に配当された宿のうち、牛宿は数に入れずに飛び越えて、午時にあたる宿のことをいう。

それについて質問がある。三百六十日を二十八宿によって分割したものが宿曜であるはずだが、なぜ牛宿を除いて二十七宿としているのか。

答えよう。昔は牛宿を除かなかった。ところがあるとき、天下に疫病が広がった。漢王の命を受けた博士が占士に原因を占わせたところ、「天に天形星《てんぎょうしょう》があり、地上世界では牛頭《ごづ》天王と呼んでいる。二十八宿の牛宿がそれで、疫神の首領である。霊験はまことにいやちこで、世間のいう日時の吉凶などおかまいなしに命を分捕るべく長安城内に八万四千の疫鬼を放ち、日に八万四千の命を奪っている」と奉答した。

これを聞いて帝は大いに哀れみ、天刑星の法を修した。すると牛頭天王が御出現になり、「わが支配域である牛宿が雑乱しているために、人間の数が減るのである。もしこの宿を除いて日々の午の刻のはじめに牛宿を充てるならば、大きな疫病はもはや起こらないであろう」と託宣した。帝王は歓喜し、牛宿を午時に当てることとした（これが時宿の因縁である）。

本章の冒頭でも述べたように、宿の区分には、古来、二十七宿体系と二十八宿体系の二種があり、種々の議論が行われてきた。森田龍僊によると、『大集経《だいじっきょう》日蔵分』『宝星《ほうしょう》経』『摩登伽《まとうぎ》経』『文殊根本《もんじゅこんぽん》儀軌《ぎき》経』『瑜祇《ゆぎ》経』などは二十八宿体系に属し、『宿曜経』『大智度論《だいちどろん》』などは二十七宿体系に属するが、日本では空海以来『宿曜経』に基づく宿曜法が主流となってきたので、二十八宿のうちの牛宿を除き、残り二十七宿によって占うのを常道としてきた。

この項目は、なぜ二十八宿から牛宿を除くのかの説明を、神話的な縁起によって説明しようとしたもので、漢王が「牛宿を午時に当てることとした」というのは、『宿曜経』の、「天竺は牛宿を吉祥の宿とする。毎日午時を牛宿を宛てる。故に天竺暦では午時をもって吉祥となす」という説明文に対応させている。『簠簋内伝《ほきないでん》』では、なぜ午時（午前11～午後1時）が吉祥かを説くために、牛頭天王（天形星）が、そうすることで大疫は除けられると託宣したからだとしたのである。牛宿は特別な位置づけを与えられた宿で、「諸星の総体」とも称されており、「人の正午に生まるる者はこの宿（牛宿）を本命と為すべし」とも伝えられる（『宿曜二十八宿秘密奥儀伝』

牛宿図　『二十八宿図像』

岡崎儀八郎）。

すでに見てきたとおり、『簠簋内伝』は冒頭から牛頭天王との因縁を説き、暦の中でも八将神はじめ牛頭天王の部類眷属が縦横に活動している。天王の活動は天地を貫くものだから、当然天体にもその所在があるが、それが牛宿だというのである。

密教のほうではもっぱら二十七宿体系を用いるが、陰陽道では中国占術との親和性から、二十八宿体系を用いてきた。というのも、二十八宿は東西南北の四方や春夏秋冬の四季それぞれに規則的に七宿が配当され（4×7＝28）、易や五行、十二支その他の中国占術とよく整合するからである。

ただし、密教系（宿曜経系）の二十七宿体系も、それ自体に整合性がある。同経では天を一〇八の区画に分割して宿を配当しているが、二十七という宿の数は108÷27＝4で整数に収まり、命業胎三宿の三九秘要法も、二十七宿であれば3×9できれいに整うのである。

これが二十八宿になると108÷28＝3・857 1……で整わず、三九秘要法も28÷9＝3・1111……で割り切れない。つまり、三九秘要法にならない。

そこでこの第五巻は、密教系の二十七宿体系に基づいてまとめられているのであり、先に見てきた三九秘要法でも牛宿は省かれている。この点からも、この第五巻が密教系の宿曜師（ただし、陰陽道にも通じた人物）の手になるものと推測できるのである。

【曜宿七種三重の相伝】

七科の吉凶

七科の宿中の安住・和善・急速の三宿は、たとえ（凶日の）羅刹《らせつ》日に当たっていたとしても、用いてさしさわりはない。けれども、もし毒害宿や猛悪宿に当たっているなら、たとえ（吉日の）金剛峯日や甘露日であっても用いてはならない。

七科	安住宿	和善宿	毒害宿	急速宿	猛悪宿	危蹄宿	剛柔宿
七曜	日	月	火	水	木	金	土
金剛峯	尾	女	壁	昴	胃	張	亢
羅刹日	胃	鬼	翼	参	氐	奎	柳
甘露日	軫	畢	尾	柳	鬼	房	星
	畢	觜	参	鬼	星	井	
	翼	角	柳	軫	張	亢	昴
	斗	房	心	胃	箕	女	心
	壁	奎	危	婁	室	虚	鬼
	上吉	上吉	不吉	上吉	不吉	半吉	大吉

甘露・金剛峯・羅刹、三重の相伝

曜宿に説く七種三重法については、もっぱら甚深の意義をわきまえるべきである。

まず甘露・金剛峯・羅刹の三重は、われわれの見えないところに生じている三つの世界の日のことである。

第一の「甘露日」とは、われら衆生が初

めて生じたときの往古の法身《ほっしん》大日如来に由来する。如来の御手の独鈷《どっこ》から滴る五智清浄の甘露日の法水《ほっすい》は、五つの瞑想を修することによって金剛界大日如来の仏身を成就すべきわれわれの心身に満ち、朽ちることなき永遠の心城を構築し、身口意《しんくい》の三業《さんごう》は一切の汚れから離れた加持《かじ》門を打ち立てる。

金剛界曼荼羅《まんだら》の成《じょう》身会《しんね》に坐す三十七体の諸尊が次々と利生《りしょう》を施すがゆえに、自他の差別は生ぜず、因果応報の原因となる因も起こすことなく、なにものも生じず、また滅することもない。そこでは人の形は泡沫のようで、苦も楽もなく、湛然として清浄な心に安住している。（この五智清浄の甘露の法水から）間断なく次々と化生してくる日を指して、甘露日というのである。

第二は「金剛峯」である。われら衆生は、本来空寂のところにひとつの気が生じ、そこから万機が興ったものである。円い頭部は天となり、方形の足部は地となる。頭部の七つの穴は北斗七星と顕れ、無数の毛孔は風炎を出して数限りない星宿となる。四肢は万木となり、毛髪はあらゆる草となって現れる。骨はこれ金石、肉はこれ土泥、筋はこれ藤葛《ふじかづら》、脈はこれ河川となり、出入りの息は虚空を行く風となる。その世界に住する一身の形像を、須弥山《しゅみせん》世界の一法界となすのである。

この法界は瞬時瞬時に生死の二業を送り（呼吸のこと）、眼を閉じれば夜、眼を開けば昼となる。生老病死の四相を経るとはいえども、身体は堅固で、破壊されるということがない。そこで名づけて金剛峯日という。

第三の「羅刹日」とは、われらが夕べに没亡するところをいう。満々と湛えていた法性の智水は涸れ失せ、花のかんばせも色あせて、命業はみな散ってゆく。六腑は爛れ腐り、肉体は冷えて固まる。魂は飛んで黄泉へとおもむき、肉体は寒々とした墓地に埋められる。骨は砕け、筋は引き裂かれ、皮膚は濁った血にまみれて、たちまち爛壊《らんえ》する。白い蠢《うごめ》く虫が骨節を這いずり回り、ぎらぎらとした青蠅が肉を喰らい、貪鳥《どんちょう》は眼を抜き、飢えた犬は喰らいつき、白狐は肉を穿《うが》ち、青狼は骨をかじる。妻子は生前の契りを忘れ、朋友も知音《ちいん》を絶つ。死体は野辺の墓所で朽ち果てて、かつて親しんだときの面影はなく、訪れようとする者も恐れて近づくことができない。ゆえに人はこの日を遠ざけて、羅刹日というのである。

七種の曜宿

次に七種の曜宿《ようしゅく》（七曜日）とは七魄《しちはく》の生まれる日のことである。七魄は眼《げん》・耳《に》・鼻《び》・舌《ぜっ》・身《しん》・意《い》・魂《こん》をいう。七魄が生起すると、それらおのおのの働きにより、色《しき》・声《しょう》・香《こう》・味《み》・

触《そく》・法《ほう》・三昧《ざんまい》の理が明らかとなる。造仏・造寺・写経・追善などの善行を行うべき日である。灌頂壇《かんじょうだん》においてこれを明かす。

問う。七種の曜宿、甘露・金剛・羅刹の三重ともそれぞれ七箇日となっているが、いかなるわけがあるのか。

答えよう。七魄とは天の七星である。この七星がそれぞれ地に降り来たって人身の七魄となり、時に禽獣魚鳥の姿をとって、いずれも七魄を具足する。ゆえに七七四十九魂である。人が亡くなったときの法事に四十九日というものがあるが、まことにもっともなことである。あるいは兜率天《とそつてん》の極楽に四十九院の仏閣があり、もっぱら中有《ちゅうう》の魂魄に安穏をもたらしている。このゆえに、仏法・世間法・王道・神道ともに、七日をもって万事の成就の日数としているのである。

より深い意義は灌頂壇においてこれを明かす。

七科

安住から剛柔までの七宿は、牛宿を除く二十七宿のうち、その性質が同じものをグループとしてまとめたもので、宿曜法では七科と呼んでいる。七科の働きを、『宿曜経』は概略以下のように説明している。現代流にアレンジして列挙しておく。

①安住宿　一切の土木建築、播種《はんしゅ》、農事、結婚、交友、先祖供養、修行・修学、長期にわたる事業の実施などに吉。ただし、金融関係の取引や債権回収、遠方への旅行、酒造、剃髪、博打などはよくない。この宿に生まれた人は福徳の人で、威儀正しく、名声を得る資質をもつ。

②和善宿　入学・習い事・修行・技芸始め、受灌頂、慶事のパーティ・イベント、求婚、求職、服薬などに吉。この宿に生まれた人はものごしが柔らかで、温良・聡明であり、教典について学び従うことを好む。

③毒害宿　戦闘・攻略・対決・論戦など、戦いにまつわることに用いると吉。この宿に生まれた人は剛猛の質で、機に触れて賊害のことを起こす。

④急速宿　投資や投機、売買、金融取引など商売に関することに吉。家畜の飼育、商用旅行、法事、入学入門、修学、受灌頂などにもよい。この宿に生まれた人は剛猛の質ですばしこく、体力が横溢して卓越した腕力をもつ。

⑤猛悪宿　艱難をともなう事業、違法や非道など酷薄な手段をとらなければならない事柄の断行、怨敵の攻略、謀略、手兵を擁しての戦いなどに用いて吉。この宿に生まれた人は内に凶悪なものを秘めているので、俗世を棄てて出家沙門となるとよい。

⑥軽燥宿（行宿・危躁宿ともいう）学問、乗馬、操縦、播種、服薬、調教、飼育、乗船、説得、収税、

音楽鑑賞、物品売買、営業などに吉。この宿に生まれた人は意志が弱く浮薄となるか、もしくは不正を嫌う質朴で穏やかな人となる。

⑦剛柔宿　自己の鍛錬、精錬、工芸、法事、種々の調製、盟約の締結などに吉。この宿に生まれた人は穏やかで寛大な人物であり、人間世界における君主の質をもつ。

甘露・金剛峯・羅刹、三重の相伝

これは七曜と二十七宿の関係を三種にグループ分けしたもので、たとえば甘露日は、日曜と軫宿、月曜と畢宿、火曜と尾宿、水曜と柳宿、木曜と鬼宿、金曜と房宿、土曜と星宿が重なった日のことをいう。金剛峯日、羅刹日の見方も同様である。

これら三種の吉凶日は以下のように解釈する。

①甘露日　大吉日。出家・受戒・入壇灌頂・冊立拝官・寺社造築などに吉。

②金剛峯日　甘露日に次ぐ吉日。処刑断罪・開戦などの猛烈事・護摩・真言念誦・出家・受戒などに吉。

③羅刹日　大凶日。何事もなしても災禍を招くので、この日は用いない。

【嘉辰縁会時の配当】

左に示したとおり、時間の曜は寅時から配当する。日・月・木の三曜を嘉辰縁会時《かしんえんねじ》と名づける。最上吉の時刻である。とりわけ木曜を抜き出して、幸時・万倍時と呼ぶ。七曜中、最上吉の星とするのである。

以下は私見だが、総じて時刻の吉凶は三種の指標によって選出する。合・干・支がそれである。

予定の時刻の吉凶を五掟時（208ページ参照）で見て、さらに二十八宿を用いた七種三重の法から吉日を選び出すのだが、たんに七曜と時刻から吉時を採るのなら、嘉辰縁会時のみを採るべきである。五掟時には吉時もあれば凶時もあるが、嘉辰縁会時は吉時のみを見る。善果は速やかに現れる。善事を

時＼七曜	日	金	水	月	土	木	火
寅	日	金	水	月	土	木	火
卯	月	土	木	火	日	金	水
辰	火	日	金	水	月	土	木
巳	水	月	土	木	火	日	金
午	木	火	日	金	水	月	土
未	金	水	月	土	木	火	日
申	土	木	火	日	金	水	月
酉	日	金	水	月	土	木	火
戌	月	土	木	火	日	金	水
亥	火	日	金	水	月	土	木
子	水	月	土	木	火	日	金
丑	木	火	日	金	水	月	土

為さんとするときの秘星が嘉辰縁会時の三曜なのである。これらの解説や選定の仕方は、いずれも前に述べたとおりである。

なお、牛宿について補足しておく。二十八宿中、牛宿は諸宿の総体であり、根源の宿として働く。ゆえに実占では一切除くのである。牛宿は諸宿の主であるから、事を始めるにあたっては、その意味を思うべきである。

また、星・軫・箕の三宿は、経では寡宿と説かれている。ゆえに嫁娶などには別して凶である。

以上の私見は再校の日にこれを載せた。庚申暦弥生の候。


表の見方を説明する。最上段は七曜。その日が日曜なら、寅時に日、卯時に月、辰時に火……というように順番に時刻の七曜を配する。また、その日が月曜なら、寅時に金、卯時に土、辰時に日……と配する。これですべての曜日の時刻の七曜が定められるが、それら時刻の七曜のうち、日・月・木の三曜にあたる時を「嘉辰縁会」の大吉時とし、物事を為す際に用いよというのである。

嘉辰縁会時は陰陽道に基づくもので、宿曜道に由来するものではないらしい。宿曜道に基づく吉時の選出と、陰陽道に基づく吉時の選出の関係をいかに考えるべきか、それについての、第五巻校訂・

編述者によるひとつの見解が述べられている。

なお、「庚申暦弥生の候」は寛政十二年（一八〇〇）陰暦三月。五巻編述者の私見の部分が書き加えられたのはこの年で、もともと『簠簋内伝《ほきないでん》』に含まれていたものではなく、刊本なども簡略な説明があるだけで、こうした詳しい説は述べられていない。

【曜宿の善悪】

角　新衣の着初め、裁衣、酒造り、沐浴等は吉。山入は凶。
亢　牛馬納入、嫁取り、結婚、祭魚は吉。
氐　嫁取り、五穀の収穫、入学、酒造りは吉。裁衣は凶。
房　神事、灌頂、得官など万事に吉。ただし結婚は凶。
心　引っ越し、祓い、神事、軍陣等は吉。
尾　合薬、剛猛、植竹、軍陣等は吉。裁衣は凶。
箕　池（貯水池）掘り、裁衣、納財は大吉。嫁取りは凶。
斗　新衣の着初め、池掘り、蔵建て、納財は吉。城攻め、行政は凶。
女　池（貯水池）掘り、人の多い町場、起兵、夜討ち等は吉。裁衣は凶。
虚　女宿と同じ。
危　壁塗り、竈造り、家の造作、外出は吉。他は凶。
室　出陣、剛猛な行い、城への接近、美食は吉。この日から始める願掛けは凶。
壁　倉造り、剛猛な行い、誕生後初の他所の訪問等は吉。

奎　衣作り、得宝、嫁取り、池（貯水池）掘り等は吉。
婁　犬の買い始め、四方壁構え、造作、嫁取りは吉。
胃　嫁取り、結婚、着袴《ちゃっこ》（幼児から少年少女になるための通過儀礼）、官途は吉。
昴　鶏の飼い始め、六畜収め、裁縫などは吉。種蒔きは凶。
畢　神事、祭礼、天神・氏神の祭祀は吉。それ以外は凶。
觜　入学、家造り、杣入り、棟上げなどは吉。
参　求財、押油（未詳）、養子縁組などは吉。觜の者と参の者の寄合は凶。
井　井戸掘り、神祭、水の使い始めは吉。五穀の種取り、種の蒔き納めは大吉。
鬼　この宿は吉凶を考えるに及ばない。万事に大吉。
柳　棚上げ、剛猛を要する行い、杣山入りは吉。
星　厩造り、馬の出入れ、乗馬始め、馬の治療などにはこの日を用いる。
張　出仕、拝官などは吉。
翼　嫁取り、結婚、入嫁、出仕などは吉。
軫　穴掘り、井戸掘り、厩《うまや》造り、芋植え始めは吉。

【七曜の吉凶】

日　修繕、浄戒、仏事、作善《さぜん》、願い始め、明け方、灌頂は吉。
月　嫁取り、結婚、外出、家造り、引っ越しは吉。
火　家造り、病気療養、服薬は凶。
水　家造り、引っ越し、火防、家固《やがた》め（家の長久安穏のための呪術）、屋敷祭などは吉。
木　この曜日は吉凶を考える必要はない。万事に大吉。
金　謀叛、殺害、夜討ち、強盗、盗賊、拷問などはこの曜日を用いる。
土　柱立て、犯土、田畑の耕作始めは吉。余事もこれを用いる。

右の通り曜宿経を説き明かした。曜宿道一巻の奥旨伝は、ここに極まっている。（門外の者には）千金を積まれても伝えてはならない。

三国相伝宣明暦経註巻第五、終り。

翻訳に用いた続群類本は、奥書の後に「十悪日沙汰」の一項が付加されている。

永　衰　安　危　成　壊

吉　悪　宜　福　死　慎

とあるのみで、解説等はなく、他本にも見られないので、この五巻の編述者による書き込みと思われるが、由来や意味は不明である。十悪日というのも不明だが、かりに干支術でいう十悪大敗日のことであれば、甲辰《きのえたつ》・乙巳《きのとみ》・丙申《ひのえさる》・丁亥《ひのとい》・戊戌《つちのえいぬ》・己丑《つちのとうし》・庚辰《かのえ》・辛巳《かのと》・壬申《みずのえ》・癸亥《みずのと》の十日を指す。この十悪日が八種の好悪日のうちの栄（永）宿にあたっているなら吉日、衰宿なら悪日、安宿なら吉日（宜しい）、危宿なら福日、成宿なら死日、壊宿なら要謹慎日といった意味になるのではないかというのが宿曜専門家の羽田守快氏のご意見だが、あくまで推測ということなので、参考までに記しておく。

以上で『簠簋内伝《ほきないでん》』全五巻は完結する。冒頭の解説でも述べたとおり、本書は複数の編述者の手になった別個の著述が合冊され、伝安倍晴明《せいめい》として権威付けられたもので、もとより晴明の著作ではなく、また純然たる陰陽師による著作ともみえない。法師陰陽師や密教の宿曜師らによる雑占集というのが実情に近いのではないだろうか。

五行十干十二支などの中国占術記号や、天文から導き出された宿曜その他の記号の吉凶は錯綜して混雑きわまりなく、随所に矛盾がある。事情は宿曜法でもまったく同じで、森田龍僊も「甲経においてが吉星となされたるは乙経において凶星となされ、丙経において凶星となされたるは丁経において吉星となされ、かくて二十八宿の吉凶を定むること異説多岐」と慨嘆している。

本訳書の初版出版後、熱心な読者から占いの内実にかかわるご質問や相談などが多々寄せられたが、編訳者としては、ここに述べられている吉凶等にこだわっていただきたくはない。右に述べたとおり、本書は一切の矛盾を考慮の外に置いて占術にまつわる諸説を雑多に網羅した、ひとつの時代資料、民俗資料なのである。

第二部　陰陽道の呪法（解説）

陰陽師の呪法は、祓い、鎮め・封じ、祈祷などからなる。「祓い」は種々の穢れや災厄などを祓い去るために行い、「鎮め・封じ」は、その場の気の状態を調整して良好な状態に保ったり、その土地や建物などに災厄が発現することを封じるために行う。また「祈祷」は、神道の祝詞《のりと》にあたる祭文《さいもん》を読み上げ、各種の神霊の感応《かんのう》を待って、除災招福《じょさいしょうふく》を祈り、あるいは怨家《おんけ》を呪咀《じゅそ》・調伏《ちょうぶく》するために行うのである。

なんらかの怪異・災厄の予兆があったり、病難などがあると、陰陽師はまず六壬式占《りくじんちょくせん》、天文気色占《けしき》など種々の占術を用いて異変の原因や対処法を探り、次に必要な祭祀を執行した。また、暦にしたがって天地を遊行する神霊・鬼神の障りがあると考えられた場合や、陰陽の気が交替する節気にあたる場合なども、その時期や方位から害を受けないようにするための、さまざまな祭祀をとり行って除災招福を祈念した。それら方位神や暦の神々は、『簠簋内伝《ほきないでん》』で詳しく見てきたとおりだ。このほか、遷都や新築などのための祭祀、延命息災のための祭祀などの各種祭祀が陰陽道の管轄下で行われたが、それら祭祀の骨格にあたる呪法は、種々の呪的作法（たとえば後述する反閇《へんばい》・印など）、呪物《じゅぶつ》、呪符、呪文などを駆使した祓い、鎮め・封じ、祈祷によって、概略をうかがうことができる。以下、その諸相を見ていくことにしよう（文章中「叢書1～4」とあるのは『陰陽道叢書』およびその巻数を指す）。

祓いの祭祀と撫物

種々の撫物

「祓い」とは人の身に付着した穢れや災厄を除去するために行う法で、「解除《はらい》」とも書く。穢れを解き除くのである。種々の方法があるが、最もポピュラーなのは、「撫物《なでもの》」と呼ばれる穢れ祓い用の人《ひと》形《かた》（偶人《ぐうじん》ともいう）を用いる方法だ。

わが身の穢れを祓う必要のある者は、まず陰陽師が謹製した撫物を受け取り、それで自分の身体を撫でる。撫物には、穢れを付着させる働きがあると見なされているので、これで身の穢れが人形に移る。こうして穢れを付着させた撫物は、ふたたび陰陽師の元に送り返される。

依頼主から撫物を受け取った陰陽師は、その人形を祭壇に据えて祈祷を行い、穢れを祓う。祓い終わると、撫物を再び依頼主のもとに戻す。依頼主はその撫物を川に流すなり、火で焼き捨てる。これで穢れが祓われたと見なされるのである。

撫物を用いた祓いの歴史は古く、神道のほうで六月と十二月の晦日に行う国家的祓い行事である「大祓《おおはらい》」でも、この撫物が用いられた。年に二度行われるので、この大祓のことを「二季御贖《にきのおあがもの》」ともいう。御贖とは、穢れを移す人形の意味である。

祭儀では、中臣氏が御祓麻《ぬさ》を奉り、漢人《あやひと》を祖先にもつ渡来氏族である東西漢部氏《とうざいのあやべ》が祓い刀を奉って、祓詞を「漢語《あやのことば》」で読む。ついで、中臣氏が神道の祓詞（大祓の祝詞《のりと》）を奏上し、卜部《うらべ》氏が穢れの解除を行ったという。つまり、神祇官に属する中臣氏と卜部氏は日本流の神道式で祓いを行い、漢部氏は、大陸流の陰陽道式で祓いの呪法を行ったわけで、大祓というと純神道的な祭儀と考えられそうだが、この祭には、大陸の陰陽道的・道教的要素が濃厚に混入していたわけである。

漢部氏が読んだという祓詞は、訳すとこうなる。

「謹《つつ》しんで皇天上帝《こうてんじょうてい》、三極大君《さんきょくたいくん》、日月星辰、八方諸神、司命司籍《しめいしせき》、左東王父《さとうおうふ》、右西王母《うせいおうぼ》、五方五帝、四時《しいじ》四気を（勧《かん》）請《じょう》す。禄人《ろくじん》を捧げもって禍災を除くことを請う、金刀を捧げもって帝祚《ていそ》の延びんことを請う……（以下略）」

ここに出てくる神々は、いずれも道教・陰陽道関連の諸神で、筆頭の皇天上帝（昊天上帝）は、桓《かん》武《む》天皇がまだ平安京を開く以前の延暦《えんりゃく》四年（七八五）、造営中の長岡京の南郊で行った天神祭祀の際の祭神でもあった。

こうした大陸の神々を大祓の場に勧請し、災厄の除去と天皇の治世が永遠に続くことを祈るのだが、ここに出てくる「禄人」が、大陸伝来の撫物にあたる。禄人は、身分や祭祀によって種類の別があり、天皇や中宮、東宮は金人像・銀人像が用いられ、ほかに身分等に応じて鉄人像、木人像も使われた。木人像は、藤原京や平城京跡から大量に出土している。

金人像・銀人像については、『延喜木工寮式《えんぎもっこうりょうしき》』に、長さ一尺、広さ（幅）一寸で、鉄四両、金箔・銀箔各三枚とある。鉄で人形をつくり、その上に金箔を三枚を貼ったものが金人像、銀箔三枚を貼ったものが銀人像で、箔の装いをこらさないものが鉄人像、木製のものが木人像ということになる。『貞観儀式《じょうがんぎしき》』を引いて、村山修一氏がこう解説されている。

「鉄偶人三十六枚（金銀二種の箔の粧《よそお》いをしたもの各々十六枚と箔のないもの四枚）、木偶人二十四枚、御輿形《みこしがた》四具、金装横刀《こがねづくりのたち》二口、荒世《あらよ》和世《にぎよ》の服、坩坏《つぼさかずき》などが用意されるが、これらの料物《りょうもつ》はすべて穢れを移し、投棄し去る身の代《しろ》の役をなす。また麻二斤、小竹二十株《しぬ》は前者が身体を撫でて穢れを移す撫物《なでもの》、後者が身長などを計り、その長さに小竹を折って身の代とするもので、祓には御麻《おおぬさ》・節折《よおり》（小竹）と贖《あがもの》の三通りが含まれる」（『日本陰陽道史総説』）

このように、撫物は金銀などの人形だけではなく、衣服、幣《ぬさ》その他、種々のものが用いられた。小竹によって身長などを計り、その長さに合わせて折って身の代としたというのも興味深い。完全な自分の分身をつくり、そこにまるごと穢れを移して火や水に投棄したのである。

この二季御贖は、親王以下の百官が朱雀門に集まって行う国家の公式行事で、神祇官と東西漢部氏が執行し、陰陽師は関与していない。それに対し、より個人的な月ごとの祓い行事は、もっぱら陰陽師が行った。この祓いを「七瀬祓《ななせのはらい》」という。

七瀬祓、天曺地府祭

古代から中世にかけての最も代表的な穢れ祓いの祭祀に、「七瀬祓」がある。毎月、吉日を選んで陰陽師が天皇に人形をたてまつる。人形は折櫃《おりひつ》に入れられ、蓋がされており、蓋の上に名などの上書きがしてある。この人形に天皇が息を吹きかけ、自分の体を撫でる（「主上、御気《おんいき》を懸け身を撫でて折櫃に返入す」『禁秘抄《きんぴしょう》』）。この穢れが付着した人形を、侍臣《じしん》が河原に運び、陰陽師がしかるべき祭りを行った上で川に流すのである。

これは天皇の七瀬祓のケースだが、同じようにして公家らも陰陽師を使って七瀬祓を行った。七瀬とは平安京を流れる加茂川沿いの七つの祓いの霊所のことで、当初は川合・一条・土御門・近衛・中御門・大炊御門・二条末の洛中だったが、後に洛外にのび、さらには摂津《せっつ》、山城、近江《おうみ》という都を囲む諸国にまで範囲が拡大した。安倍晴明《せいめい》の師の賀茂保憲《やすのり》も七瀬祓を行っているので、晴明もこれを執《と》り行ったに違いない。

この祓いでも、人形以外に、その人が身につけた衣服や鏡などが撫物として用いられた。衣服は七瀬祓や呪咀祭《じゅそ》、招魂祭《しょうこん》などの祓いの具に用いられ、鏡は種々の星祭りや地鎮祭《じちん》、泰山府君祭《たいざんふくん》などの際に陰陽師のもとに届けられ、終了後、持ち主のもとに戻されたという。鏡は自分の身を写すものだから、それ自体が撫物の要素をもつ呪物といっていい。

安倍家（土御門家）が独占した「天曺地府祭《てんちゅうちふ》」でも、撫物を用いた穢れ祓いが行われている。天曺地府祭とは、天皇即位の際に京都梅小路の土御門邸内で行われた一世一代の秘祭で、後には将軍宣下の際にも執行された。新たに即位した天皇なり将軍を、天地の主だった神々——北帝大王、五道冥《ごどうみょう》官《かん》、泰山府君、司命・司録、南斗・北斗星官など——に引き合わせ、その名を「黒簿《こくぼ》」（天界の死者の名簿）から削って生者の名簿に移し、福寿を増してあらゆる災いを取り除き、その治政の永続をもたらしてくれるよう、天曹地府（天地の神々の役所）の神々に祈ったのである。

このとき用いられた撫物は、もとは「衣《ころも》」と「鏡」だったというが（岡田荘司氏「陰陽道祭祀の成立と展開」叢書1）、近世には「人形」によって代用された。遠藤克巳氏によると、近世の天皇は、土御門家から受け取った人形で身を撫で、穢れを祓った。その後、人形は撫物筥《はこ》に収められ、撫物使によって土御門家の祭場に運ばれて、祈祷を受けたという（『近世陰陽道史の研究』）。

なお、この七瀬祓が大規模になった祭祀に河臨祭《かりん》があり、仏教にもとりこまれて「六字河臨法《ろくじかりんのほう》」という大法になっている。六字河臨法は十一世紀に編み出されたとされる天台宗の秘法で、呪咀・反逆・病事・産婦のために行うといい（『阿娑縛抄《あさばしょう》』）、川に浮かべた船中に密教の大壇をしつらえ、修法を行って人形を川に流す。その次第を、天台寺門宗

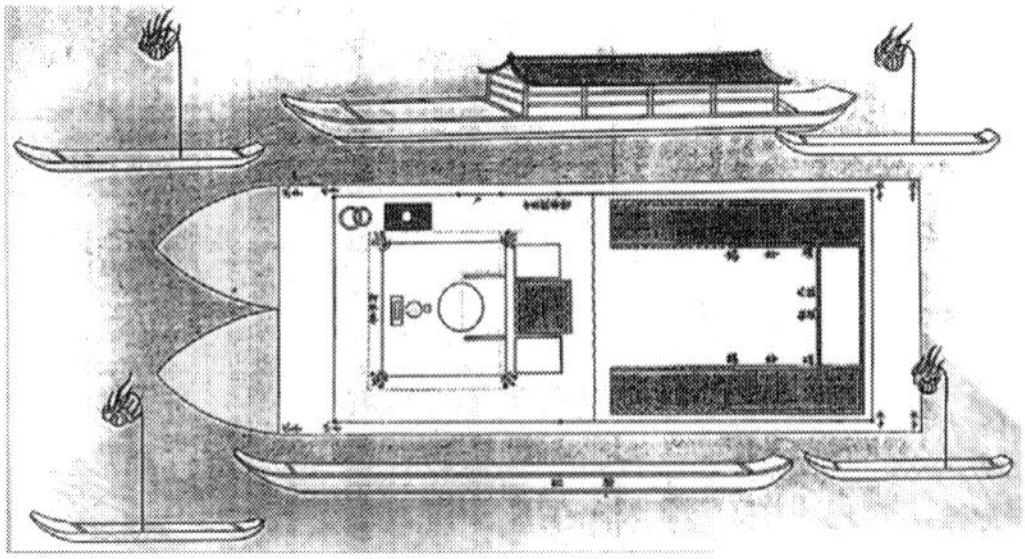

六字河臨法の船中での修法壇

の羽田守快氏がこう解説している。

「（船を）岸から人が引っぱって川上に向かい、瀬に逢うごとに修法がなされ、七瀬をもって結願《けちがん》するという。……（船中では）神道の大祓さながらの穢れ祓いの呪法が行われるのである。茅の輪《ちわ》が設置され、鉄、木肌、藁でできた人形7組が用意される。施主《せしゅ》は瀬に逢うごとにそれらを身体になすりつけ、息を吹きかけ、供物とともに河へ流す。そして中臣祓《なかとみのはらい》が詠まれる。法曼《ほうまん》流の諸尊法集『行林抄《ぎょうりんしょう》』では、これはスサノオ尊の天津罪《あまつつみ》を祓ったものだといわれる。茅の輪、大祓、スサノオとはすべて、八坂神社の祭神・牛頭天王に関するものである」（『台密《たいみつ》の大秘法』『天台密教の本』所収）

ごらんのとおり、この法は大祓や七瀬祓の密教版といっていい。本尊には六字明王を用いる（他説もある）が、この明王が結んでいる手印が「陰陽反閇《へんばい》の印」だというところからも、陰陽道の影響の大きさがうかがえる。

また、茅の輪は疫病などを除けるために人がくぐる茅製の輪で、一部の神社では今でもこの茅の輪くぐりを行っている。スサノオ＝牛頭天王にまつわる避疫の呪法だということは、第一部に記しておいた。

江戸期の祓い

身の穢れ祓いには、ほかにもさまざまなケースがあったようで、天曺地府祭のような一世一代の祭の場合は一回きりだが、一年単位で撫物の祈禱を依頼したり、節分に依頼して立春に撫物が返却されるケースもあった。

寛文《かんぶん》二年（一六六二）壬寅正月の奥書のある『天社神道行事《てんしゃしんとうぎょうじ》』には、江戸期の陰陽道を支配した土御門家の諸祭が列挙されているが、その中にも、撫物を用いた穢れ祓いがいくつも出てくるので紹介しておく。

まず、『簠簋内伝《ほきないでん》』でもたびたび出てきた荒神《こうじん》に関する祭の「荒神祭」は、人の災難を祓うために行う。壇上に、目鼻などをつけて人の形につくった「鉄身《てつじん》」ないし「木像」五座を祭り、供物には米や酒などの常のもののほかに干物の魚をそなえ、陰陽師が祭祀・祈念して「願主の災難を人形にうつしかえ」、祭終了後、川などに人形を流すのである。

穢れを川に流す陰陽師　『万暦大成』

病人のいる家で怪異が起こったときに行う「招魂祭」も興味深い。病人の家から光り物が飛ぶことがある。世にこれを「ひとだま」というが、これが出たときや、病人が夢うつつに怪しい幻覚を見るようなとき、この招魂祭を行う。離散しかけた病者の魂を招き、「体魂あんのん（安穏）」にするとともに、死者の成仏と冥福を祈るための祭祀で、常のように神供《じんく》を行い、「病人の小袖」を撫物として穢れを祓い、その小袖を北方に向けて祭るというのである。

このほか、夫婦仲が悪くなった夫婦のために行う「和合祭《わごう》」では、「夫婦の小袖」を撫物に用いて夫婦円満をはかり、だれかに呪咀されたときに行う「解返呪咀祭《かいへんじゅそ》」では、人形の撫物で呪咀返しを行うなど、撫物の活用範囲はきわめて広い。また、用途に応じて、使う撫物が違っているのも興味深い。

このように、陰陽師は、日々の生活に起こる異変や不吉、また注意すべき季節のめぐりや建築・移転などに際し、災いを避け、穢れを祓い、招福安穏を祈るための祭祀を請け負った。その歴史的背景を、岡田莊司氏はこう説明している。

「陰陽道は……穢れに対応し得る術をもっていた。……天皇の内裏、国家祭祀の対象神社は常に清浄が要求され、穢れを扱うことは避けねばならなかったため、専ら貴族個人の祓儀礼は陰陽師にゆだねられるところとなった」（「陰陽道祭祀の成立と展開」叢書1）

たとえば、先に例に挙げた招魂祭のような陰陽道祭祀は、死霊という穢れとからむ。こうした祭祀は、穢れを寄せつけてはならない神祇祭祀では扱うことができない。そこで陰陽師の登場となるわけで、その結果、「祓は神道行事の中核でありながら、一〇世紀以降、……陰陽師の独占となり、祓儀礼は、貴族社会から陰陽師の専掌《せんしょう》のように理解されていった」（岡田氏）のである。

晴明が活躍した時代は、まさにその真っただ中にあたっており、彼の周辺に、常に死の匂いがつきまとう理由もそこにある。

穢れは、本来、〝気《け》枯《が》れ〟であり、気が枯れれば死が訪れる。そこで、陰陽師は穢れを祓って気をよみがえらせるための法を修したのだが、祓うためには生死の秘密を握っていなければならない。また、生死をつかさどる神と、密接な交流ができていなければならないわけで、晴明《せいめい》が、それ以前には中心神格ではなかった冥府の主神・泰山府君の祭祀を重視し、子孫の代になって泰山府君が安倍氏陰陽道の主祭神になっていった大きな理由も、そこにあった。

密教における冥府の神々。最上段中央が安倍（土御門）家の主宰神である泰山府君　『覚禅鈔』

伝承世界では、晴明は死の世界にまつわる秘密をつかんでいる者として描かれた。それは岡田氏の指摘にもある通り、彼ら陰陽師が、「穢れに対応し得る術」をもっていると信じられたからなのである。

埋鎮呪法

鎮めの呪法

二枚の素焼きの皿を閉じ合わせて、呪物にする法がある。

この呪《まじな》いの皿と同じものが、藤原道長《みちなが》が造営した法成寺《ほうじょうじ》の門前の土中に埋められており、道長がそれを踏み越える前に、安倍晴明《せいめい》が予知して掘り出させたと、『宇治拾遺物語《うじしゅういものがたり》』に語られている。

土中から出てきたのは、黄色いこよりで十字に縛られていた二枚重ねの素焼きの皿で、皿には朱砂で文字が書かれていた。この文字が何かについては、物語は触れていない。これを見た晴明は、それが陰陽師によって仕組まれた道長に対する呪咀だと、ただちに察した。そこで懐から紙を取り出し、鳥の形に折って呪文をかけた。ついで空に投じると、紙はたちまち鳥に変じ、道長に呪咀をしかけた陰陽師のもとに飛んでいった。そこでこの陰陽師を捕らえて問責したところ、藤原顕光の依頼を受けて道長を呪咀したと白状したので、故郷の播磨に追い返したという。

この土器を用いた呪法は、フィクションではない。土器に神名その他の呪文を書き、そこに何らかの霊力を封じこめて土中に埋める呪法（これを「埋鎮《まいちん》」という）は、陰陽師が地鎮祭などで実際に使っていた鎮めの呪法であり、そこで用いられた皿も発掘もされている。その一つが京都の東寺《とうじ》付近で発掘された二枚合わせの皿で、一方の皿にはア字を入れた輪宝《りんぽう》、もう一方の皿には『法華経』の経文が記されていた。文字内容からいって、これは東寺の長久《ちょうきゅう》を祈るために僧侶が鎮め物として埋めたと考えられるが、合わせ皿を埋める呪法そのものは陰陽道に由来している。

埋鎮のより端的な物証が、高槻市の阿久都《あくつ》神社の井戸跡から発見されている。埋められていたのは前者と同じ二枚の皿で、一方には北斗七星を意味する「天罡《てんこう》大神王」の文字と、陰陽道の占術で用いる「十二神王」、もう一方の皿には「東方土公水神王《とうほうどこうすいじんおう》、西方土公水神王、南方土公水神王、北方土公水神王、中央土公水神王」と五行神名が書き込まれ、それを取り囲む形で、皿の縁に沿ってぐるりと「封」の字が書きこまれていた。

東寺　京都市南区

この皿は、平安中期頃、井戸の神を鎮めるために井戸の底に沈められたものと推定されており、その目的・意図を、水野正好氏はこう要約している。

「この二枚の皿は、その内に井鎮《せい》め――鎮井祭の祭場に謹請《きんじょう》した諸神を書き納め、十二月神により厳封して、器内を神威のこもる空間とし、二枚を結紐して井底に置いたのである。天罡神王、十二神王、五方土公水神王はこの井の根源、まなことして息づいたに違い

ないのである」（「鎮井祭の周辺」叢書４）

こうした埋鎮の呪法は、初期の陰陽師がつかさどった最も主要な仕事で、とくに地を鎮めることがさかんに行われた。平安京遷都に際しても、陰陽師が遷都地の地鎮祭を執行している。また、人家が埋まるなどの被害を出した延暦十六年（七九七）七月の大和国平群山と河内国高安山の地崩れの際には、朝廷から陰陽少属《しょうさかん》の菅原朝臣《あそん》世道《よみち》と陰陽博士の中臣志斐連《しびのむらじ》国守《くにもり》が派遣され、山崩れを鎮めるための祭祀が行われている。ここでも、なんらかの鎮め物が埋納されたものと思われる。

公式行事としての埋鎮の呪法もある。村山修一氏によれば、陰陽寮では、新年のはじめの「上厭《じょうえん》日」の早暁にこれを行った。その次第は、その年、「害気」があると判断された方位の宮門の内外各一カ所に祭壇をたて、深さ三尺の穴を掘り、五位以上の貴族と官人らが杵《きね》（盾）を手にとって並び、「害気消除、人無疾病、五穀成熟、築二七杵」の呪文を読んで、缶《ほとぎ》など鎮物を埋めたという（『日本陰陽道史総説』）。

ここに出てくる上厭日とは、『簠《ほ》簋《き》内伝《ないでん》』にも出てきた暦注のひとつの厭日のことを指す。その厭日のうち、最初の戊の日（一月の厭日は戊日）を〝上〟厭日とし、災いをもたらす大将軍を鎮めたのである。

鎮めの呪法の逆用

右に見てきた東寺や阿久都神社などの例は、合わせ皿を埋鎮して土地や家宅、井戸などに災いがおよばないようにするプラスの呪法、――西欧でいう〝白魔術〟に相当するが、白魔術の埋鎮法があるのなら、当然、その反対の〝黒魔術〟もあるということになる。

それが冒頭の道長の説話に見られた呪法で、村山修一氏も、このエピソードについて「地鎮を心得た陰陽師が同様な方法を利用して呪咀もしたことを物語っていよう」（『修験・陰陽道と社寺史料』）として、これを地鎮など鎮めの呪法のネガティヴな応用だと見なしている。つまり、皿中に、善神ではなく呪咀神を封じて、怨家に寇《あだ》をなそうとしたわけで、まさに地鎮・宅鎮法の〝逆用〟である。

この逆用の呪法がテーマになった話が、『続古事談《こじだん》』にも出てくる。

光源氏のモデルともいわれる西宮《にしのみや》左大臣の源高明《たかあきら》が、ある日暮れ、内裏から退出して二条大宮辻を通り過ぎるとき、神泉院《しんせんいん》の丑寅（東北＝鬼門）、冷泉院《れいぜいいん》の未申（南西＝裏鬼門）にあたる角の築地の上に、三人の大男の立姿を認めた。男たちは、高明の従者が先払いの声を発すると、それを避けるかのようにうつ伏せになり、声がしないと、また立ち上がった。

それを見た高明は、彼らがこの世のものではないと察し、従者にさかんに先払いの声をあげさせて、急ぎその場を通り過ぎたが、築地を抜けるあたりで、彼らが自分の名を呼ぶ声を聞いた。それからほどなくして、高明が太宰府に左遷されるという安和《あんな》の変（九六九年）が起こった。

この変の後、晴明のひ孫にあたる安倍有行《ありゆき》という陰陽師が、高明の一件を占ってこう語った。

「神泉院で競馬《くらべうま》が行われた際、陰陽師が式神を埋めたのですが、競馬終了後もその式神を放置して、術を解除《げじょ》していなかったのです。そのため高明殿は、式神の霊に当てられたのでしょう。あの場所には今も式神がおりますから、通り過ぎてはなりません」

競馬は天武朝から行われていた馬の速さを競う行事で、献上された馬を天皇が閲見《えっけん》した後に催された。この行事の際、陰陽師が出仕して反閇《へんばい》などを行ったことは確かで、この話は、それをふまえている。

通常なら、行事の平穏な進行を祈って祭儀を行うのが陰陽師の役目なのだが、おそらくなんらかの呪詛目的で、式神を埋めた陰陽師がいたということなのだろう。式神を埋めるといっても、式神は無形の鬼神だから、たぶん道長呪咀の際にも用いられた二枚合わせの皿などに、式神を封じたに違いない。その後処理を怠っていたため、式神の呪いが解除されず、その場に残っていると、安倍有行は占ったわけである。これも地鎮・宅鎮法の逆用にあたる（式神については後述）。

こうした逆用は、陰陽道に限らず、呪法の常道といっていい。先に撫物について記したが、撫物の人形《ひとかた》は身の穢れを祓う具にもなれば、呪咀の対象にもなる。人形に釘を刺したり、折ったり、傷つけることで、撫物の本体である人間にも呪いを送ることができると考えられたからで、実際、そうした用途で使われたらしい毀損《きそん》された木人形も、平城京跡などから出土している。

陰陽道の霊符

鎮宅と霊符

鎮めや呪詛などの呪法と組み合わせて多用されたものに、陰陽道の霊符がある。まずは『古事談』のエピソードから見ていこう。

関白藤原師実《もろざね》が、大内裏を模して春日町に自邸をつくった。他の邸宅がしばしば火事などで焼亡したのに対し、この大邸宅のみは、鎌倉時代に至るまで焼けなかった。その理由は、「晴明《せいめい》の子の安倍吉平《よしひら》が寝殿の長押《なげし》もしくは棟木に鎮宅霊符の呪符を置いたからだ」といわれていたが、後に邸宅の修理のために内部を調べたところ、確かに天井裏から、呪符や人形など、さまざまな呪物が見つかった。それらの中には、当時の陰陽師には伝承されていないものもあったので、元あった場所にそのまま戻したという。

師実邸を鎮宅した陰陽師は、『古事談』では安倍吉平となっているが、村山氏によると、永保《えいほ》元年（一〇八一）十一月、陰陽頭の賀茂道言《みちとき》が、師実の土御門第《つちみかどだい》北対《きたのつい》の天井に「七十二星西嶽真人《せいがくしんじん》の符を置かしめ、二月二日には厭百鬼《えんひゃっき》符を打たしめ」たという（『修験・陰陽道と社寺史料』）。

ここに出てくる「七十二星西嶽真人符」や「厭百鬼符」が陰陽道の霊符で、右のエピソードのとおり、家の天井や壁、あるいは宅地などに貼るなり置くなり埋めるなりして建物ないし宅地の気を整え、外部からの災厄の侵入を防ぐのである。これを「鎮宅《ちんたく》」といい、鎮宅のための符を「鎮宅霊符」という。

　鎮宅の呪法は古く、道教成立以前から行われていたというが、道教にとりこまれてから、大いに発展した。『道教事典』の該当部分を引く。

「『正一醮宅儀《しょういちしょうたくぎ》』によれば、道士は五方の宅神、四季歳月日時刑殺・太歳太陰将軍・門丞戸尉《もんじょうこい》・井《せい》竈伏龍《そうふくりゅう》・庭堂屋吏《ていどうおくり》などを座に招き、香茶酒《こうさしゅ》を供え、ついで宅内の五虚六耗《もう》・蜚尸邪魅《ひしじゃみ》・時瘟疫炁《じうんえっき》などの災いを起こすものたちを駆逐し、最後に五色《ごしき》の神龍に降下を願って鎮宅を頼み、家屋の安鎮を行った」

　道士が座に招くという神々は、『簠簋内伝《ほきないでん》』にも多数登場している。五方の宅神は東西南北中央の方位神、四季歳月日時刑殺は、四季と年月日時にかかわる暦注の凶悪神、太歳太陰将軍は太歳神などの八将神、門丞と戸尉は門の左右を守る門神、井竈伏龍は井戸と竈《かまど》に伏す龍、庭堂屋吏は庭の神をいう。この門丞戸尉・井竈伏龍・庭堂屋吏とは、要するに四季によって門・井戸・竈・庭と座所を移す土公神のことで、『簠簋内伝』第三巻にも登場している。

　中国では、これらの神々に、あらゆる障害神（五虚六耗・蜚尸邪魅・時瘟疫炁）の駆逐を祈り、最後に五行の神格化である「五色神龍」の降下を願って鎮宅したわけだが、そうした中国産の星神・方位神・土地神などを陰陽道がとりこみ、活用していたことが、この短い記述からもよくうかがわれる。

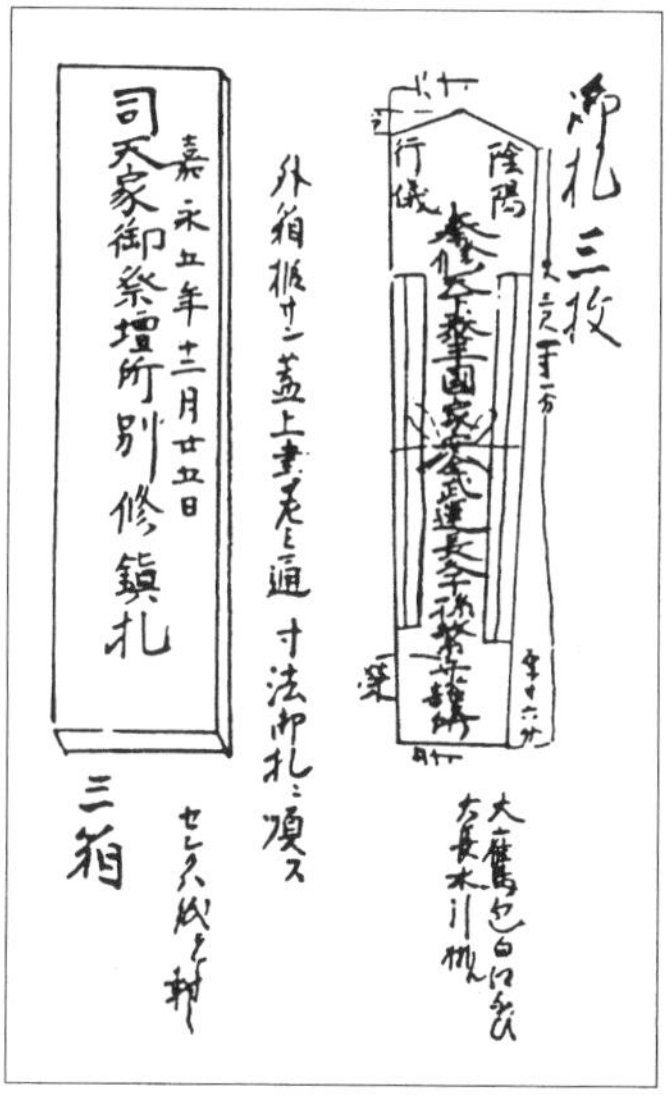

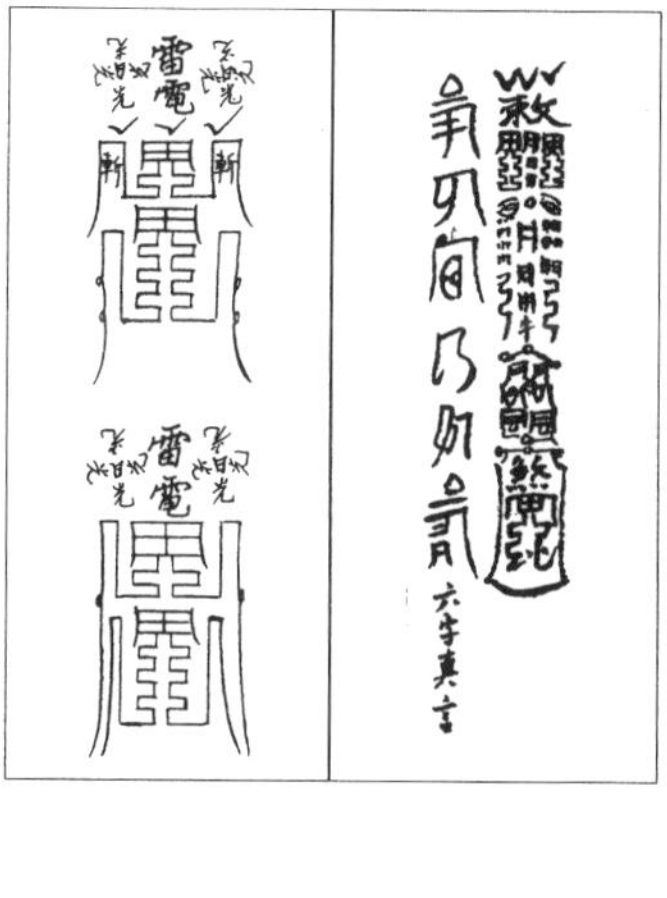

右上は土御門家が法を修した上で頒布した鎮札（宮内庁書陵部蔵）。下右は柱立て・梁上げのときに用いる鎮宅符。この符を梁の下に張ると凶星の災いを鎮めることができるという（『霊験神符大観』）。下左はその家の方位や特性にあわせて使い分ける鎮宅符（『太上老君符訣』）。上は台湾の道教寺院・慈恵堂で頒布している現行の鎮宅符。

鎮宅霊符は、この鎮宅の祭祀の際に用いられた。仁平《にんぴょう》三年（一一五三）十一月、平信範《のぶのり》が新造した神殿の宅鎮例では、陰陽頭の賀茂憲栄《のりよし》が、まず母屋四方に札を打ち、次に「西嶽真人鎮瓶《ちんびょう》」と「七十二星鎮札櫃《ひつ》」を母屋の天井上の北面および塗籠《ぬりごめ》内に置いたというから、霊符を瓶や櫃に封じて安置したものらしい。

「七十二星鎮札櫃」とあるのは、「七十二星」の符を記した木の鎮め札を、櫃の中に納めたという意味だろう。また、「西嶽真人鎮瓶」は、「西嶽真人」符を瓶中に封じたものと思われる。

七十二星西嶽真人符

この二人の公家邸の鎮宅に共通して登場する「七十二星西嶽真人符」は、中国の『太上《たいじょう》秘《ひ》法鎮宅《ほうちんたく》霊符《れいふ》』にもとづく道教の霊符で、平安以前から日本に伝わっており、陰陽師らによってさかんに活用された。

西嶽は中国の五霊山のうちの西嶽華山《かざん》のこと、真人はその霊山を管掌する仙人である。村山修一氏は、東嶽泰山府君が冥府をつかさどるので、その東嶽に対峙する西嶽華山の神を現世の生活をつかさどる宅神と見なして、賀茂光栄《みつよし》あたりが祭ったのではないかと推測している。

また、「七十二」という数については、①易《えき》の先天八卦《せんてんはっか》と後天六十四卦を足した数、②鎮宅のための主祭神である土公神（堅牢地神）が、四季の七十二候（1候5日×72候＝360日＝1年）に変化するところからとった数、などの説がある。七十二は中国の代表的な神秘数の一種で、晋の道士・葛洪《かっこう》（二八四〜三六四年）の『抱朴子《ほうぼくし》』にすでに邪気を除ける「七十二精鎮符《せいちん》」が登場している。ほかにも、神仙の霊地を「七十二福地」といってみたり、泰山で大秘祭（封禅《ほうぜん》）を行った帝王を「封禅七十二家」と呼ぶなど、七十二にはさまざまな秘説がある。それがこの「七十二西嶽真人符」にも受けつがれ、さらにずっと後代の明の時代には、地に災いをもたらす七十二の凶星（七十二地煞《ちさつ》）などの説もつくられた。

七十二星の符と西嶽真人符は、元来は別物のようだが、その用例から見て、日本では同時に用いられたものに違いない。この符の威力はすさまじいものとされ、陰陽不和の解除《はらい》のような抽象的なものから、悪鬼除け、口舌除け、盗難除け、刀兵《とうびょう》除けなどの実際的なもの、種々の怪異の前兆除け（たとえば猪・猫・犬などが自分の子を食う怪、鶏が夜に鳴く怪等々）など、七十二の功徳が数え上げられており、これを家に置けば、「家々清吉《かかせいきつ》、戸々康寧《ここうねい》、上真垂佑《じょうしんすいゆう》、災害不生《さいがいふしょう》、福寿増延《ふくじゅぞうえん》、子孫栄顕《しそんえいけん》、田蚕倍盛《でんさんばいじょう》、六畜興生《ろくちくこうしょう》、掃除精怪《そうじょせいかい》、蕩滅妖気《とうめつようき》、霊符秘妙《れいふひみょう》、永鎮門庭《えいちんもんてい》」とされている。

この七十二星西嶽真人符は、平安末までは、もっぱら賀茂家が用いたが、鎌倉時代に至ると安倍家や宿曜師《すくようじ》も用いるようになった。このほか、呪符は呑むものとしても用いられた。呪符を呑ませるというのは、元来は道教や道教系の巫術《ふじゅつ》作法と思われるが、陰陽道でも行われており、今でも新興宗教団体の中にこれを行うところが散見される。

宮内庁書陵部《しょりょうぶ》所蔵の『陰陽道祭用物帳』に、赤痢《せきり》病祭《びょう》についての記述があり、そこに、「符縣祭後病者身之（符に懸けて祭り、後に病者これを身にす）」と出てくる。まず、病気退散のために呪符を懸けて祈祷祭祀し、次に、その呪符を病者の身に帯びさせ、さらに呑ませたというのである。（岡田莊司氏「陰陽道における典拠の考察」叢書4）。

岡田氏によれば、「疫神祭《えきじん》は予《あらかじ》め都に入ってくる疫癘《えきれい》を除く予防の祭であったが、赤痢病祭など病気の諸祭は病人を対象に撫物の鏡を差し出して、病気退散を願う個人祈祷の祭典」だった。撫物による祓い、祈祷、そして病気鎮めのための符呪を行ったわけで、陰陽道呪術が動員されているのがわかる。

鎮宅霊符神

なお、前述の西嶽真人符に代わって、近世霊符の代表になったのが、北斗七星関連の霊符である。北斗は「鎮宅霊符神」と呼ばれて鎮宅の主神となり、中国道教から移入されたさまざまな霊符が活用されたが、それについて、おもしろい縁起がある。宝永《ほうえい》五年（一七〇八）、僧沢了《たくりょう》が書いた『鎮宅霊符縁起集説』に出るもので、それによると、家の吉凶を読む家相に精通していた漢の孝文帝《こうぶんてい》が、あるとき弘農県に行幸したところ、「三愚《さんぐ》」の民家が目に入った。家の前方が高く後方が低い地を一愚といい、北方に水が流れて龍脈の気を結ばない地を二愚といい（北方は山が望ましい。第一部四巻参照）、東南が高く西北が平地の土地を三愚という。このすべてを兼ね備えた、とんでもない凶相の民家を、孝文帝は見たわけである。

　ところが、これほどの凶相にもかかわらず、家は富み栄えているらしい。

　不思議に思った皇帝が家の主の劉進平《りゅうしんぺい》にわけを問うと、劉はこう答えた。

「かつて災禍が重なったときがございますが、ある日、書生が二人やってきて七十二符を伝授してくれました。彼らがいうには、『この符を畏敬し、七十二の符法を修すれば、十年で富貴になり、二十年で子孫が繁栄し、三十年で白衣の天子（皇帝のこと）がこの家に入るであろう』と予言して消えたのでございます」

　予言はすべて的中したわけで、皇帝はこの符法を深く信敬し、天下に施《ほどこ》し伝えた。それが鎮宅霊符の法で、日本には七世紀の推古《すいこ》朝に百済《くだら》の聖明王《せいめいおう》の第三王子が伝えた。この霊符の尊像が、妙見《みょうけん》菩薩、すなわち北斗七星神だというのである。

安部仲麻呂画像　『前賢故実』
国立国会図書館蔵

　北斗を本尊とする鎮宅霊符神は、広く信仰され、その霊符も江戸期を通じて全国に流布された。鎮宅霊符神を祭る鎮宅霊符社も、各地にある。土御門家では、この鎮宅霊符神をはじめとする諸神の元締めたる泰山府君を唐土から本朝に伝えたのは、安倍氏の祖の仲麻呂《なかまろ》だと伝えてきた。同家文書中の『泰山尊神御来由《たいざんそんじんごらいゆ》』には、大略、こう述べられている。

「泰山府君は、人皇八代《じんのう》、孝元天皇《こうげん》第一の皇子《みこ》の太彦命《おおひこ》の御後胤《ごこういん》の従《じゅ》一位左大臣・安部仲麿公《なかまろこう》――仲麿公は熒惑星《けいこくしょう》の変化《へんげ》にして、今、大和国《やまと》で高屋大明神と崇《あが》めたてまつる式内の神である――が、唐土から伝来なさった国家安穏《あんのん》、貴賤寿福《きせんじゅふく》の神である。……その神徳は天地を総摂《そうせつ》し、造化《ぞうか》を司合《しごう》し、禍福《かふく》を科定《かてい》し、寿命を増減したまい、天にあっては日月星辰、地にあっては名川大川《めいせんだいせん》、鎮宅霊符、妙見尊星《そんじょう》（北斗七星）等の部類眷属にいたるまで、ことごとくこれを摂し、第一に天神地祇《てんじんちぎ》を管領《かんりょう》して天の三災を除き、四海泰平、五穀豊饒ならしめ、次には年月日時の凶殺および三十六衰、七十二厄を消滅し、常日ごろ信心の者には昌運《しょううん》を授け、凶を転じて吉となし、災いを除き福を与え、寿命を延ばし、水難火難を消除し、白刃《はくじん》を避け、すべての不慮の災厄を免《のが》れしめたまう」

この鎮宅霊符神＝北斗を主神とする霊符も、七十二符とか、符法七十二道といった形で、平安時代に盛行《せいこう》した「七十二星」との結びつきを誇示している。

これらの呪符は、近世、仏教（おもに天台・真言の密教と修験道）や神道のほうでもさかんに配布し、霊験《れいげん》を競いあった。というより、北斗信仰そのものは、密教や日蓮宗が、おもな担い手だったといっていい。

もちろん、陰陽師のほうでも、鎮宅霊符その他のお札やお守りを扱って、全国各地に広めた。彼らは貢納金《こうのうきん》を上納して土御門家から免状（職札《しょくさつ》）を授かり、自らは「博士《はかせ》」などと称した声聞師《しょうもんじ》（唱《しょう》門師《もんじ》）、散所《さんじょ》などとも呼ばれる民間呪術者で、暦《こよみ》売り、呪術・祈祷、祭祀、卜占《ぼくせん》などをなりわいとした。その陰陽師の本尊として泰山府君のほかに祭られたのが、この妙見菩薩＝鎮宅霊符神なのである。

当時の陰陽師の家職の中には、この霊符のことが明記されている。『近世陰陽道史の研究』に引かれた「御《お》奉行《ぶぎょう》御《お》尋《たずね》之《の》節《せつ》前々《まえまえ》より書上控《かきあげひかえ》」（若杉文書、一七七〇年）には、認可された陰陽師の家職が列挙されている。そのうち、霊符関係のものには、

・秘符《ひふ》　お守りや神符《しんぷ》などの一切に用いる秘符、
・矢除《やよけ》守《まも》り　一切の突発的な異変・難儀《なんぎ》を免れるためのお守り、
・十二神神の札《ふだ》　十二支の神霊の符、
・神馬《しんめ》の札　紙に符を押して神馬の代わりとしたもの、

の四種がある。陰陽師が種々の霊符の類を頒布《はんぷ》していたことがわかる。

また、土御門家では、熒惑星の生まれ代わりの安倍仲麻呂から伝えられたと称する「熒《けい》火《か》武《ぶ》威《い》昌《しょう》運丸《うんがん》御《お》守り」を授与してきたが、「万民を救う」とされたこのお守りも、「尊帝真君《そんていしんくん》」すなわち北斗七星の霊に祈り、その神威によってお守りとして力が発揮されると謳《うた》われたのである。

反閇

禹歩と反閇

陰陽道の鎮めの呪法に欠かすことのできない呪術的作法の代表に「反閇《へんばい》」がある。

反閇とは、地霊や邪気を祓い鎮め、その場の気を整えて清浄にすることを目的とした呪術儀礼全体をいうが、狭義には、その際に用いられる独特の歩行法（足さばき）のことも反閇といい、中国式に「禹歩《うほ》」とも呼ぶことも少なくない。

禹歩の足さばきは、『抱朴子』に出てくる。小坂眞二氏の図解をもとに説明していこう（「陰陽道の反閇について」叢書4）。

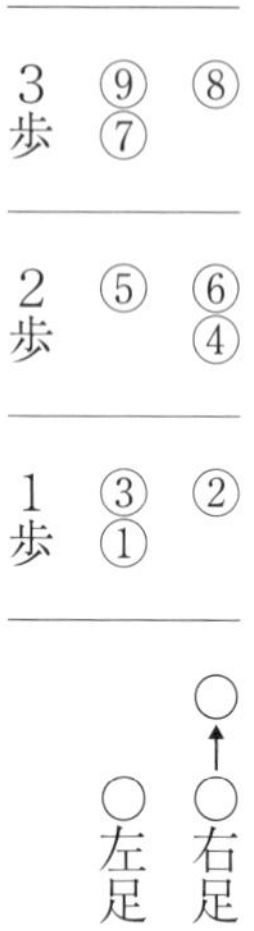

呪者は、まず両足をそろえて正立《せいりつ》し（a）、次に右足が前、左足が後ろの形をとる（b）。次に、左足を右足の前に出し（①）、右足を前に出し（②）、両足をそろえる（③）。以上を禹歩の第一歩とする。次に、こんどは右足から前に出し（④）、左足を前にし（⑤）、両足をそろえる（⑥）。以上を禹歩の第

二歩とする。第三歩（⑦〜⑨）は第一歩と同じ足さばきを行う。足を三回運んで一歩とするので、合計九回の足さばきとなる。これを道教では「三歩九跡法《さんぽきゅうせきほう》」と呼んでいる。なぜ九跡を踏むかというと、北斗七星の数を踏むため（踏斗《とうと》）と、道教では説明している。北斗七星そのものは七星だが、道教や陰陽道では、弼《ひっ》星と輔《ほ》星という二つの星を加えて九星とする。そこで、道教を受容した日本の陰陽道では、この三歩九跡を「九星反閇」とも呼んでいる。

禹歩のルーツは明らかではないが、その歩みが体の不自由な者の跛行《はこう》（足を引きずる歩き方）に似ていることから、伝説の聖王・禹王の跛行をルーツとする説がある。それによると、禹王は治水事業などを精力的に行って山河を徒渉《としょう》した。そのために足を病んで跛行するようになった。その姿を、禹王の巫術を受け継いだ後代の巫覡《ふげき》（巫は巫女《みこ》、覡は男巫《だんぷ》）が模倣したというのである。

星野紘《ひろし》氏の『歌垣と反閇の民族誌』に、藤野岩友氏が台湾の劉枝萬《りゅうしまん》氏から聞いたという話が出てくる。それによると、台湾の道士は、今でも「殆《ほとん》ど片脚をひきずって進む」という。台湾では禹歩といわず「歩罡《ほこう》踏斗」というが、罡は「天罡」という北斗七星の異名のことなので、歩罡踏斗は、結局、北斗の形に歩むという意味になる。つまり禹歩を、理屈では道教の後付け理論にもとづいて北斗の形を踏む呪的歩行法としているにもかかわらず、実際には、星とは無関係の跛行神話が伝承されているわけである。

このように、禹歩は、そのルーツも源初的な意味も不明というしかないのだが、道教では、禹王および北斗七星に結びつけて、自家の秘法とした。たとえば、道教教典の一つである『洞神八帝元変《どうしんはちていげんぺん》法《ほう》』では、禹歩が以下のように説明されている。

「禹歩というのは、夏《か》王朝の禹王が行った術で、鬼神を召し出して使役するための行歩法である。これをもって万術の根源とする。昔、大禹《たいう》が治水を行おうとしたが、川の深さを測ることができなかった。そこで海若《かいじゃく》という神や地の神たちを召し出して治水土木の方針を決した。その際、常に活用したのが、この歩行法である」

これによると、禹歩は巫術の一種である使鬼神法《しきじんぽう》とされている。中国の巫覡が大禹に習って禹歩を用いて神憑《かみがか》りするというのは、こうした伝説からきたものとも考えられる。

禹歩のルーツについては、『歴世真仙體道通鑑《れきせいしんせんたいどうつがん》』に、「（諸神が）禹王に玉書《ぎょくしょ》、霊宝五符、治水の真《しん》文《ぶん》、および罡を歩んで鬼神を弾劾《だんがい》したり召喚《しょうかん》する法を授けた」とある。

やはり鬼神使役と関係づけられており、その際の呪的歩行法が「歩罡」、すなわち北斗を踏むことだと説明されている。

陰陽道の反閇

こうした解説を読むと、同じ三歩九跡法でも、道教では禹歩がシャーマニックな神憑り儀礼と深く結びついていたことがうかがえるが、陰陽道では、神憑りと禹歩（反閇）が結びつけられた様子は見えない。陰陽師も、道士と同じく北斗を踏むが、それによって〝場を鎮める〟、〝その場から鬼神・疫神などの凶神を排除する〟といった趣が、がぜん強いのである。

その理由は必ずしも明らかではないが、小坂眞二氏によると、反閇は、直接道教から出たものというより、「もともと中国の遁甲式占《とんこうちょくせん》に従属する祭法の反閇局法に由来するもの」で、そこに道教の種々の呪法が組み合わされて成立したのだという。

遁甲式占は、古代中国の王朝で採用されていた三種の占い盤を用いた占い（太一《たいいつ》・奇門遁甲《きもんとんこう》・六壬《りくじん》）の一つで、陰陽の変化に乗じて人目をくらましたり身を隠し、吉をとって凶を避ける術といわれ、日本では陰陽寮がつかさどった。反閇という陰陽道呪法が、占術に由来するという小坂氏の意見は、大いに傾聴に値する。その具体的な次第を記した平安末の『小反閇作法』を、以下に紹介していく。

①これから歩を運ぶところの門に向かい、出行の事由《じゆう》を玉女神に申し上げる。

②五気を観じ、臨思目《りんしもく》する。

五気というのは木火土金水《もくかどごんすい》の五行のことをいう。具体的には、身体内の五臓の五行神のイメージを呼び起こし、それを内的に観じたものだろう。また、「臨思目」というのは道教の養生を目的とした瞑想法《めいそうほう》のことと思われる。たとえば、道教を代表する経典『真誥《しんこう》』に、「服日月芒法《ふくにちげつぼうほう》」といって日月の光芒《こうぼう》を服する瞑想法が記されている。

「心臓の中に、象《かたち》の大きさが銭ぐらいのものがあり、それは赤色であることを存思《ぞんし》する。また日には九つの芒があり、それが心臓から上って喉から出て、歯間《しかん》に至り、そこで芒は、たちもどって胃の中にかえることを存思する。このようにすることしばらくの間、臨目して心にあらわれるを存えば、胃中が分明である」（石井昌子訳）

右の文中の「存思」「臨目」が、先の「臨思目」である。ただし、こうした瞑想法には、多種多様なバリエーションがある。陰陽師が行ったという「臨思目」が、養生を主眼とした右の服日月芒法と同じものだったわけはないが、ここでは、修法におけるイメージ操作の一例として挙げておいた。この例のように、陰陽師は②の段階で、なんらかのイメージを心中に呼び起こしたものと思われる。

③勧請呪《かんじょうじゅ》を誦《ず》す。

ここで祭祀に必要な神々を、召喚（勧請）するわけである。どんな神々が呼ばれたかは『小反閇作法』には記されていないが、『家秘要抄《かひようしょう》』（安倍泰邦《やすくに》）中の「反閇口伝」に神々の名が列挙されており、龍樹《りゅうじゅ》菩薩、提婆《だいば》菩薩などの仏教の菩薩と並んで、伏羲《ふっき》、神農《じんのう》、玄女《げんじょ》などの中国の大神が勧請されている。陰陽道ならではの顔ぶれといっていいだろう。

④呪文を唱える。

呪文は、祭祀の内容によって、天門呪《てんもんじゅ》、地戸《ちこ》呪、玉女呪《ぎょくじょ》、刀禁《とうきん》呪、四縦五横呪《しじゅうごおう》など、さまざまに唱えられる。最後の「四縦五横呪」は、修験道や各種巫術などでおなじみの「九字《くじ》」のことで、印形が縦に四本、横に五本の直線からなる井桁《いげた》なのでこの名がある。

九字の呪文は、道教では「臨兵闘者皆陳列前行《りんぴょうとうしゃかいちんれつぜんぎょう》」と唱え、仏教や修験道では「臨兵闘者皆陳裂在《れつざい》前《ぜん》」と唱えるが、陰陽道では「四縦五横、禹為除道蚩尤避兵、令吾周遍天下帰還、故嚮吾者死、留吾者亡、急急如律令」と唱える。

呪文と並んで行われる印形は「▦」で、道教・仏教・修験・陰陽道とも同じだが、各線に付された名称は、異なっている。陰陽師は右の呪文を唱えた後、地面から二〜三尺《じゃく》上のところに、刀で▦を書く。ついで、書いた印を踏み越え、禹歩に移る。

⑤三歩九跡を行う。

先に述べたとおり、九跡は北斗九星に対応する。九跡のそれぞれに、遁甲式占の星名がついている。星名は以下のとおり。

三歩	二歩	一歩
⑧天任《てんにん》	⑥天心《てんしん》④天輔《てんぽ》	②天内《てんない》
⑨天英《てんえい》⑦天柱《てんちゅう》	⑤天禽《てんきん》	③天衝《てんしょう》①天逢《てんぽう》

『遁甲経』を引いて『五行大義』が説くところによると、天逢（木神《もくしん》・破軍《はぐん》星）は辺境を安んじて、守りを固めてくれる。天内（水神《すいじん》・破軍星）は道を尚《たっと》んで、友を結んでくれる。天衝（金神《こんじん》・破軍星）は軍を率いて、仇敵《きゅうてき》を征伏《せいふく》させてくれる。天輔（土神《どしん》・武曲《むごく》星）は礼を修め、教えを敷いてくれる。

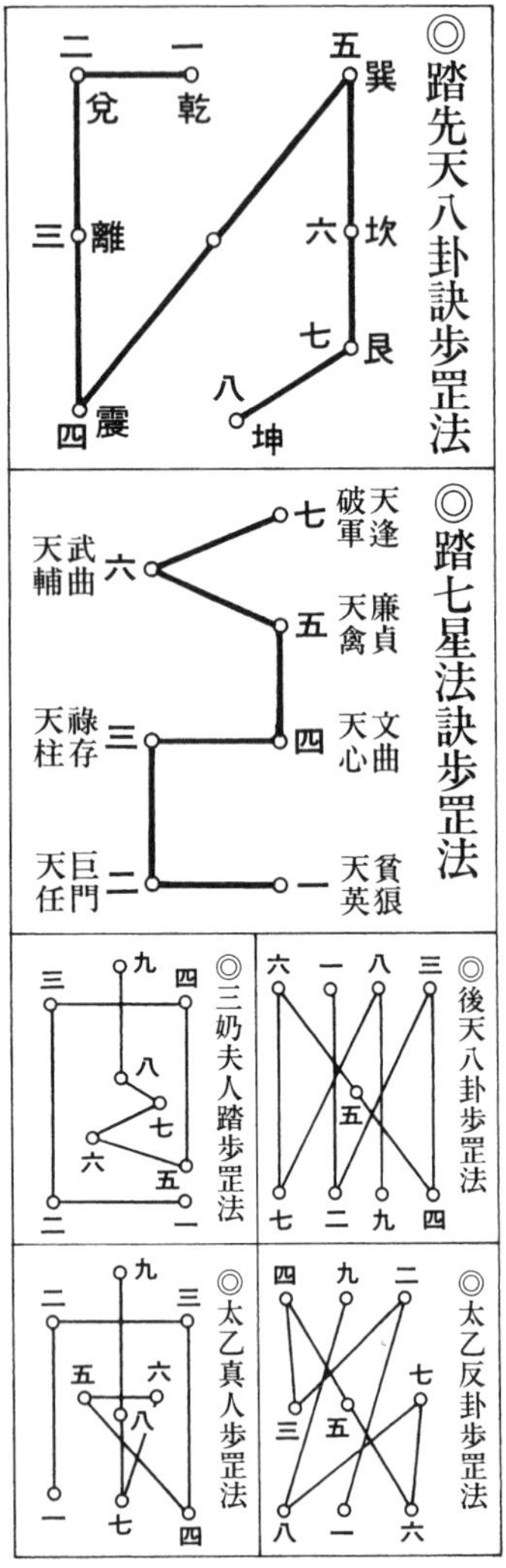

中国道教で行われる様々な歩罡法（禹歩）。北斗七星ないし九星の数を踏む。これ以外にも種々の法があり、用途に応じて使い分ける（『太上老君符訣』）。

天禽（火神《かしん》・廉貞《れんてい》星）は福をもたらし、悪を除いてくれる。天心（木神・文曲《もんごく》星）は病気を避け、薬を与えてくれる。天柱（水神・禄存《ろくぞん》星）は危険から身を隠して、固く守護してくれる。天任（金神・巨門《こもん》星）は財をもたらしてくれる。天英（土神・貪狼《とんろう》星）は遠出の楽しみを与えてくれる。

カッコ内に北斗九星および五行神との対応を入れておいたが、このように功徳のある九星の形を踏むことで、凶を避け、吉をとろうというのである。

⑥呪文を唱える。

以上の禹歩を終えたら、陰陽師は立ち止まって呪文を唱える。呪文は、「南斗北斗三台玉女、左青

龍避万兵、右白虎避不祥、前朱雀避口舌、後玄武避万鬼、前後輔翼、急急如律令」。

⑦六歩あゆむ。

誦し終えたら、「乾《けん》・坤《こん》・元《げん》・亨《こう》・利《り》・貞《てい》」と唱えながら、六歩あゆむ。この六字は『易経《えききょう》』にもとづく。その日が陽干日なら左足から、陰干日なら右足から出し始める。

以上が反閇の作法になる（ただしこれ以外のバージョンもある）。

藤原実資の例

反閇が成立したのは晴明《せいめい》が活躍した十世紀後半で、以後、さまざまな陰陽道祭祀に取り込まれた。小坂氏によると、確実に反閇が行われた陰陽道祭に、玄宮北極《げんくうほっきょく》祭、三公五帝《さんこうごてい》祭、呪咀返却《じゅそへんきゃく》祭、荒神《こうじん》祓《はらい》、六道霊気《ろくどうれいき》祭がある。また、反閇は、天皇や皇族らが自分の本来の居住場所（大内《おおうち》、内裏）から出て、別の殿舎《でんしゃ》や寺社などに行く場合にも、陰陽師によって奉仕された。

安倍晴明は、その開始期にあたる時代の大立者で、彼自身の反閇も記録に残されている。たとえば長徳《ちょうとく》三年（九九七）には母の病気を見舞う一条《いちじょう》天皇のためにこれを行い、寛弘《かんこう》二年（一〇〇五）には、大原野《おおはらの》社に参詣する中宮《ちゅうぐう》の彰子《しょうし》のために反閇を行っている。いずれも、これから出行する人の身に不祥《ふしょう》・災厄が降りかからぬよう、呪的に守護するためのものだったろう。

反閇は、鎮めの呪法の中にも取り込まれていた。陰陽道の宅鎮にあたる密教の鎮めの祭祀を安鎮法

大原野神社　京都市西京区

というが、この安鎮法に関して、小坂氏はこう書いている。
「『安鎮法日記』に、天治《てんじ》三年（一一二六）の三条内裏の安鎮法に関係して、『陰陽ヘンハイ』して埋鎮の穴を掘ったことと、陰陽師が南殿の天井に小筥を置いたことが見える。後者は、陰陽道祭の宅鎮祭の鎮符を置いたものである。問題は、前者の埋鎮の際の反閇であるが、この文面からは安鎮法の際のものとも受け取れる。確かに安鎮法で禹歩を行った例は他にもみえ、その可能性が強いが、宅鎮祭の埋鎮の際も、反閇が行われた可能性は否定できないように思われる」（前掲論文）

藤原実資《さねすけ》が新造の寝殿に移転する際、晴明の息子の吉平《よしひら》が行った反閇のことを、村山氏が簡潔にまとめておられるので引いておく（山中裕・鈴木一雄氏編『平安時代の信仰と生活』所収「陰陽道」）。

「実資は新造の寝殿へ移転するにつき安倍吉平から七十二星鎮を送ってもらい、梁《はり》の上に置いた。移転の日は西中門より入り、先《ま》ず五穀を散じ、吉平が読呪反閇《どくじゅへんばい》をし、つぎに黄牛《こうぎゅう》を牽《ひ》いて南階下まで進み、また呪を読む。ついで実資が五菓《ごか》（生栗《なまぐり》・搗栗《つきぐり》・柏《かしわ》・干棗《ほしなつめ》・橘《たちばな》）を嘗《な》める儀があった。黄牛は土公の祟りを防ぐ呪法であるが、正式には陰陽師の読呪反閇のあと、童女二人（一人は水を捧げ持つ水童《すいどう》、一人は火を捧げ持つ火童《かどう》）が続き、あと一人の童子が黄牛を牽くので、この場合水火童子は省略されている。反閇は千鳥足で大地を踏みしめて歩くもので悪霊しずめの呪法である」

若干注釈しておくと、黄牛は、黄も牛も五行の土のシンボルで、土神の乗り物である。新造の建物が土神の祝福を受け、祟りにあうことのないようにするために、祭場に牽いたものだろう。内裏内での遷幸《せんこう》に際しては、黄牛は二頭用いられた。また、童女の着衣も黄色と定められている。

実資が嘗めたという五菓は、五行のシンボルと思われるが、長久《ちょうきゅう》二年（一〇四一）の安倍時親《ときちか》の勘申《かんじん》では、棗《なつめ》・李《すもも》・栗・杏《あんず》・桃の五菓となっている。五行神に供えたものを、家の主になる実資が共食《きょうしょく》するの義と思われる。陰陽師の反閇に先だって地にまかれる散供《さんぐ》は、大豆・胡麻《ごま》・米・粟《あわ》・麦。量はすべて五升で、ほかに酒も五升と、五行の五に数があわせられている。

以上が反閇のあらましだが、道教の禹歩が、鬼神使役などのための降神巫術《こうしんふじゅつ》の一環になっているのに対し、陰陽道では鎮めが禹歩の第一の機能になっている点が、彼我の大きな違いとして注目される。

物忌

物忌の意味の変質

神祭りにあたり、穢れを嫌い、清浄を喜ぶ神のために斎戒《さいかい》することを「物忌《ものいみ》」という。つまり物忌は、本来、陰陽道とは無関係の日本的宗教慣習だったわけだが、平安中期には意味が変質した。どう変わったのかというと、たとえば夢見が悪かったり、身辺に怪事《かいじ》があった場合などに陰陽師に占わせることがまず行われ、その結果、陰陽師から出された指示にしたがって、外出や飲食などを慎み、一定期間、家にこもって精進潔斎《しょうじんけっさい》の生活を送ることを物忌というようになったのである。

陰陽師は六壬《りくじん》を用いて、依頼主からの質問を占った。その上で出てくる解釈は、貴族の主要関心事である四方面、すなわち「失《う》せ物、火事、口舌《くぜつ》（争論・政争・兵革）、病事」に、ほぼ限られた（三和礼子氏「物忌考」叢書1）というから、これらが平安時代における物忌を必要とする主要な用件だったわけである。

平安中期以降の物忌は、完全に陰陽道禁忌になっていた。物忌が必要かどうか、物忌の原因となった怪異《かいい》等の背景にひそむ意味は何か、どれくらいの期間、物忌すればよいかなどは、すべて陰陽師の判断の下にあった。また、怪異・凶夢などに対する強迫観念じみた不安や恐れの感情が、貴族たちに根付くにあたり、大きな役割を果たしたのも、陰陽道であった。

こうして貴族は、何かことあるごとに、物忌のために家に籠もったが、後には禍《わざわい》を封じるために陰陽師が謹製した呪札のことも、物忌と呼ぶようになった。それについては、十八世紀の有職故実《ゆうそくこじつ》家の伊勢貞丈《ていじょう》の『貞丈雑記』の記述が、しばしば引き合いにだされる。

呪札としての物忌

『貞丈雑記』には、こう記されている。

「物忌というのは、夢見が怪しかったり、または何か怪しい出来事があって、気にかかって陰陽師に占わせたとき、陰陽師から、『これは大事のあることを告げるしらせです。しかじかの日数、お慎みください』といわれて、その日数は他所へも行かず、家の内に引きこもって、人にも会わず、慎んでいることをいう。その間は、柳の木を三分《ぶ》ばかりの長さに削り、そこに物忌と書き付けて、（端に）糸をつけて〝しのぶ草〟の茎に結《ゆ》いつけ、冠にも挿し、簾《みす》にも挿しておくのである。白い紙を小さく切って、その紙に物忌と書くこともある。しのぶ草には、別に〝ことなし草〟の異名もある。それゆえ、この草を用いるのである」

これを読むと、物忌には、陰陽師が厄除《やくよ》け、不祥事《ふしょうじ》除けのための呪物を提供したことがわかる。「物忌」と書きつけた柳の木片や紙片がそれである。これをしのぶ草に結いつけたのは、この草の異名が

清涼殿　平安時代の様式を復元して安政２年（1855）に建てられたもの　京都市上京区・京都御所

「ことなし草」、つまり〝何事もなく過ぎる〟草だからで、それを冠や烏帽子《えぼし》、簾などに挿して、忌み事を除けた。

前出「物忌考」によると、天皇の物忌の際には、蔵人所《くろうどどころ》の出納《しゅつのう》と呼ばれた雑事担当の役人が関係各所に物忌札を配布し、柱などに貼り付けさせた。また、天皇の清涼殿は、蔵人がいたるところの御簾《みす》に、物忌札を差し挟み、前記の柳の物忌札を、しのぶ草の茎に結わえたものを、天皇の冠の纓《えい》に挿した。この冠をかぶって、天皇は忌みが明けるまで清涼殿に籠もったのである。

身固

晴明の身固

陰陽師が奉仕した、身体を堅固安穏にするための呪法を「身固《みがため》」という。身体を堅固にするといっても、もちろんなんらかの健康法を行うわけではなく、依頼者の身体そのものに、呪的な守護を打ちかけるのである。

陰陽師の呪法のうち、地鎮では土地が、鎮宅では邸宅が、物忌では依頼主の生活領域全体が、穢れ祓いでは依頼主の身に付着した穢れが、呪法の対象となった。それに対して、身固は依頼主の身体（ないしその分身としての衣服）が呪法の対象となる。呪法によって、その人の身体そのものを守るのである。

『宇治拾遺物語』に、こんな話が出てくる。

蔵人の小将《しょうしょう》が内裏に向かう途次《とじ》、カラスに糞《ふん》をかけられた。それを見た安倍晴明《せいめい》は、そのカラスが式神で、少将は陰陽師に呪咀《じゅそ》されたものだと判断し、「このままでは、あなたの命は今夜限りです」と告げた。以下、原文ではこう続く。

「少将わななきて、『あさましきことかな、さらば助け給《たま》へ』とて、一つ車に乗りて少将の里へ出でぬ。

……晴明、少将をつと抱きて〝身がため〟をし、又何事にか、つぶつぶと夜一夜いも寝ず、声絶《たえ》もせず読み聞かせ加持《かじ》しけり」

晴明の祈祷により、敵の陰陽師の呪咀は破れた。翌日、式神を使った陰陽師から使いがきた。その使いに託した陰陽師の言葉は、大略こうなる。

「自分が打った式神が、身固の強い人のために打ち返され（呪咀返しされ）、我が身にはねかえってきた。もう死にそうだ」

物語では、この陰陽師は少将の妻の姉妹の夫に雇われて呪咀したことになっている。けれども、その陰陽師と晴明では力量に雲泥《うんでい》の開きがあったため、式神を打ち返されて瀕死の状態に陥ったというのだが、このとき晴明が使った呪法として「身がため」が出てくる。

先に引いた原文では、晴明が、ただ少将をしっかり抱いているだけのように見えるが、実際には種々の呪的作法が行われていたのでなければならない。晴明がどんな身固の法を修したかは不明だが、身固そのものは、おおよその次第がわかっているので、次にご紹介しておこう。

近世土御門家の身固

身固については、遠藤克己氏が、江戸期の土御門家の諸記録を集めて、詳しく紹介している（前掲書）。その中に、土御門泰重《やすしげ》が元和六年（一六二〇）正月九日、京都御所に拝賀《はいが》に行き、そこで後水尾《ごみずのお》天皇に身固を行ったときの記録がある。

それによると、まず最初にお礼を申し上げ、その後二拝。次に禁刀《きんとう》（陰陽師が呪法で用いる刀）を執って天皇の座所のほうに進み、御前《ごぜん》の一間《けん》前あたりから膝立《ひざだ》ちで進んで御前に至る。

ついで、天皇の胸のあたりに「四縦五横書」を書き付け、次に左手の掌中《しょうちゅう》に「符」を書き、同じように右手にも書いてから、禁刀を懐中《かいちゅう》にしまい、退出したという。

ここに出てくる「四縦五横書」とは、反閇《へんばい》の項目で書いた九字の印（▦）のことを指す。泰重は、まず天皇の胸めがけて（空中に）九字を切り、ついで左右の掌中に符を書いた（符の内容は不明）。これが、当時の身固の作法だったことが知れる。

四縦五横の印は、反閇においては地に向かって切られていた。それによって、その地が鎮められ、守護されるのだが、ここでは天皇の身体そのものが、反閇の際の地と同じ加持の対象に見立てられている。手に禁刀をとって御前に向かうとあるから、四縦五横の印は、あるいはこの禁刀によって切られたものかもしれないが、天皇の御前で刃物を使うことは考えにくいので、指で印を切るなど、別の作法があったのかもしれない。

この身固の際、種々の呪文が唱えられることもあったらしい。若杉家文書の「属星祭文《ぞくしょうさいもん》」に載る身固式には、身固に用いる禁刀の呪文と、四縦五横印の呪文、および四縦五横印の符式が記されている。それぞれ、以下のとおりである。

《刀禁呪》　吾是天帝所使執持金刀、非凡常刀、是百錬之刀也、一下何鬼不走、何病不癒、千妖万邪皆悉済除、急急如律令

（吾《われ》はこの天帝の使う所の金刀《きんとう》を執持《しつじ》す、凡常《ぼんじょう》の刀に非《あら》ず、これ百錬の刀也、一下《ひとくだし》せば何ぞ鬼の走らざるや

［禁刀を降り降ろせば使役されない鬼神はいないの意］、何ぞ病の癒えざるや、千妖万邪皆悉済除《せんようまんじゃかいしつさいじょ》、急急如《きゅうきゅうにょ》律令《りつりょう》）

《（四縦五横）呪》　天為我父、地為我母、在六合中南斗北斗三台玉女、左青龍右白虎前朱雀後玄武、前後扶翼、急急如律令

（天を我が父と為《な》し、地を我が母と為す、六合中《くになか》に南斗・北斗・三台・玉女《ぎょくじょあ》在り、左には青龍、右には白虎、前には朱雀、後には玄武、前後扶翼《ふよく》す、急急如律令）

《符式》

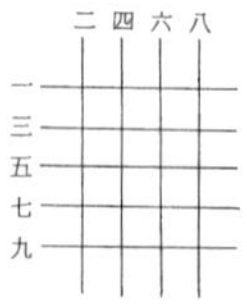

嵩鬼神急々如律令

身固は天皇のみに行われたわけではなく、公家や将軍などに対しても、賀茂・安倍家によって奉仕された。先の例では天皇の身に直接身固が行われているが、一般にはその人の衣服に対して行ったという。

徳川家光《いえみつ》の子の家綱《いえつな》の加冠《かかん》の式の際、土御門泰重《やすしげ》が衣服への身固を行った記録が『徳川実紀《とくがわじっき》』にある。

「土御門三位泰重卿《きょう》、衣冠《いかん》の上に大帷子《かたびら》着し、一揖《ゆう》して跪《ひざまず》き、(家綱の)御直垂《ひたたれ》に向ひ、日時を勘《かんが》へ、吉方にむかひ、御身固をつかふまつる。御伝《ごでん》の輩《やから》、その御直垂を受取れば、若君下段に出《いで》まし、伝の輩、御直垂をきせ奉《たてまつ》り終《おえ》て、(高倉大納言《たかくらのだいなごん》)永慶《えいけい》、泰重の両卿、出て拝し奉る。これは土御門、御前に参り御手《みて》の内ならびに御衣《おんぞ》に呪咀つかふまつるためしなれど、御齢《おんとし》いまだきびはにわたらせ給へば、御衣に呪咀し奉ること、幼主《ようしゅ》ならびに、皇后宮《こうごうのみや》などの例によられしとぞ」

この文では身固を「呪咀」と記しているが、この呪咀は、もちろん呪《のろ》いの言葉を吐くという意味ではなく、呪《まじな》いをするという意味である。

なお、この身固は、単独でも行われるが、種々の陰陽道祭祀の前段としても行われた。密教では、神仏を勧請《かんじょう》し、加持祈祷などの法を修する際、あらかじめ護身法を行う。まず我が身の罪業を清めた後、身に如来の慈悲の甲冑《かっちゅう》をまとうと観念し(これを被甲護身《ひこうごしん》という)、式次第にのっとって印を結び、真言を唱えていくのだが、祭祀の前段として行われる身固は、この被甲護身と通じ合うように思われる。

先の『宇治拾遺物語』の話に戻れば、晴明は少将の身を四縦五横印で呪禁《じゅきん》し、刀禁呪などを唱えて式神の動きを封じたのみならず、逆に呪文によって式神を支配し、打ち返したと考えれば、大いにリアリティが出てくるのではないだろうか。

式神

式神というもの

陰陽道の呪法と聞いて、だれもがすぐに連想するのは、この「式神《しきがみ》」だろうが、式神と呼ばれる特別な神がいるわけではなく、陰陽師が使役《しえき》したとされる鬼神のことを、式神と呼んでいる。

式神に特定の個性がないことは、晴明《せいめい》説話に登場する式神の描かれ方が、まったくまちまちなことからも想像できる。

『今昔物語』には、晴明が播磨《はりま》の老僧の式神を隠す話が出てくるが、その式神は僧のお供をする２人の童子として描かれているから、これは仏教の護法《ごほう》善神の一種の「護法童子」と見ていい。『宇治拾遺物語』では、晴明が草の葉に呪文をかけて蛙に投げつけ、蛙を潰《つぶ》した話や、鳥の姿に紙を折って呪文を唱え、空に投げ上げると白鷺《しらさぎ》に変わったという話が出てくる。

前者は古代中国の南方で発展した越方《えっぽう》とも呼ばれる「禁術《きんじゅつ》」の一種で、気や念力によってあらゆるものを封じる。たとえば、人を禁ずれば人は動くことができず、虎を禁ずれば虎は地に伏す。鳥は羽ばたくことができず地に落ち、柱に打ちこんだ釘を、気をもって吹けば釘は柱からニョキニョキと躍り出て、弓から射られた矢のように飛んでいく。こんな話が、『抱朴子』にはたくさん出てくる。

この禁術が、病気治しに験があるというので中国の官僚組織に取りこまれて呪禁道《じゅごんどう》となり、同名のまま日本に移入されたわけだが、この禁術により、術者が紙を刀にしたり枷《かせ》にするなどのことは朝飯前で、実際、古代から近代に至るまで、鳴き声のうるさい〝蛙〟を呪で禁じて声を出なくしたり殺したという話は本家中国には膨大にある。晴明の説話と関連があるかどうかは定かではないが、いずれにせよ、蛙を草の葉で殺した話などは、まったくこの禁術の系譜である。

次に、紙を白鷺に変えたというのは、道教の「剪紙成兵術《せんしせいへいじゅつ》」に似る。紙でつくった人形を、人か鬼神のようなものに変えて駆使する術で、時代は下るが清代《しんだい》の『子不語《しふご》』に、方術師《ほうじゅつし》の張奇神《ちょうきしん》という者が、書生の呉に侮辱されたのに腹を立て、鎧姿の金甲神《きんこうしん》を呉のもとに送って復讐しようとした。ところが呉が『易経』で金甲神を叩くと、パタリと倒れて紙人形に返ったという話がある。

紙人形や木人などは呪術の常用具で、折ったり切ったり削ったりして、人にも馬にも鳥にもかたどる。そこに術者が命を吹きこめば動き出すという趣向で、こういった術は、陰陽師に限らず、世界のどこの呪術者でも使っている。

以上、若干の例を挙げたが、ごらんのとおり、いわくありげに式神などといってはいるが、あるものは護法使い、あるものは禁術、あるものは道教呪術であって、冒頭に断っ

式神像　京都市上京区・晴明神社

たように、「陰陽道の式神」などと称するものは存在しないのである。

それは、実在の陰陽師が現実に式神を使ってどうこうしたという史話がなく、式神使役法の次第がないことからも明らかといっていい。そうはいっても、陰陽師が鬼神を使わなかったというのではない。陰陽師も、もちろん鬼神を使役した。ただし、神を勧請して働いていただくことは、陰陽道に限らずあらゆる呪術宗教の基底《きてい》なので、そうした術式はあって当たり前という意味であって、ことあらためて〝式神呪法〟などというものが存在したわけではないということなのである。

まず、以上のことをお断りした上で、陰陽道でいう式神ときわめて密接な関係をもつと思われる、四国の「いざなぎ流」に見られる式神観を、同流研究の第一人者である高木啓夫氏の『いざなぎ流御祈祷の研究』をもとに紹介していくことにしたい。

いざなぎ流と式王子

いざなぎ流とは、古くは「博士《はかしょ》」「陰陽師」、現在は「太夫《たゆう》」と呼ばれる祈禱師が伝承してきた、陰陽道・神道・仏教・修験道が複雑に習合して成り立っている加持祈祷系の民間宗教をいう。

いざなぎ流では、占いや加持祈祷の際、多種多様の式神を駆使するが、それら式神のボスのことを、「式王子《しきおうじ》」と呼んでいる。いざなぎ流の祭文によると、式王子は、天竺のシャラダ王（シャウ王、シャウラン王）の娘のヨウユウ姫が、天竺・唐・日本三ケ朝の王と交わってなした子で、黒鉄《くろがね》の兜《かぶと》をかぶり、巨大な角を七つ半も振り立て、真っ赤な舌を出し、身はさまざまな色の曼陀羅模様という異形の赤子（クセ子）であった。

そこで、ヨウユウ姫は、天竺の金巻童子《かなまく》を雇い降ろして、この子を天に上げてくれと頼んだが、金巻童子は、「この子は式（いざなぎ流太夫の使う術法）の警護者、式神軍団が主宰する三万三千式の式の王、式の太郎権現様にしよう」といって、天竺のナンタ池の底に、大木を打ち倒し、石を詰めて踏み鎮めて、埋めてしまった（セリフ部分は筆者の解釈による）。

この池の端に「青松千本、白松千本、ま松千本」が五方に枝を伸ばしていたが、その後、式王子は、この松を「休み木」、つまり依り代として示現《じげん》し、いざなぎ流の太夫の依頼があれば、松の緑から降りてきて、人にとり憑いた悪魔などの調伏《ちょうぶく》をしてくれるというのである。

また、別系統の祭文では、『簠簋内伝《ほきないでん》』第二巻冒頭の縁起で解説した「盤古大王《ばんこ》」が、「福才明吉《ふくさいみょうきつ》明王《みょうおう》」との間に「五人五郎王子」という子をもうけ、五人五郎王子は、自分たちだけでは心も手も届かないので、式の警護人が必要だといって「式王子」を探し求めたと語られている。

これも実に興味深い祭文で、陰陽道の神話が、きわめて濃厚に反映されている。盤古についてはすでに記したが、その子の五人五郎王子も陰陽道神にほかならない。彼らには「五方五体の王子」という異名もあるが、これは東・西・南・北・中央の五方、および木《もく》・火《か》・土《ど》・金《ごん》・水《すい》の五行のことなのである。

この五方五体の王子が見いだした式王子が、いざなぎ流太夫たちの使う式神の代表で、「行《おこな》い降《お》ろし」と呼ばれるいざなぎ流の神降ろしで召喚される。その作法次第を述べた『小たかのしき』というきわめて貴重な資料を、高木氏が収集している。以下にまず原文を引用し、釈を添える。

「御平《ごへい》ハ十九七六五三ト、クジヲ付ル、長《なかさ》ハ三尺ニシテヨシ、ヒナノ人形ツクリ、ソノヒナノ人ギョニ、御平ヲウダカシテ、タテヲキ、イノルコト、ツルギヲ以《もっ》テ切ルトキハ、下ヨリ上ヘ切リ、九マデ切リ、十ヲキレバ、ソク死ノ法ナリ、此法ヲ使ウ時ハ、ソナヘお金十二円、米壱斗弐升、よくこんきう物ニテモ金十二銭、白米壱升二合そなゑる事、松ノ木をウヱ、修《おこな》イヲロス也」

《御幣は十・九・七・六・五・三の小さな折り目を付ける。幣串の長さは三尺でよい。ヒナ人形をつくり、そのヒナ人形にご幣を抱かして祭壇に立て置き、祈ること。剣（陰陽道でいう禁刀）をもって九字を切るときは、下から上に切り、九まで切る。十を切ると即死の法である。この法を使うときは、お供えのお金は十二円、米は一斗二升、非常に困窮している者であっても、金十二銭、白米一升二合は供えること。松の木を植え、そこに式王子を行い降ろすのである》

祭文のところで述べたように、松は式王子の依り代である。人形は、具体的にどのようにつくったのか不明。九字切りの部分は、高木氏は「九回までで、十回すると、恐らく祈祷太夫も即死するという意であろう」として、九と十を回数と解釈しているが、筆者は別の解釈をしている。

九字の法には、十字の法という伝がある。九字まで切ったあと、最後に秘伝の一文字を唱え、四縦五横印（九字符）を刀印《とういん》（指を刀の形にした手印）で突き刺す、ないしは全体を切り下ろすなどの所作を行う。これを十字の法という。最後に唱える一文字は、修法の目的によって異なる。この十字目の秘言・秘儀によって所願は達成すると考えられたもので、呪詛であれば怨家は倒れる。すなわち、先の祭文でいう「ソク死ノ法」となる。祭文はこの十字のことをいっていると筆者は考える。その場合、即死するのはもちろん祈祷太夫ではなく、調伏の対象である怨家ということになる。

かくして、いざなぎ流太夫は式王子を行い降ろすのだが、この式王子には、眷属ともいうべき「十二ひなご王子」がいる。この王子らが、いざなぎ流太夫が駆使する様々な呪法・術法（これを「式」という）の場に現れ、その職能にしたがって働くので、実質的な式神は、こちらということになる。十二ひなご王子は、以下のとおり。

①火奈子《ひなご》王子……男女の五臓の災いを祓除《ふつじょ》する
②大亀《おおかめ》王子……悪魔の者を焼き殺し万里の外に投げ出す
③荒熊《あらくま》王子……悪魔の者の両眼をかき破り、肝を寸々《すんずん》に切り、地底に逆落とす
④鳴《な》る王子……男女の体内に隠れた悪魔・外道《げどう》を火者の地獄に逆落《さかお》とす
⑤剣《つるぎ》王子……岩を打ち砕くように悪魔の者を打ち破り、大川へ投げこむ
⑥女が火炎《かえん》の王子……春の大火に大山が焼けるように悪魔の者を焼き殺す
⑦大鷹《おおたか》王子……悪魔に憑依《ひょうい》された者に爪にかけて分離させ、天竺火和田《てんじくひわだ》の社《やしろ》に引き上げる

⑧小鷹《こたか》王子……生き霊など人体から抜けた魂をもとの体に戻す
⑨弓矢の王子……病人に憑《つ》いた悪魔の肝や五臓を射通《いとお》し、大川へ投げ入れる
⑩焔魔《えんま》の王子……正才《しょうさい》（?）の者を合《ごう》の秤《はかり》に掛け、鬼の地獄に逆落とす
⑪赤鬼《あかおに》王子……悪魔の者を餌食とする
⑫和合《わごう》の王子……悪魔を立ちのかせ、和合・和巡《わじゅん》・安天《あんてん》をもたらす

十二王子の働きは難解で、意味がとれない部分もあるが、大略、右のようである。太夫は、これら王子を必要に応じて「乞《こ》い降ろし」、種々の災禍を祓うのである。

いざなぎ流では、ほかにも不動明王や金剛童子、三十六童子、摩利支天といった仏教系の天部《てんぶ》鬼神や、愛宕《あたご》王子などの天狗《てんぐ》も使うが、高木氏が収集した資料のうち、「式打ち」「式打ち返し（呪咀返し）」などの式方術にかかわるものの99パーセントは「式王子系」だという。そのルーツを考える上で、大いに注目されよう。

式神と十二神将

右に見てきたとおり、式王子には十二人のひなごの王子がいる。

ところで、晴明《せいめい》が駆使したとされる式神も十二人だったということが、『源平盛衰記《げんぺいじょうすいき》』に述べられている。妻があまりに式神に脅えるので、晴明が十二神将の式神に呪をかけて、一条戻橋《いちじょうもどりばし》の下に移

し据えたというのである。

十二神将とは、陰陽道の占術で用いる一年十二カ月から割り出された神で、天一《てんいつ》・騰蛇《とうだ》・朱雀・六《りく》合《ごう》・勾陳《こうちん》・青龍・天后《てんこう》・太陰《たいいん》・玄武・太裳《たいじょう》・白虎・天空《てんくう》をいう。一年十二カ月が五行に配分されるように、十二神将も、

現在の一条戻橋　京都市上京区

騰蛇・朱雀……火将
六合・青龍……木将
天后・玄武……水将
太陰・白虎……金将
天一・勾陳・太裳・天空……土将

の五行に配分される。

その働きについては、『五行大義』がこう説明している。

「天一は豊穣をつかさどり、騰蛇は驚恐《きょうきょう》をつかさどり、朱雀は文書をつかさどり、六合は慶賀《けいが》をつかさどり、勾陳は障害（拘《く》礙《げ》）をつかさどり、青龍は福助をつかさどる。天后の働きは神后と同様である（婦女をつかさどる）。この神は天一の后である。太陰は隠し事や秘密（陰私《いんし》）をつかさどり、玄武は死病をつかさどり、

太裳は賜賞《ししょう》をつかさどり、白虎は戦い（闘訟《とうしょう》）をつかさどり、天空は損耗《そんもう》（虚耗《きょもう》）をつかさどる」

晴明が駆使した式神は、右の十二神将の変化と見なされていた。ところで、これらの神々は、晴明ら陰陽師が常にそれを用いて過去・現在・未来を察したりするのに使っている六壬式盤《りくじんちょくばん》上の神にほかならない。式盤の神、すなわち式神である。

重要なのは、これが十二というセットだという点である。右に示した配分からも明らかなように、十二神将とは、要するに五行の変化である。その五行が変容して十二神将になっているのだが、まったく同様の祭文がいざなぎ流にもあることを、先に私は示した。すなわち、「五方五体の王子」＝五行が、「十二ひなご王子」＝十二神将を自分たちの働きの分身としているのである。

『源平盛衰記』が述べる晴明の式神と、いざなぎ流の式王子は、このように構造がぴたりと符合《ふごう》している。ただし、陰陽師の式盤を用いた占術を、いざなぎ流も使っており、そこから式王子が派生《はせい》してきたというのではない。いざなぎ流太夫そのものには、中央の陰陽寮官僚が用いた六壬式を用いた形跡は見られない。彼らのルーツを語る『いざなぎ祭文』には、いざなぎ流太夫の祖である「いざなぎ様」が、自分の使う占術を語る部分があるが、そこで語られるのは「八卦の繰り出し、九星の繰り当て」で、近世、民間に広く流布した簡便な雑占《ざっせん》にすぎないからである。

六壬にもとづく十二神将の名称は、彼らの祭文には登場しない。けれども、「式神＝十二柱の陰陽師使役の神」という観念は伝わっていた可能性が十分にある。

それはおそらく、五行から派生した一年十二カ月の吉凶《きっきょう》禍福《かふく》をつかさどる神、といった素朴なものだったろう。この十二カ月の神に、平安末からの末法観《まっぽうかん》と連動する浄土思想の大流行にともなって広まった仏教の地獄説が習合し、憑依霊《ひょういれい》などを祓う巫覡《ふげき》の民間呪術が組み合わされて、式王子の眷属神たる「十二ひなご王子」になったに違いない。いざなぎ流の式神は、先にも述べたように、憑き物や妖魅《ようみ》・悪鬼の類いを切り滅ぼし、放逐《ほうちく》するものと考えられた。その性格は、まさに陰陽道説話に登場する式神と同じなのである。

最後に、十二という数について、もう少し解説しておきたい。

先に式王子の行い降ろしの次第を引いたが、その中に、「此法ヲ使ウ時ハ、ソナヘお金十二円、米壱斗弐升、よくこんきう物ニテモ金十二銭、白米壱升二合そなゑる事」という文章があった。お供えの金が十二円ないし十二銭、供物の米が一斗二升（＝十二升）ないし一升二合（＝十二合）というのは、明らかに十二人のひなご王子に対応している。それはまた、一年十二カ月の神々の数といってもよい。

陰陽道にも幣《へい》を十二本立てる祭祀があり、五行神に対しても十二本立てるケースがある。第一部四巻で引いた江戸期の『天社神道行事』の中から、「大鎮祭」の部分を引いておく。

「あらたに家を造り、わたまし（新居に移ること）させる先に、このまつりをいたす事也。五色の幣を四方にたて奉幣にて神を勧請申すこと也。青き幣、東二本、赤き幣二本南へ、白き幣二本西へ、黒き幣二本北、黄なる幣、四方に壱本ずつ立つべし、神供は土器にもるなり。おりひつ（折櫃）あらば高槻（の器に）据え供ふべし。（略）その後、五穀五方に埋む」

これは新居に移る前に行う土御門家の作法だが、木・火・金・水の四方の神に各二本、中央の土神に四本の幣を立てている。見かけは五行神だが、その数から、一年十二カ月の十二神に奉《たてまつ》っていることがわかる。すなわち、

・木＝春ふた月、東方守護の寅・卯の二本
・火＝夏ふた月、南方守護の巳・午の二本
・金＝秋ふた月、西方守護の申・酉の二本
・水＝冬ふた月、北方守護の亥・子の二本
・土＝四季土用、中央守護の丑・辰・未・戌の四本

という構成である。

また、陰陽道と交互に甚大な影響を及ぼしあった吉田神道の宗源《そうげん》行事では、精進料理の飯が十二膳供えられ、幣は十二本立てられる。宗源行事とは、吉田神道で行う八百万神《やおよろずのかみ》を祭る祭儀で、土御門家でも邸内で行ったものだが、右の十二本の幣は「土公神、十二冥官《みょうかん》」とされている。

このように、十二という数は、五行の五、北斗七星の七、八卦・八方位の八、九星九宮の九などと並んで、陰陽道で最も重視された数のセットのひとつであった。中でも式神については、陰陽道占術の式占盤上の十二神将からの連想が大きく働いていたものと思われる（ただしその図像は、神将というよ

り、十二冥官＝冥府の十二人の鬼神の役人のように見える)。

冒頭で断ったように、式神という特定の神はいない。それは陰陽師が使う鬼神以上のものではない。「式」は「もちいる」の意だとする村山修一氏の指摘は、まったくそのとおりだろう。陰陽師が使役する神は、鬼神も含めて、そのすべてが式神といえる。ただし、泰山府君などの大神は、人間である陰陽師が使役できるような、軽い神ではない。では、人間でも使役できる神は何かというと、彼らが常に用いている六壬式盤上の神ということになる。ここに、十二神将の化身としての式神が浮かびあがってきたのである。

使役の呪法とは、要するに祭場に諸神を勧請し、またおのれの瞑想裡《めいそうり》にヴィジョンとして呼びみ、それを実体化させて使うのである。これは、巫術《ふじゅつ》の根底にある技法であり、陰陽師もまた、これを行ったことは、反閇の内観《ないかん》のところで述べておいた。

ただし、陰陽師には、もうひとつ、欠かすことのできない小道具としての撫物や呪咀のための「人形《ひとかた》」があった。これが式神のイメージに大きく寄与《きよ》したことも、まちがいのないことなのである。

あとがき（旧版）

本書の編集の最終段階で、不思議なことに、五回も六回も同じ場所のデータが消え、真っ青になったと聞かされた。「三箇の悪日」と「九坎日」、それに「小空亡」の項目で、最初から入力し直しても、いざ保存という時点で、そこだけが不思議と消えてしまう。もちろん原因はあるのだろうが、その原因がつかめないまま同じことが何度も続くと、しまいには悪日の祟りではないかなどと思ってしまうというのだ。

「そんなものは偶然さ」とは、私には言い切れない。偶然が重なるとその背後にある目に見えない大きな力や意志の働きを、つい意識してしまうという原始的な心性が、私の中には、かなり濃い目に残っているからだ。

どんな占いも、この世に偶然はなく、出来事の背後には、必ず目に見えない力や意志が働いているという考えを前提に成り立っている。その大きな力の呼び名は、神仏や星、陰陽五行など占いによって区々だが、この世の現象の背後にある意味を読み、そのメッセージを受け取ろうとしている点では変わりがない。

暦は、そうした目に見えない力や意志の〝行動予定表〟といっていい。であればこそ、その暦をつくったり、暦に記された干支を式盤などで操作して目に見えない力や意志の働きを推理するのに長けた陰陽寮の達人は、たとえ身分は低くとも、恐れ敬われたのだろうし、なかでも傑出した力を発揮した安倍晴明は、超人にまでもちあげられたのだろう。

その晴明の伝説の集大成ともいうべき、『安倍仲麿生死流傳輪廻物語』を前著で紹介したあと、この『陰陽輨轄簠簋内伝金烏玉兎集』が、私の中では次の宿題になっていた。それがどうにか形になり、今はホッとしている。

ただ気になるのは、データが何度も消えたという、冒頭の話だ。それは何かの予兆ではないのか。ひょっとしたら、まるで本が売れないとか、専門に研究なさっている学者の方々をさしおいて、無謀を犯したことを咎められているのではないかなどと、あれこれ考えた末に卦を立てると、「鬼神は盈《みつ》るを害して謙《けん》に福《さいわい》す」という教示を得た。どうやら、よけいなことは考えず、もっと勉強せよという戒めらしい。中国占術は、陰陽道のみならず、日本のすべての宗教の血肉になっているといっても過言ではない。それだけに、山また山の果てしのない世界なのだ。

浅学も顧みず思い切った仕事に手を出したが、解釈等の誤りがあれば、どうかご指摘・ご教示をたまわりたい。

ブックス・エソテリカ編集長の増田秀光氏には、今回も資料その他の面で大いに助けられた。また、いろいろと無理を聞いていただいたデザインの堀立明氏、図版等でお世話になった編集の吉田邦博氏、三箇の悪日や九坎日の祟りにもめげず、突貫で作業をしてくださった遊星塾と信毎書籍印刷の皆様にも、一方ならぬお世話になった。本書が日の目を見ることができたのは、これらの方々のおかげです。どうもありがとうございました。

二〇〇〇年八月

藤巻一保

【著者紹介】

藤巻一保（ふじまき・かずほ）

1952年、北海道に生まれる。中央大学文学部卒。宗教研究家。作家。宗教における神秘主義をテーマに、雑誌・書籍等で幅広く執筆活動を行う。

著書に、『第六天魔王と信長』（悠飛社、1991年）、『真言立川流』（学習研究社、1999年）、『安倍晴明』（学習研究社、2000年）、『日本秘教全書』（学習研究社、2007年）、『アマテラス』（原書房、2016年）、共著に、『北の五芒星　安倍晴明』（春陽堂書店、2000年）、『七人の役小角』（桜桃書房、2000年）、『秘説 陰陽道』（戎光祥出版、2019年）、『秘教Ⅰ――日本宗教の深層に蠢くオカルティズムの源流』『秘教Ⅱ――現代語訳で読む秘儀・呪法の根本史料』（共に戎光祥出版、2022年）など多数。

装丁：堀 立明

安倍晴明《あべのせいめい》『簠簋内伝《ほきないでん》』――現代《げんだい》語訳《ごやく》総解説《そうかいせつ》

二〇一七年一一月二〇日　初版初刷発行
二〇二四年一月一〇日　初版第五刷発行

著　者　藤巻一保
発行者　伊藤光祥
発行所　戎光祥出版株式会社
東京都千代田区麹町一―七
相互半蔵門ビル八階
電　話　〇三―五二七五―三三六一(代)
FAX　〇三―五二七五―三三六五
企画・編集　株式会社イズシエ・コーポレーション
印刷・製本　モリモト印刷株式会社

https://www.ebisukosyo.co.jp
info@ebisukosyo.co.jp

ISBN978-4-86403-263-6

弊社好評既刊本のご案内

各書籍の詳細及びその他最新情報は戎光祥出版ホームページ
(https://www.ebisukosyo.co.jp) をご覧ください。

改訂新版 狐の日本史 古代・中世びとの祈りと呪術
四六判／並製／327頁／2860円（税込） 中村禎里 著

狐付きと狐落とし
四六判／並製／434頁／3080円（税込） 中村禎里 著

イチから知りたい日本の神さま2 稲荷大神
A5判／上製／176頁／2420円（税込） 中村 陽 監修

図説 享徳の乱 新視点・新解釈で明かす戦国最大の合戦クロニクル
A5判／並製／166頁／1980円（税込） 黒田基樹 著

図説 鎌倉北条氏 ―鎌倉幕府を主導した一族の全歴史
A5判／並製／181頁／1980円（税込） 野口 実 編著

図説 武田信玄 ―クロニクルでたどる〝甲斐の虎〟
A5判／並製／182頁／1980円（税込） 平山 優 著

図説 上杉謙信 ―クロニクルでたどる〝越後の龍〟
A5判／並製／184頁／1980円（税込） 今福 匡 著

図説 戦国里見氏 ―房総の海・陸を制した雄族のクロニクル
A5判／並製／176頁／1980円（税込） 滝川恒昭 細田大樹 編著

図説 徳川家康と家臣団 ―平和の礎を築いた稀代の〝天下人〟
A5判／並製／190頁／2200円（税込） 小川 雄 柴 裕之 編著

図説 六角氏と観音寺城 ―〝巨大山城〟が語る激動の中世史
A5判／並製／160頁／2200円（税込） 新谷和之 著

図説 常陸武士の戦いと信仰
A5判／並製／144頁／1980円（税込） 茨城県立歴史館 編

図説 藤原氏 鎌足から道長、戦国へと続く名門の古代・中世
A5判／並製／208頁／2200円（税込） 樋口健太郎 木本好信 著

図説 中世島津氏 九州を席捲した名族のクロニクル
A5判／並製／173頁／2200円（税込） 新名一仁 編著

図説 室町幕府 増補改訂版
A5判／並製／191頁／1980円（税込） 丸山裕之 著